体育训练与教学模式创新

彭筱　聂鑫　李玉　著

吉林摄影出版社

·长春·

图书在版编目（CIP）数据

体育训练与教学模式创新/彭筱，聂鑫，李玉著
．－长春：吉林摄影出版社，2023.3
ISBN 978-7-5498-5769-2

Ⅰ．①体…Ⅱ．①彭…②聂…③李…Ⅲ．①体育教学-教学研究-高等学校 Ⅳ．①G807.4

中国版本图书馆 CIP 数据核字（2023）第 052064 号

体育训练与教学模式创新
TIYU XUNLIAN YU JIAOXUE MOSHI CHUANGXIN

著　　者：	彭　筱　　聂　鑫　　李　玉
出 版 人：	车　强
责任编辑：	罗　晗
封面设计：	刘　华
开　　本：	787mm×1092mm　1/16
字　　数：	271 千字
印　　张：	11
版　　次：	2023 年 3 月第 1 版
印　　次：	2023 年 3 月第 1 次印刷

出　　版：	吉林摄影出版社
发　　行：	吉林摄影出版社
地　　址：	长春市净月高新技术产业开发区福祉大路 5788 号
邮　　编：	130118
电　　话：	总编办　0431－81629821
	发行科　0431－81629829
印　　刷：	北京市兴怀印刷厂

ISBN 978-7-5498-5769-2　　　　　定　价：48.00 元

版权所有　侵权必究

前　言

在社会飞速发展的大背景下，国家对于人才的培养越来越重视，因此，各大高校也加大了对体育运动训练的重视并对体育教学模式进行了不断的改革和创新。而体育教育是教育的重要组成部分，体育是打好身体素质的基础，课堂教学是促进学生身心全面发展的主要阵地。在我国教育事业发展过程中，开展体育课程教学，不仅可以促进学生的身心健康，还可以提高学生的综合能力，对学生未来发展有着很大的作用和意义。

体育教学和运动训练都是人们在进行长时间的生产和生活过程中逐渐产生的，体育运动训练是全面贯彻我国教育方针、实现学校教育目标和体育目标的一项重要措施，也是我国体育运动普及与提高的中间环节；体育教学的根本目的是为了培养学生的身体机能，体育教学模式的创新要以学生为本不断开拓思路，将大学生的实际需求与老师的课上教学有机结合起来做到共赢。如何搞好体育运动训练，充分发挥体育运动训练的功能，实现体育教学模式的创新发展，是值得我们去总结和探讨的问题。

本书共分十一章。第一章对体育发展基本理论与研究进行阐述；第二章对运动训练理论进行了阐述；第三章对体育训练的生理学基础进行了阐述；第四章重点研究了科学运动训练实践的探索研究；第五章针对专项身体素质理论及训练方法进行了研究；第六章针对身体形态、身体机能及训练进行阐述；第七章对现代运动训练的发展与创新进行了研究；第八章从教育学角度对体育教学模式的概念进行了阐述；第九章对体育教学模式和其他体育教学要素之间的关系进行了阐述；第十章对常见的体育教学模式进行了研究；第十一章对普通高校体育教学模式的发展与改革进行了阐述。

本书内容丰富，结构严谨，逻辑清晰，注重各个章节之间的高度结合，集系统性、科学性、实用性为一体。

本书在撰写的过程中，参考运动训练体育和体育教学模式方面的资料，借鉴了国内外很多相关的研究成果以及著作、期刊、论文等，在此向有关专家和学者致以诚挚的感谢。另外，由于作者水平、时间和精力有限，书中提出的一些观点可能还存在一些遗漏和不妥之处，有一些内容还有待于进一步深入研究和论证，恳切地希望各位读者提出宝贵意见和建议。

目 录

第一章 体育发展基本理论与研究 ... 1
- 第一节 体育的起源及发展 ... 1
- 第二节 体育对人类的发展的作用 ... 2
- 第三节 体育与文化的阐述 ... 4
- 第四节 应用于当代体育发展的创新理论 ... 7

第二章 运动训练概述 ... 13
- 第一节 运动训练学概述 ... 13
- 第二节 运动训练理论 ... 18
- 第三节 运动训练原则 ... 23
- 第四节 运动训练方法 ... 27

第三章 体育训练的生理学基础 ... 32
- 第一节 耐力训练的生理学基础 ... 32
- 第二节 肌肉力量训练的生理学基础 ... 38
- 第三节 速度训练的生理学基础 ... 43
- 第四节 柔韧性和灵敏性训练的生理学基础 ... 45

第四章 科学运动训练实践的探索研究 ... 48
- 第一节 科学运动训练常识 ... 48
- 第二节 科学运动训练过程监控 ... 53
- 第三节 运动负荷研究 ... 63

第五章 专项身体素质理论及训练方法研究 ... 71
- 第一节 专项特征概述 ... 71
- 第二节 体能与专项能力 ... 74
- 第三节 专项身体素质训练方法 ... 82

第六章 身体形态、身体机能及训练 ... 104
- 第一节 身体形态的概念及其意义 ... 104
- 第二节 各项群运动员的身体形态特征 ... 104
- 第三节 身体形态训练的方法与要求 ... 106

第七章 现代运动训练的发展与创新研究 … 108
第一节 现代运动训练发展的内涵与特征 … 108
第二节 现代运动训练的理论研究 … 111
第三节 现代运动训练的发展趋势 … 114
第四节 现代运动训练的新思想与新理念 … 120

第八章 体育教学模式概述 … 123
第一节 体育教学模式的概念 … 123
第二节 体育教学模式的特征与功能 … 126
第三节 体育教学模式中一个重要的概念：单元教学 … 130

第九章 体育教学模式和其他体育教学要素之间的关系 … 132
第一节 体育教学模式与体育教学方法的关系 … 132
第二节 体育教学模式与体育教学目标的关系 … 134
第三节 体育教学模式与体育教学组织形式的关系 … 134
第四节 体育教学模式与体育课结构的关系 … 135

第十章 常见的体育教学模式研究 … 137
第一节 传统运动技能教学模式 … 137
第二节 启发式（发现式）体育教学模式 … 138
第三节 领会式体育教学模式 … 142
第四节 小群体育教学模式 … 143
第五节 快乐体育教学模式 … 144
第六节 体育锻炼类教学模式 … 146
第七节 情景式体育教学模式 … 148
第八节 发展学生主动性体育教学模式 … 152
第九节 成功体育教学模式 … 154

第十一章 普通高校体育教学模式的发展与改革 … 158
第一节 现代创新体育教学模式的构建与应用 … 158
第二节 高校体育教学模式的发展与改革 … 163

参考文献 … 167

第一章 体育发展基本理论与研究

第一节 体育的起源及发展

体育分为广义体育和狭义体育。广义体育也称为体育运动，是指以身体练习为主要形式，以增强体质，促进人的发展，丰富社会文化生活和促进精神文明建设为目的的一种有意识、有组织的社会运动，它是社会大文化的一部分。

狭义的体育即身体教育，是一个发展身体，增强体质，传授锻炼身体的知识、技能、技术，培养道德和意志品质的教育过程，它是教育的组成部分，是培养全面发展的人的一个重要方面。

体育的分类比较复杂，按照活动场所可以分为家庭体育、学校体育、社会体育；按照参与者年龄可以分为婴幼儿体育、青少年体育、中老年体育；按照自身属性可以分为竞技体育、群众体育；按照发展年代可以分为古代体育、近代体育、现代体育。

一、体育的起源追溯

在历史的长河中，体育是伴随着人类社会产生和发展的。原始社会，人类劳动的直接目的是生存。原始人为了生存和保卫自身安全，常与野兽和自然灾害做斗争，还要跋山涉水寻找食物等。通过各种身体活动和使用生产工具培养了人的多种技能，从而发展了走、跑、跳、投、游泳、格斗等基本活动能力，提高了包含速度、力量、耐力、灵敏在内的多方面身体素质，并逐步形成以生存为直接目的的体育文化。原始人在生产劳动和生存竞争中的身体活动是原始体育的最初形态。

二、不同历史时期的体育发展与规律

体育是伴随着人类社会的历史进程发展起来的，从原始体育到现代体育，经历了古代体育、近代体育、现代体育三个时期。

（一）古代体育的历史呈现

原始社会的瓦解是随着私有制的出现开始的，自从人类进入奴隶社会，人类社会生活中逐渐出现了教育、文化、艺术、军事等复杂的社会现象，人的身体活动与这些现象相结合，体育就随之发展起来。

在古希腊，斯巴达人为了保护家园不得不战斗，把男士培养成强壮的武士，以战争为直接目的的体育锻炼便开始盛行。到雅典时期，体育开始由贵族统治，他们把年轻人不仅培养成军人，而且还是多才多艺、能言善辩、善于经营的政治家和商人，人们在各方面得到了发展。角力、赛跑、拳击、格斗、射箭等活动逐渐出现，并在全希腊规模的体育竞技赛会上进行比赛和表演，这也是古代奥运会的雏形。

公元前148年，罗马人击败了希腊人，体育重新成为战争的工具，但古罗马的体育充斥着血腥和暴力，贵族们把角斗士与动物的厮杀作为娱乐项目观看。中世纪的大部分时期，罗马接受了农民的球赛，成为球类运动的发源时期。在早期古罗马角斗士的基础上，中世纪骑士比武更为盛行，中世纪后期出现了骑士学校，许多军事体育的内容经过改造成为18世纪学校体育课活动内容。

我国古代体育发源很早，公元前2500年，先后创造了蹴鞠、摔跤、射箭、武术、投壶等体育项目。周朝时出现"六艺"教育，即礼、乐、射、御、书、数，其中包含身体训练。秦代到宋代又先后出现了十八罗汉手、百戏、五禽戏等。

（二）近代体育的演变

文艺复兴表面上看是古希腊、罗马文化的复兴，实质上是新兴资产阶级反封建、反宗教统治的新文化运动，文艺复兴提倡资产阶级人性，提倡个性自由，人文主义思潮推动了教育的发展，身体运动首先进入学校，成为培养人的重要内容。人文主义者将竞争精神列为受教育者应具有的首要品格，理想的、完整的教育应该包括体育在内，而不是进行心灵训练。从而肌肉强健发达的身体重新成为人们欣赏的对象。

启蒙运动是一场声势浩大的思想运动，人们最有力的口号是自由、平等、博爱，这成为体育人文价值观的基准。启蒙运动提倡普及文化教育运动，启蒙思想家大力宣扬知识的作用，为德、智、体全面发展的教育思想确立提供了思想依据。

（三）现代体育的发展

现代西方体育在18—19世纪，随着现代教育思想和现代教育而形成。到19世纪末，学校体育经过科学化、课程化的改造，确立了自己独特的文化形态，进而重新进入社会文化生活中。21世纪，无论是发展中国家还是发达国家，都在寻求保存各自生活方式和发展民族的文化对策。作为民族化文化重要组成部分的体育文化，是人类社会发展到一定阶段的产物，在为社会经济、政治、文化建设服务的同时，获得了自身发展。现代体育的社会功能已经大大超过增强人民体质的范围。总之，社会不能没有体育，未来社会更不能没有体育。

第二节　体育对人类发展的作用

人类的进步史也是一部人类对体育认识的发展史。在原始社会，人类对体育的应用多是生存、生活、生产的一种方式，古代体育的作用也多体现在战争上，随着历史的发展，人类生活方式的改变，体育对人类的作用也逐渐发生改变。

一、体育的功能作用表现

体育对人类发展的作用最先体现在功能方面，然而，体育功能作用分为两种类型，分别是健身功能和教育功能。[①]

（一）体育的本质功能——"强身健体"

"强身健体"是体育的本质功能。体育运动可以促进青少年骨骼、肌肉和大脑的生长发育，提高观察力、记忆力、想象力和思维能力。体育锻炼还能提高人体心血管系统、呼吸系统的机能水平，调适和保持心理健康。所以对青少年来讲，体育可以强身健体、愉悦身心；对成年人来讲，体育可以减少现代社会带来的威胁人们健康的"精神压力"和"文明病"。

（二）教育功能

学校体育是学校教育的重要组成部分。学校体育向学生传授了体育文化、科学锻炼知识，提高了学生对体育的欣赏能力和文化素养。同时，学校体育还使学生掌握了基本的运动技能，如田径、体操、球类等，发展了学生的身体素质，使学生感受了克服困难、积极进取、团结协作、公平竞争等情感，锻炼了学生的意志品质，为将来担任社会角色和适应社会生活、工作打下良好基础。

体育具有竞技性、群聚性、国际性、礼仪性等特点，在激发爱国情感、振奋民族精神、培养社会公德方面有着积极的教育作用。在体育比赛中，参赛选手与同伴、对手和观众之间的情感交流，可以激起强烈的荣誉感、责任心、集体观念和奋发向上的进取精神；在体育运动中，每一个参与者都要遵守运动规则，这种习惯和意识的养成延伸到社会生活中，就是遵守社会规范、遵纪守法、懂得合理竞争等。

在现代生活中，随着科学化、机械自动化生产方式的运用，人们的劳动时间和强度逐渐降低，空闲时间逐渐增多，余暇体育、户外运动、娱乐体育、健身活动得到发展，成为现代人业余生活和娱乐的重要组成部分，也成为人与人相互交流的重要途径。个人可以通过健身活动忘却工作烦恼和生活压力，把不愉快和消极情绪一扫而光；朋友之间可以通过体育活动联络感情，畅想美好生活；合作伙伴可以通过户外体育完成谈判工作。所以说体育可以丰富个人和社会文化生活，提高人们的生活质量。

二、体育的现实作用分析

万事有利皆有弊，体育可以促进人的身体健康，起到教育、娱乐身心、促进经济发展

[①] 刘海迪，毛语诗.浅析体育运动对人类健康的促进作用[J].网络财富，2008（12）：270-271.

等作用,同时不科学的体育运动会损害身心,竞技体育中部分不良现象会影响人们的价值观,体育商业运作改变了体育的本质等。

(一) 健身与伤身

科学的体育锻炼可以强身健体,促进身心发展,不恰当的体育活动同样会伤害身体。最常见伤害为运动损伤。由于一些锻炼者技能水平或者场地等原因造成的运动损伤比比皆是;由于不了解自己身体情况,有心脏病或其他不适合运动的疾病而去参加运动或比赛,造成猝死的例子也不少;一些运动员为了取得比赛胜利,不惜服用兴奋剂,对身体造成极大危害。所以说体育可以起到健身作用,同样存在伤身的危害。

(二) 竞技体育的利弊

竞技体育给观众带来了激情,起到激发爱国情感、振奋民族精神的作用。但在利益的驱使下,竞技体育比赛中屡次出现服用兴奋剂、行贿裁判、买通对手等丑闻。这些不仅违背了体育道德和体育精神,而且违背了公平竞赛的原则,无视观众的权益和感受,还对社会造成了非常恶劣的影响。

(三) 体育商业的利弊

体育赛事的商业运作可以大力推动旅游业、建筑业的发展,增加国际贸易契机,促进举办城市的交通、通信、服务行业发展,带来可观的政治和社会效益。商业化的宣传也能提高体育项目和运动员的知名度,改善运动员的处境,扩大大众参与性。但不成熟的体育商业运作会带来一定的弊端,使一些体育活动成为商业活动的附庸,使体育赛事服从于商业安排。

第三节 体育与文化的阐述

体育是人类所创造的文化的一种方式,体育在社会文化结构中又是人类全面和谐发展的重要组成部分。体育运动影响着人类的精神世界、审美意识、价值观念、创造能力、生活方式。体育在文化中所实现的根本物质产品是发展起来的人的身体,体育在文化中表现的最高精神产品是人的智慧。人类通过体育运动所塑造的活跃人体,在物质与精神综合的文化意义上的集中表现便是美。

一、文化的界定

(一) 文化是一个统一体

文化的要素和成分尽管多种多样,然而文化却不是简单、孤立的诸要素和成分杂乱无章的叠加。相反,各要素和成分之间是相互整合而统一的。文化就是诸多要素和成分在杂乱的纵横交错的关系中所产生的综合统一体,这种统一性常常通过共同的价值系统和行为模式表现出来。

(二) 文化具有承前启后性

文化是社会性传承的结果,是超越个体的存在。文化传承的基本方式就是"滋润化育",通常表现为社会成员通过观察模仿或在该社会其他成员的指导下的后天习得。当然,在连绵不绝的发展过程中,文化也具有创新机制。这种创新机制最终会导致文化传统的变迁和迁移。

(三) 文化具有普遍性

文化是一种人类活动,是人类所取得的一切成果的结晶。有了人类就有了历史,有了历史也就有了文化。每个社会、国家、民族,人们都生活在一定的文化系统中。这种文化系统还具有一定的规则性,能依靠法律、制度、习俗、思维方式、价值系统等来引导或约束社会成员的个体行为,使他们的情感、思想与行为都纳入群体的价值目标与轨道。

综上所述,文化是指人类历史实践过程中所创造的物质财富和精神财富的总和,是指社会意识形态以及与之相适应的制度和组织机构,是一定时期社会政治和经济的反映。

从广义上讲,文化泛指人类在社会历史进程中所创造的物质财富和精神财富的总和。从狭义上讲,则特指精神财富。而中国文化,一般是指中华民族世代相传的精神财富,其内容非常丰富深邃,它包括自然科学和社会科学的各个门类以及人们的理念、信仰、风俗等。中国传统体育文化是在几千年农业文明的基础上建立起来的,是指意识形态层面的传统体育思想文化,是传统体育本质属性的集中体现,也是我们今天所要抽象继承、积极弘扬的重点所在。[①]。

二、体育与文化解读

从宏观的角度分析,体育是人类文明的产物,它的发生与发展必然要受到整个人类文化中的各种因素的制约,它与政治、经济、文化、军事、教育、审美意识等其他社会文化现象有着千丝万缕的联系。体育与其他社会文化的联系既有纵向的,也有横向的。社会发展水平越高,联系越紧密。社会变迁、民族风格、生产力发展水平以及传统文化中各种积极或消极的因素都不同程度地影响着体育的发展。体育是构成现代人生活方式的一种表现形式。体育一经产生就具有相对独立的范畴和自身的变化规律,是整个人类文化的缩影。作为一个文化形态的体育,在对其进行历史和现实的考察时,要以整个人类文化作为参照体系,将体育置于古今中外的广阔的文化背景中进行分析比较。

---

① 白晋湘. 多元文化背景下中华民族体育文化与奥林匹克文化的交流与融合 [C] 北京论坛 (Beijing Forum). 北京论坛 (2006) 文明的和谐与共同繁荣——对人类文明方式的思考:"奥林匹克运动与人类文明的和谐发展——多元文化的碰撞和融合"奥林匹克分论坛论文或摘要集 (下). 北京论坛 (Beijing Forum): 北京大学北京论坛办公室, 2006: 50—58.

文化的外延范围很广，它是人类一切社会活动的产物，体现在社会生活和社会关系的方方面面，当然也反映在体育活动方面，从而形成体育文化。体育的这种文化形态是由社会文化形态决定的，社会文化形态不同，表现出来的体育形态也不同。体育运动是只有人类才能创造出来的一种社会文化活动，体现着人类在改造自然界过程中的文明发展程度。它是由人类创造出来的，具备了文化的各种特征，因而体育运动是文化的一部分。

体育不仅是为了强身健体，也是社会及个体文化生活的需要。在现代社会中体育对于个人的发展至关重要，对人的全面发展在人格与心理及观念、意识方面的作用巨大。将体育视为一种社会文化现象，从更加宽泛的社会文化层面来看待体育与社会生活的关系，将体育提升到人类的生存和发展的生活哲学高度，这是在文化层面认识和把握体育的新视角。

三、体育文化的特征

体育文化是广义"文化"的一部分，体育文化的特征主要是体育文化作为一种社会文化，具有一些与其他文化不同的特性，具体表现在以下六个方面。

第一，主体与客体的同一性。人类的各种文化活动，根据人的活动作用对象不同可分为物质文化、制度文化和精神文化，分别作用于自然、社会与人。体育文化作为文化的一种，其作用的对象虽然是人，但人既有自然属性，又有社会属性，作为身体文化的体育文化最基本的特征是人的活动主体与客体的同一性。

第二，身体表征和传承性。体育文化是一种非语言文字，在运动教育中多采用身体动作，尤其是体育比赛，展现了以身体表征和传承的人体文化特征。

第三，较易理解的亲和性。由于依托最基本的人体活动，体育文化往往比较容易被人接受，并超越民族、阶级、社会制度等，表现出很强的亲和力。

第四，激越和动感的竞争性。由于竞赛的普遍存在，体育文化往往表现为一种身体技艺的对抗竞赛，超越与竞争一起构成体育文化的一个生命机制。

第五，表现和评价的直观性。体育活动的公平、公正、公开的活动原则以及成绩评价的直观性，是生命活力所在，也构成了区别于其他文化的体育文化精髓。

第六，参与和实现方式的多样性。由于体育活动的身体性特征，构成了参与体育活动的群体、目的、时空、内容、方式以及效果的多样性。

体育文化的上述特征都由体育活动的本质决定，即体育的身体对象性活动、体育活动培养人的宗旨。

四、体育文化的功能

将体育文化纳入体育教育的重要内容和关键地位，主要集中在以下四个方面。

(一)体育文化具有教育功能

体育文化是实现教育培养目标的载体,在体育文化活动中,学生必然受到集体主义、爱国主义、团结协作、遵纪守法的影响,培养良好的品质和高尚的道德情操,如勇气、服从和力量。体育文化的发展实际上是学生的自我表达、自我管理和自我完善的持续的社会化过程。体育文化的发展离不开"学生自觉、积极参与",也为学生开展自我教育、自我管理、自我服务提供了良好的条件和场所。通过自觉组织和参加体育文化活动,不断提高学生的综合素质。

(二)体育文化具有情操培养功能

体育文化可以理解为校园精神的环境和文化氛围。它的功能是通过体育文化氛围的营造来陶冶学生的情操,规范学生的行为。体育文化活动通过环境、文化氛围、实践活动、激励机制等对学生进行影响和教育,使学生积极融入这个环境氛围中来,它不仅可以学习知识,还可以丰富生活;它不仅可以锻炼组织能力,还可以培养合作精神和竞争意识。人体健康、体形和姿势的美是长期运动的结果。优雅的校园具有文化活动所带来的语言、行为、心灵之美,对培养学生感知、欣赏、表达、创造美的能力具有特殊而不可替代的作用。

(三)体育文化具有心理疏导功能

体育文化活动以其内在的竞争性、娱乐性和艺术性,丰富了学生的精神生活,使他们在紧张的学习之后感到快乐、精力充沛。体育文化活动所产生的精神氛围,可以帮助学生消除心理和情感上的自我干扰和相互摩擦,减少内部摩擦,协调人际关系。

(四)体育文化具有社会实践功能

体育文化活动加强了学生之间的交流,使他们逐渐积累不同的角色体验和经验,扩大人际交往,增进了学生之间的友谊,使之逐步学会自我管理,不断增强自我意识和自我完善意识,提高了独立生活的能力,增强社会责任感。

第四节 应用于当代体育发展的创新理论

当代体育是在过去体育的基础上继承和发展来的。随之,当代的体育也在不断地进行理论创新。

一、运动训练理论的阐释

运动训练理论作为一门与训练实践密切联系着的综合性应用理论,自其创立之时便极大推进着人类竞技成绩的不断提升①。

(一) 运动训练理论的界定

概念是运动训练理论体系建设的重要工作，鉴于前人研究成果②，本研究认为，运动训练理论是解释、预言和指导各种运动训练实践的依据；运动训练理论的外延既包括竞技体育领域，也包括一般的运动训练实践领域；同时不仅体现在运动训练学学科，更多应涵盖在其他相关学科，乃至交叉学科，运动训练理论体现了各个学科与理论层次之间的互动关系。

(二) 运动训练概念的定义

在20世纪国内外相关研究中，通常都将运动训练定义的类属确定为一种"过程""综合"或"活动"，但同时，在释义中也常常包含着对于训练过程、训练内容、训练目标的积极期望，提出了特定的条件，其中有"为达到较高的和最高的运动成绩而做的准备"和"全面发展运动员的身体"等表述。

运动训练是为了达到较高和最高的运动成绩而做的准备。运动训练是根据科学的、特别是教育学的原则通过有计划、系统地提高成绩的能力，以在特定运动专项中达到较高和最高的运动成绩所组织的运动完善过程。我国学者早期的有关教材中，对运动训练的定义为"运动训练是指，在教练员的指导下，全面发展运动员的身体，为不断提高专项运动成绩而专门组织的一种教育过程"。③

定义项的外延与被定义项的外延应完全相同，是逻辑学定义的四项规则之一。而在上述文献的定义项中，有两个关联词组对被定义项做出了特定的要求，即"达到较高和最高的运动成绩"和"全面发展运动员的身体"。将这些关联性表述列为定义的组成部分，使得被定义项如果不具备这些条件，就不能归入定义项，从而就将大量的为取得"一般的运动成绩"而做的"准备"和"身体发展不够全面"的运动员的训练活动都被排除在"运动训练"的范畴之外了。很明显，这两项表述都是运动训练者理想的愿望，却并不是运动训练的必要条件。把非必要条件列入定义项之中，导致不能满足这些非必要条件的大量相关活动被拒于被定义项之外，便违反了"定义必须相应相称"的原则。

中国学者很快地意识到这一表述存在的逻辑问题，在1986年过家兴主编的北京体育学院《运动训练学》教材相关定义中，便舍去了上述非必要条件的关联语词组，表述为"运动训练是指，在教练员的指导和运动员的积极参与下，为不断提高或保持运动员的运

---

① 陈小平. 重塑我国训练理论的运动生物学基础 [J]. 体育科学, 2010, 30 (11): 1723.

② 郭可雷, 徐本力. 若干运动训练学理论的思考与辨析 [J]. 武汉体育学院学报, 2010, 44 (05): 79—85.

③ 体育院系教材编审委员会体育理论编写组. 体育系通用教材体育理论 [M]. 北京: 人民体育出版社, 1981: 99.

动成绩而专门组织的一种教育过程"。① 自 2000 年起历次全国通用教材在"运动训练"的定义项中，均不再包含上述非必要条件。2017 年田麦久主编的高等学校教材《运动训练学》中的定义为：运动训练是竞技体育活动的重要组成部分，是为了提高运动员的竞技能力和运动成绩，而专门组织的有计划的活动②。运动训练定义的修订，符合了定义项的外延与被定义项的外延完全相同的要求，使得读者能够更准确地学习和掌握运动训练概念的实质性内涵。

二、体育教育生态系统理论的阐释

生态系统是生态学领域的一个主要结构和功能单位，属于生态学研究的最高层次。生态系统的提出，为人们研究生物及其相关环境间的关系、特征及规律等提供了理论依据。同样，体育教育也并不是孤立存在的，它与其相关环境都有着千丝万缕的联系，它们相互制约、相互促进。在此，笔者将从生态学角度出发，将生态理念应用到体育教育的研究中来，研究体育教育及其相关环境构成、具有特定功能的统一体——体育教育生态系统，尝试对体育教育生态系统进行诠释，为进一步研究体育教育奠定基础。

（一）体育教育生态系统的概念

体育教育生态系统，主要是指体育教育与其相关环境构成、具有特定功能的统一体。体育教育生态系统既强调体育教育与其相关环境的相关性、整体性，也强调了体育教育与其相关环境整体的功能性。体育教育与其相关环境间是否能够和谐地统一，是决定着一个体育教育生态系统是否能够可持续发展的关键，这是研究体育教育的基本抓手，也是研究体育教育的关键所在。体育教育生态系统可大可小，相互交错。

（二）体育教育生态系统的组成

体育教育生态系统的组成因子主要为体育教育及其环境，各因子之间的关系是一种依赖和被依赖、制约与被制约的辩证关系。

1. 体育教育生态系统的环境因子

体育教育环境包括体育教育外部环境和体育教育内部环境。体育教育的外部环境包括自然环境（动植物、微生物、大气、太阳、水、土壤、岩石、各种物理化学反应等）和社会环境（政治、经济、文化、军事、科技等），内部环境包括规范环境（教育的风气、理念、内容、目标、过程、方法、各种规章制度、各种规则等思想及各种约束方面的内容等）及实施（或人工）环境（教育场所、教育工具等实物方面的内容）。

体育教育的内环境与外环境是相互制约、相互发展的，体育教育的外部环境发生变化

---

① 过家兴. 体育学院通用教材运动训练学 [M]. 北京：人民体育出版社，1990：11-12.
② 田麦久. 运动训练学 [M]. 北京：高等教育出版社，2017：2.

必然会引起体育教育的内部环境发生变化，而内部环境的变化也必然会引起其外部环境的变化。像外部环境中的经济的变化影响：如果经济得到了发展，体育教育内部环境中的教育场所、教育工具等均会有所改善；经济倒退，教育场所的维护、教育工具的供应等均会受到限制。反过来，体育场所及体育工具等的需求，必然会直接或间接地对经济的发展产生一定的影响。

2. 体育教育生态系统的体育教育因子

体育教育的实施并不是一蹴而就的，而是需要一个循序渐进的过程，我们把体育教育的教育实施过程划分为多个阶段或是划分为多个等级。各个阶段或等级间相互依存、不可或缺。在这里作者将体育教育划分为体育基础教育、体育初级教育、体育中级教育、体育高级教育及更高一级教育等；或者划分为体育一级教育、体育二级教育、体育三级教育……体育 N 级教育等。任何体育项目教育的实施，均是从讲授或是学习最基本的内容开始，这是体育教育实施的根，同样也是体育教育存在和发展的基石，高一级的体育教育依赖于低一级的体育教育，如果没有低级体育教育的实施，高级体育教育将无法实施；而随着人们日常学习、生活、生产、娱乐等方面发展的需求日益提高，更高一级的体育教育需求必然会被提出来，因此低级体育教育的实现必然会要求体育教育向更高一级发展。

3. 体育教育生态系统的等级教育关系

体育教育根据其教育的目的和身体活动方式及其辅助手段将体育教育划分为多种体育项目教育。每一等级的体育教育中均含有多种体育项目教育，并且每一等级的教育均从外界环境中获取人、信息、物质、能量（意识形态）等，这些随着系统中的各种流，从低级流向高级，并在流动的过程中有所耗散。像羽毛球教育，在其教育过程中，需要从外界获取接受教育的人、获取教育所需的各类信息、获取各种装备及各种教育理念等，在接受教育水平不断提高的过程中，因为选拔、爱好等多方面因素，一些人退出了羽毛球教育或是一些装备等也有所损耗，教育的等级越高，接受教育的人越少，但是信息等方面确得到了富集。

（三）体育教育生态系统的特征分析

体育教育生态系统是一个耗散结构，要满足耗散结构必须具备几个条件，那就是：系统的开放性；系统处于远离平衡状态的非线性区域；系统各因子之间存在着非线性相关机制；系统的涨落现象；系统的突变现象。

1. 体育教育生态系统具有开放性

体育教育生态系统不是一个孤立、封闭的系统，它是一个开放的系统。该系统只有不断地从外界获取到"流"才能不断地向前发展，并较好地发挥其功能。如果人流匮乏，系统就会缺少人才，导致系统的规模越来越小，最终趋于湮灭；如果物流短缺，系统就会失去基础保障，系统同样无法正常运行。举例来说，如果接受举重项目教育的人员及教育相关人员匮乏，或者举重教育所需的器材、场地等没有保障好，该教育系统就会面临崩溃的危险。与外界系统间保持良好的"流"交流，是体育教育生态系统得以维持的根本，这也为该系统的发展提供了契机。

2. 体育教育生态系统具有非平衡性

体育教育生态系统的这种非平衡性是由体育教育生态系统的开放性所引起的。体育教育生态系统从外界系统中获取到"流"，在这些充满变数的"流"循环于系统之中，对体育教育生态系统会产生巨大的冲击，促使其从一种有序状态变为一种无序状态，最终又从无序状态转变为另一种有序状态，周而复始，不断地演化。以我国体育教育生态系统为例，理念从生存、健身、娱乐、绿色教育、可持续教育，逐渐发展为生态体育教育，每一种理念的提出均对体育教育生态系统产生了巨大的冲击，并使其发生质的飞跃。而随着体育教育及其他学科的不断发展，以发展的角度来看，我国体育教育生态系统中的理念亦会继续发生变化。

3. 体育教育生态系统具有非线性

系统的非线性主要是指体育教育生态系统各因子及影响因素间不是孤立的，它们是相互影响、相互作用的，它们之间的关系非常复杂，牵一发而动全身，不能用简单线性的、叠加的关系来描述清楚。

4. 体育教育生态系统具有涨落性

体育教育生态系统中的各因子时时刻刻都在变化中，整个体育教育生态系统处在动态的变化中，这也是体育教育生态系统保持活力的内在原因。体育教育生态系统在其发展的过程中受到各种因素的影响，好的影响会促使系统向前发展，坏的影响会阻碍系统的发展甚至会引起系统倒退。

5. 体育教育生态系统具有突变性

影响体育教育生态系统某些因子发生变化时，会引起体育教育生态系统的状态发生质的变化，从而使体育教育生态系统从原先的远离平衡状态进入另一种远离平衡状态，促使体育教育生态系统从一种耗散结构状态进入另外一种耗散结构状态，发生演变。比如，某学校足球体育教育生态系统，从原先的没有场地到有标准的运动场地，这促使该学校足球教育生态系统发生质的飞跃，当拥有好的运动场地之后，会不断地有新的问题发生，这就使其从低级无序状态转向了高级无序状态，这种突变引起了系统的进化，反之，则引起系统的退化。

（四）体育教育生态系统功能

体育教育生态系统是一个功能单位。系统的功能主要是指体育教育生态系统对其自身及对其以外的系统所起的作用和影响，有负面作用和影响，也有正面作用和影响，它们往往以不同的形式表现出来，体现的是体育教育生态系统"实际上做了些什么，产生了什么样的结果等"。依据这些功能在现实中的表现形式,我们可以将体育教育生态系统的功能划分为显性功能(如育德、益智、健美、娱乐、健身、养生、竞技、政治、经济、文化等)和隐性功能(一些无法预测的影响)。体育教育生态系统的发展,直接或间接地影响到这些功能的发挥。如某地区为了促进其篮球教育的发展,从全国各地引进人才,获取赞助商的支持,不断地输入资金,引进先进的管理经验等,这样不仅直接提高了其教育水平,而且也间接地促进了当地的经济发展、体育文化的发展等。当然,经济的发展是否会影响自然环境的恶化,人才的引进是否会产生恶性竞争?发展的过程中应尽量避免其负面影响。

(五)体育教育生态系统规律

体育教育生态系统是一个开放的适应性系统,是人类活动的重要领域。该系统在其发展的过程中存在着自身的规律。体育教育生态系统是一个功能整体,它的各个因子之间并不是孤立存在的,而是相互关联、相互作用的。随着时间的推移,系统中的"流"不断地发生着变化,为了适应这种变化,系统自身会不断地进行自我调整,使其发展趋于稳定。但是当变化过于激烈时,体育教育生态系统自身也会随之发生巨变,当变化的程度超出了其承受范围时,系统将趋于崩溃。体育教育生态系统的规律可以归纳为以下几点:整体性规律、动态平衡规律、自适应规律、耐受性规律、限定因子规律。体育教育生态系统在其发展过程中只有遵循这些规律,才能得到全面、协调、可持续的发展。

当代社会,体育教育与社会各因素之间的关系日益紧密,正以迅猛的态势向前发展,体育教育的发展正面临前所未有的挑战。体育教育生态系统理论能够很好地指导体育教育的发展。体育教育生态系统理论阐述了体育教育生态系统的概念,分析了系统的体育教育和环境因子,表述了系统各因子之间的关系,划分了系统的层次,概括了系统中的"流",创建了系统模型,探析了系统的耗散结构及其特性,总结了系统功能及规律。体育教育生态系统理论是体育教育发展的必然结果,是体育教育发展的必然要求,其最终将引领体育教育的发展趋势。

第二章 运动训练概述

第一节 运动训练学概述

从 1896 年第一届奥运会开始，现代竞技体育就和运动训练结下了不解之缘。随着竞技体育的发展，人们也越来越认识到运动训练理论在竞技体育中的作用。当我们站在历史的高度回顾竞技体育发展历程的时候，我们可以看到，运动训练学与竞技体育始终形影相随，运动训练学成为竞技体育更高、更快、更强的强劲动力。

一、运动训练学的发展历程

运动训练理论对竞技体育的推动作用是在竞技运动发展到一定限度，竞争日趋激烈，此时传统的经验式训练已无法满足竞技运动需要时而产生了运动训练理论。

最早的一本涉及运动训练理论研究的专著是 1922 年苏联的格里涅夫斯基完成的《科学的训练原理》。苏联学者列·巴·马特维也夫于 20 世纪 60 年代提出了"周期训练理论"，并于 1964 年出版了《运动训练的分期问题》一书。

1964 年民主德国的迪特里希·哈雷博士主持编写了《训练学》讲义，并于 1969 年正式出版了《训练学》一书，这是世界上第一本综合型的运动训练学专著，标志着运动训练学作为一门独立学科正式诞生。在世界各国学者的共同关注和努力下，运动训练学理论体系逐步形成。1977 年列·巴·马特维也夫出版了《运动训练原理》一书，由于该著作有很高的科学性、概括性和应用性，至今仍被认为是运动训练理论的经典著作之一。其所提出的周期训练理论更是影响深远。除此之外，还有苏联弗·纳·普拉托诺夫编著的《运动训练理论与方法》、联邦德国学者葛欧瑟编著的《运动训练学》、美国学者福兰克·杰克逊编著的《运动训练原理》、加拿大图多·博姆帕的《运动训练原理与方法》、联邦德国马丁的《训练学基础》、日本学者饭冢铁雄编著的《竞技运动最佳化训练原理》等，这些著作对运动训练学理论框架的充实和完善奠定了坚实的基础。

我国运动训练学的发展始于 20 世纪 50 年代，但在 1966 年之前，主要处于运动训练学的萌芽时期。这一阶段主要通过一些文献译著及整理外国专家来华讲稿等途径，逐步引进了一些单项训练理论。在受到国外研究的影响、冲击以及国外许多运动训练学论著不断问世的背景下，我国一些学者也开始超越专项理论的束缚，探索运动训练方法、过程及负荷的基本规律。在此期间，提出了"三从一大"的训练原则，运动训练理论开始朝向科学系统的方向发展。

20世纪70年代之后，国际交往逐渐增多，国内学者积极引进翻译了许多国外专著。如蔡俊五等翻译引进的迪特里希·哈雷博士的《训练学》、张世杰翻译引进弗·弗·佩特罗夫斯基的《控制论与运动》、张人民等翻译引进弗·纳·普拉托诺夫的《现代运动训练》、马铁等翻译引进图多·博姆帕的《运动训练理论与方法》、姚颂平翻译列·巴·马特维也夫的《竞技运动理论》等。同时，一大批国外学者也来华进行讲学，如联邦德国运动训练学专家葛欧瑟等，带动了我国运动训练学的研究，培养了一批致力于运动训练理论研究的年青学者。

1981年，在中国体育科学学会组织下，经过过家兴等一批专家的多年努力，于1983年完成了我国第一本《运动训练学》专著，宣布了我国运动训练学学科的诞生。1982年我国学者徐本力为全国青年篮球队教练员训练班编写了一本《运动训练学》内部讲义。1986年，董国珍也编著了一本《运动训练学》内部教材。1988年"运动训练学"被国家教委确定为运动训练专业的主干课程。在这期间，田麦久、徐本力、过家兴、延峰、茅鹏、胡亦海、刘建和、王永盛等都相继或再次出版了有关"运动训练学"的专著或教材。而有关运动训练的研究论文更是"百家争鸣、百花齐放"。正是这些学者的不懈努力，我国运动训练学逐渐自成体系，有些研究在国际上也处于领先水平，丰富了世界训练学的知识宝库。

二、运动训练学的基本理论框架

在项群训练理论未建立健全并被引进运动训练之前，对于运动训练学的研究主要从两个层次展开：一般训练理论和专项训练理论。

运动训练理论首先源于各个专项训练实践和专项训练理论。一般训练理论是专项训练理论发展到高级水平的必然产物，是从各专项训练理论中总结出带有广泛适用性的共性规律，并使其上升为对不同项目的运动训练活动具有普遍指导意义的理论，它的形成和发展促进着运动训练实践和专项训练理论更进一步的提高和发展。我们所谈及的"运动训练学"，通常即指这种阐明运动训练基础理论和训练过程中带有共性及普遍性问题的理论体系，即一般训练理论（一般训练学）。

由于受到苏联和德国学者运动训练思想的影响，从1983年第一本《运动训练学》专著出版，到2000年新版《运动训练学》的发行，以及国内出版发行的许多"运动训练学"专著或教材，在内容体系上都非常相似。主要内容包括：运动训练概述、运动训练的原理和原则、运动训练方法和手段、体能训练、技、战术及心理训练、运动训练计划、运动训练的管理等。

在项群训练理论建立并被引进运动训练学之后，运动训练理论的研究领域就由原来的两个层次拓展到了三个层次。项群训练理论的提出，成为联系一般训练理论和专项训练理论的纽带和桥梁。加强了一般训练理论与专项训练理论的互动，使"运动训练学"从指导运动训练实践的上层理论变得更为具体和实用。但我们从最新的《运动训练学》教材可以看出，项群训练理论的引入，充实了运动训练学的内容体系，使其更加丰满和科学。然而，项群训练理论的引入，并没有从根本上触动和改变运动训练学的结构体系，它只是对原有运动训练学做了内容上的扩充。一般训练理论与现代高速发展的竞技体育之间的矛盾已经在很多方面突现出来，我们不断面临着一些尴尬的局面。因此，项群训练理论对现代训练理论所带来的冲击还远没有结束，对运动训练学理论体系（内容体系和结构体系）的重新调整和构建将是现代竞技运动对我们提出的新的挑战。

三、对运动训练学发展过程中若干问题的反思

（一）"周期训练"理论的反思

"周期训练"理论是20世纪60年代中期由马特维也夫提出的，在当时的情况下，主要是针对田径、游泳、举重等体能类项目所进行的研究。马特维也夫明确指出：竞技状态发展的阶段性是运动训练分期的自然基础，运动竞技状态的发展分获得、保持和消失三个阶段，呈周期性的"按顺序不断交替"，并在更高的基础上所得出现。因此，"训练周期"也相应地有三个时期：训练期、竞赛期、过渡期。同时也指出，训练和恢复在训练中表现出周期性。最基本的环节是"小周期"，从准备和实现一个主要比赛目标再过渡到下一轮，这样一个完整的过程，就表现为一个"大周期"。在大周期和小周期之间，由"中周期"进行衔接，在大周期之上，还有"全周期"。训练过程的控制是由不同层次的"训练周期"组织实现的。

马特维也夫的"训练周期"理论一经提出，立即产生了较大的影响，并被许多学者和教练员认同。目前，"周期训练"理论的内容依然占据运动训练学的主要部分，作为运动训练学重要内容的训练计划，就是主要针对"周期训练"理论来进行的。可以说，"周期训练"是训练计划制订和控制的核心，而作为运动训练计划，更对运动训练的阶段划分、内容、方法、手段、训练目标起到界定的作用。因此，"周期训练"理论在运动训练学中的地位和作用是极其深远的，许多学者如田麦久、过家兴、徐本力等都在专著或文章中对运动训练中的"周期"问题进行过专门的研究和分析。"周期训练"理论在运动训练中的广泛应用，曾经对运动训练的科学化起到了非常重要的作用。由此而取得的成绩也是有目共睹的，其可行性无论从理论上还是实践上都得到了一定的检验。但前面我们也说过，运动训练是一个不断发展、不断提高的过程，作为其理论支撑的运动训练学也需要不断地被检验、被验证。运动训练理论的发展本身就是一个螺旋上升，甚至迂回发展的过程。因

此，在竞技体育高速发展并且多样化的今天，"周期训练"理论与现代竞技体育的矛盾也日益凸显，"周期训练"理论的科学性甚至也受到了质疑。那么"周期训练"观点是否科学？是否需要变革？这都是值得我们反思的问题，目前的问题集中在以下几个方面。

1. **一个训练模式必须建立在运动基础理论的基础上**

运动基础理论将从人体运动的生理、生化机制和运动力学特征等方向支持并解释训练理论的科学性而马特维也夫的"周期训练"理论是在缺乏严格控制的研究和实验条件下提出来的。这些学者从学科科学化发展的角度来分析是无可非议的，但我们应该看到运动训练中的许多新理论、新技术的产生都是在实践中不断总结并被应用，最终才被验证并升华为理论的。马特维也夫在大量项目实践的基础上总结出的"周期训练"理论，显然也不是凭空臆造的，在其后的实践应用中，这一理论也得到了一定的验证。当然，经验上升为理论必须采用科学方法、手段和科学理论进行反复验证才能成为真正意义上的科学理论，现在已经有学者在做这方面的尝试。所以，当"周期训练"理论在实际应用中遭遇败绩后，被人们所质疑也是在所难免的。但毕竟科学化需要一个过程，在这期间，我们应以科学客观的态度看待"周期训练"理论，而不能全盘否定。

2. **现代竞技体育的比赛与以往相比，已经发生了巨大的变化**

不要说篮球、足球这些项目，就连田径、游泳的赛制也发生了很大变化。比赛次数明显增加，而且赛期分布全年。NBA、英超、中超、德甲球员的比赛更是成为了生活的重要部分。"周期训练"理论中的周期似乎已被现有赛制分割和瓦解，再按照"一般训练与专项训练""负荷量和负荷强度"在训练周期理论中的那种界定进行运动训练的安排，显然已不能适应目前高强度、高频率、时间不确定的赛制的具体情况。

3. **忽视了训练过程中的系统性、完整性**

"周期训练"理论把训练过程划分成全年训练周期、阶段训练周期、周训练周期，甚至更小的训练周期。首先，在划分前没有考虑运动员个体在训练中的生理、心理、技、战术等实际变化和发展特点，而前期的预测显然是非常困难的。因此，运动训练过程被分割成若干个阶段，而每一个阶段的发展似乎只是一个直线发展过程，而实际的训练过程应根据运动员个体适时地安排并调整训练，这是一个螺旋发展过程，在一定限度上打破了周期划分的界限，表现出时间为主线而非周期性变化的特点。

我们如何看待和应用"周期训练"理论？首先，应以发展的眼光而非教条的去应用"周期训练"。"周期训练"的提出并没有让大家"墨守成规"的去应用，只是我们自己没能打破思想上的桎梏。"周期训练"理论对于目前的运动训练，更大的意义应该是一种训练思想，我们应该吸取其精华。从宏观上讲，训练的整个过程还是有周期性规律的，但不能在训练的全过程都陷于"周期训练"的框架之中不能自已。其次，就是引入新的理念、新的思路。对于目前的情况，我们完全可以跳出周期的概念，应用目前兴起的时间学理论来重新阐释"周期训练"理论。周期本来就是时间的一种表现，运动训练与时间紧密相连，因此，借助新的理念，"周期训练"理论才能得以重获新生。最后，重视多学科的综合应用。这点已被大家所认同，但在实际操作时，往往孤立了各学科间的联系，很多研究重复进行，研究成果也不能共享，造成认识上的偏差和不统一。

（二）对"竞技状态"的反思

目前对竞技状态的定义是："运动员达到优异成绩所处的最适宜的准备状态"。或"当负荷维持在高水平上，机体的工作能力和训练限度也稳定在较高水平上的一种状态"。判断"竞技状态"的标准最终是要依靠训练计划中各种指标及任务的完成来衡量。现在"竞技状态"被人为划分成"形成、保持、消失"三个过程，似乎与训练表现的具体情况很难一致起来。所以，"竞技状态"这一延用了多年的概念，其内涵应该发生改变，如果这一概念的存在体现了"运动员适应比赛，创造优异成绩"的一种综合能力的整体表现，那么是可以理解的。但若还将"形成、保持、消失"作为其主要内涵，让其承载概念以外太多的东西，则需要进行商榷了。

（三）"超量恢复"理论的再思考

"超量恢复"理论也是马特维也夫提出的，严格地说，当时这一理论也是基于大量运动实践提出的，并没经过完备的科学论证。因此它也如"周期训练"理论那样引发了一定的争议。目前运动训练学对超量恢复的解释主要表现为以下含义：第一，两次训练间歇时间太长，在超量恢复后进行下一次训练，人体机能水平得不到提高。第二，两次训练的间歇时间太短，未能超过恢复阶段就进行下一次训练，人体机能水平不断下降。第三，两次训练间歇时间适宜，在超量恢复阶段进行下一次训练，人体机能水平不断提高。对于第二种情况，新的研究表明。每次重复工作，若在不完全恢复期进行，这种负荷引起机体机能明显的变化。若在数次重复以后，再给予较长休息期，其超量恢复将更为明显，负荷工作与休息期的良性效果也将较高。可见，超量恢复理论在新的时期应该有新的发展。

（四）对"木桶理论"的反思

"木桶理论"最初的提出是指某一事物的发展和成效取决于全部因素中最为不利的因素。这一形象化的比喻，将我们的思路所迷惑。首先，我们注意到水从最短处流出，就被诱导认为训练本身也如此。但我们显然忘了，运动训练要求的是综合效应，绝不是各要素的简单迭加。就如中国足球曾经为了提高球员的耐力水平而采用了许多手段，结果一般耐力是提高了，测试也通过了，到了场上依然如故。所以，成绩的提高或取得，需要一定的基本素质，但绝不是"均衡"全面发展。其次，"木桶理论"展示给我们的是一个立体的形象，但对它进行解释时，却只是在二维的体系中进行阐述。运动训练是一个多角度、多方位的多维体系，木板只是一个方面，桶底、盛水的多少都是我们要考虑的问题。最后，运动训练所包含的要素很多，但不是在组成木桶时每一木板都需要，我们只挑选必需的来做"木桶",最短的板子可能我们可以放弃,从而避免了水从最短处流出的可能性。

（五）运动训练学结构体系重新构建的反思

"运动训练学"的发展过程中,内容体系在很大限度上得到了拓展和充实,但结构体系却没有发生太大的改变,各部分依然处于相对孤立的状态,这对"运动训练学"的科学发展起到了阻碍作用。

首先,打破原有结构体系中各部分相对独立的局面,按训练学规律将它们有机联系起来。这就需要我们始终沿一条主线,各部分均是围绕这条主线展开并有机相连,最终达到既定的训练目标。训练的各部分被分时间段设定在主线两侧,并完成既定的任务和目标,同时,通过的宏观和微观的管理、调控,在遵循训练总原则的前提下,最终完成比赛目标。

其次,在对结构进行调整时,应该摒弃过去各自为政的编排方式,并重视相关学科的介入。比如训练方式、方法、手段及体能、技、战术都是分开阐述的,这在"运动训练学"初创时是有必要的,但随着训练理念的加强,训练的不断发展变化,这种方式对于指导运动训练实践是十分不利的。在实际教学中,学生也很难将理论与实践结合起来。同时,相关学科的内容介入太少,比如,耐力素质的训练与生理、生化的结合是非常紧密的,但在体系结构中很难看到这方面的内容。

最后,体系结构的改变还要与内容体系相依托,改变过去以体能类项目为主体进行研究或阐述的局面。既然是一般训练学,应能反映并体现出大部分竞技项目的规律性问题。

当然,体系结构的改变比新理论、新理念的引入可能更复杂,这需要各学科的专家、学者长期不懈地努力。

第二节 运动训练理论

自 20 世纪 80 年代田麦久等人创立项群训练理论至今已逾 30 年。竞技运动项目的多层多维排列,使人们更清晰地了解与认识到不同竞技项目之间的内在联系和外部特征。对不同项群训练学机制的揭示,加强了人们对不同层次的项群及专项特征的更深入认识。对不同项群训练内容与方法的设计,为运动训练实践拓宽了空间。项群训练理论体现的朴素思想与方法,极大地拓展运动训练学理论研究和竞技体育学理论研究的视野。诚然,项群训练理论也需要不断发展与完善。本文拟从学科建构和多学科研究的视角,提出对项群训练理论发展的几点思考。

一、加深对项群训练理论及其学术价值的认识

项群训练理论是运动训练学理论的重要组成部分。作为运动训练三层次理论的桥梁,

在单项训练理论和一般训练理论研究中,发挥了重要的理论视角、理念方法创新的学理价值和学术价值。

(一)项群训练理论的科学原理

30多年来,项群训练理论创立者及其团队通过对运动项目的分类标准、项目体系、项目特征的探索,建立了该理论基本的概念体系和方法体系,并以运动训练为指向,揭示了各项群间多个项目的内在联系和项群与单项的关系,凝练出同一项群的共性特征。这一理论关于各层次项群训练理念、方法、内容和设计组织的思考和应对,从另一个角度回答了运动训练"为何练、练什么、练多少、怎么练"的基本问题。其与专项运动训练理论一起成为运动训练学理论的基石。

项群训练理论的形成是人们采用哲学的、体育学的原理和方法认识各运动项目的本质特征,进而认识多个运动项目之间一般特征及其相互关系,最终提炼出一类具有相同性质竞技项目的训练学特点,为单个项目或多个项目的训练过程提供了方法学支撑。

(二)项群训练理论构架及其逻辑关系

为什么要对运动项目进行分类?因为进行"运动项目分类可以使我们更深刻地认识不同运动项目的本质属性和内在联系,便于在相应的层次上进行专门的研究,有利于同类项目之间运动素质和运动技术的积极转移,以及训练方法的相互渗透、相互移植"。

但是,由于前人的分类没有完全遵守"同一标准原则、层级分明原则、子项不相容原则、子项之和等于母项原则",存在许多纰漏,所以,建立了一套全新的运动项目分类体系。这一分类体系包括分类标准、大类与亚类的确立。分类标准选取3项,在这3项标准下,各分类之间存在一定的关系。

为什么选取以竞技能力主导因素、运动项目动作结构和成绩评定方法作为主要的分类标准呢?这是因为:按决定人体竞技能力的主导因素分类,可以反映各运动项目对人体竞技能力的不同要求,便于对运动训练活动进行更准确的分析与控制;按运动项目的动作结构分类,可以反映项目运动形式的特点,对运动项目技术动作分析和技术训练有很高的实用价值;按运动成绩的评定方法分类,可以反映不同项目运动成绩结构的特点,对训练实践和成绩提高均有实际指导意义。

项群训练理论的边界通过概念体系和内容体系来确定,也就是"建立理论的意义与科学基础,理论的构思与命名,理论体系的构成等,以及该项群的构成与发展、该项群运动员竞技能力决定因素的系统分析、该项群运动员比赛成绩决定因素的系统分析、该项群的训练特点等板块的内容"。

项群训练理论的研究者以竞技能力发展及其特征、运动训练方法手段创新、运动负荷设计及其控制、运动训练过程组织与监控等训练问题为研究内容,对竞技体育制胜规律、运动竞赛环境、运动员选材、竞技体育发展战略与运动项目布局、竞技体育实力分析与重大比赛成绩水平预测等参赛学、选材学和战略学问题进行了卓有成效的研究，极大地推进了运动训练学理论和竞技体育学理论的发展。项群训练理论创立者的视角与视野、思想与方法，对体育学的学科发展、理论创新具有重要的启示与推动作用。

二、基于学科建构的项群训练理论发展

项群训练理论走过了30年的历程，随着人们认识客观事物的水平和方法不断提升，认识项群训练理论的视角也在更新。对有关热点和重点进行梳理，不仅是理论自身发展的需要，也是一门学科发展的需要。

（一）加强核心概念的系统化梳理

准确的核心概念及其科学定义是任何理论形构的逻辑起点，也是对其边界和范畴的勾勒。项群、项群划分标准、项群分类体系、项群训练是项群训练理论的核心概念，准确、科学地界定这些概念，以及由其形成的诸如各项群大类、亚类的概念体系，对于明确边界和内容，梳理其内在关系与范围，是项群训练理论形成与发展的逻辑起点。以下几个问题值得进一步明确和探讨。

核心概念及其相互关系。"项群"已经有了十分准确与科学的定义：一组具有相似竞技特征及训练要求的竞技项目。"项群训练理论"则是揭示不同项群竞技规律与训练规律的理论。但目前没有"项群训练"的明确界定。我们知道，因为有"运动训练"这一上位概念，所以就有了"田径运动训练"（简称田径训练）或者"篮球运动训练"（简称篮球训练），等等。那么，项群训练与运动训练的边界如何划定，其是否交叉或是重叠？

项目的竞技特点是什么？是竞技能力、训练方法手段、竞技负荷、训练组织实施等问题吗？都值得进一步确定。陈亮等提出，"不同竞技运动项目在竞赛规则的指导与约束下，形成了独特的竞技特点，同时又表现出明显的'集束性'特征"，但仍需要处理好运动项目与运动员、竞技能力、规则、竞赛等方面的关系。

"运动项目的动作结构"没有区分项目和人的属性。"动作结构"是"2个及2个以上的动作按照一定顺序组合，并形成一定相互关系的动作系统"，是人完成某一运动目标的身体姿态与方法，具有运动学、动力学的意义，并且指向动作技术、技能。运动项目则是特定的运动形态、运动方式和场地规则的集合。尽管动作结构有运动项目的规定性，但以动作结构来划分运动项目不能等同于运动项目本身。从"运动项目动作结构"命名的逻辑性上看，缺少了"人"的意蕴。

构成要素能否成为主导因素。体能、技能、战能、心智能、知能是竞技能力的构成要素，这5个要素的独立性和相互关系共同构成了竞技能力结构。作为结构要素，能否成为竞技能力主导因素，不仅取决于这一要素和竞技能力整体的关系，还取决于这些要素与运动项目、比赛方式、规则的关系。理论上，构成要素与决定（主导）因素既有联系，又有

区别。任何竞技能力的发展和表现都离不开这5个要素。但影响和决定竞技能力发展和表现的则不仅仅是这5个要素，还有竞技信息、竞赛环境、竞技风险等诸多因素。

（二）推进分类标准多元化与分类体系的扩展

项群分类主要采用竞技能力主导因素、运动项目动作结构、运动成绩评定方法标准。竞技能力主导因素构成了"四九"项群分类体系，运动项目动作结构构成了"三七"项群分类体系，运动成绩评定方法则是"五全"项群分类体系。

目前，被大多数人认同并广泛使用的是竞技能力主导因素分类体系。该项群体系将以奥运会赛事为主的众多竞技运动项目分为体能主导、技能主导、技心能主导和技战能主导的四大项群。

现有的"三标准"分类体系，已经包含了绝大多数主要的竞技运动项目，但并未概全，一些非奥运会项目还有待去分类、归位。虽然已有程勇民等、李宗浩等、聂臣高先后进行过有益的分类尝试，但仍未涵盖所有运动项目。

（三）加强对同一项群的本质把握和体系建构

项群训练理论建构的逻辑起点是运动项目的本质属性及其相互关系，进一步揭示竞技项目的本质属性应是未来项群训练理论研究的核心。纵观已有关于各亚群的本质及其特征的研究，对各亚群的本质特征、训练特征、负荷特征概括都还只是单项本质特征的罗列。上升到项群层面还需进一步提炼，从哪几个维度或内容研究项群特征，值得进一步思考。

由于运动训练科学关注和研究的对象是运动员竞技能力发展，而运动项目（或竞技项目）是运动员竞技能力发展与表达的唯一载体，所以，认识与掌握运动项目特征成为运动员竞技能力发展的阶梯。在论及各项群特征时，多数学者采用竞技能力主导因素的分类体系研究，所以，其特征概括一般采用的是对体能、技能、战能、心能及智能特征的分述，由其作为某一项群运动员的竞技能力特征。显然，运动员的竞技能力特征还不能完全代表运动项目特征。从比赛、运动成绩、运动员年龄等要素探讨项群竞技特征应有一定的空间。因为只有真正把握运动项目的本质属性，方可理清不同运动项目或不同项群特征。也只有理清不同运动项目或不同的项群特征，方可实现运动员竞技能力专项性、专门化与个性化发展。

（四）促进亚群训练理论的完整性与应用性

目前，关于各个项群的项目构成、竞技特点或特征、训练设计与安排特点的研究，已有诸多单项训练研究成果。在当前的项群训练理论体系中，实现理论的完整性、丰富性、多样性，还需首先考虑竞技项目数量增加及其代表性，其次是对各亚群的项群特征高度概括，与单项训练理论保持一定的边界。

目前，竞技能力主导因素所构成的项群系统为大家一致认同，并进行了卓有成效的研究。但该主导因素下，对项群的多样性也产生一定的制约。因为竞技能力从根本上是运动员的主观才能，运动项目和项目群的形成与丰富首先取决于其运动形态、方式，而运动形态、方式又与比赛方式、场地器材、竞技规则息息相关。所以，拓展现有的项群体系，一方面需对竞技能力主导因素进行更准确的界定，另一方面将比赛方式、场地器材、规则组织等作为要素加以思考，提出项群划分的标准或参照标准。只有全面考虑运动项目与运动员及其竞技能力、比赛方式、规则组织、场地器材等要素，才可深入揭示不同亚群的训练特征。

三、多学科理论引领下的项群训练理论发展

（一）基于新理论、新技术、新方法的项群训练研究

2018年1月，国务院发布的《关于全面加强基础科学研究的若干意见》指出，"当前，新一轮科技革命和产业变革蓬勃兴起，科学探索加速演进，学科交叉融合更加紧密，一些基本科学问题孕育重大突破。世界主要发达国家普遍强化基础研究战略部署，全球科技竞争不断向基础研究前移"。项群训练理论作为体育学领域的基础学科理论，应引起更多人的关注。

项群训练理论属于体育学理论范畴。体育学又是一个集生物学、教育学、心理学、社会学、文化学、管理学等于一体的应用性综合学科。如何保证项群训练理论固有的理论特色，又能并蓄其他学科，更好地发挥本理论的话语权，也是未来项群训练理论研究和发展的思路之一。及时采用新理论、新技术、新方法研究项群训练理论，还有助于形成多样的研究团体、团队和流派，促进体育学、竞技体育学的学科丰富性和多样性。

（二）基于竞技规则与场地器材变更的项群训练研究

在竞技体育语境中，竞技者（运动员、教练员）的训练与参赛活动和竞技场地、规则、项目等紧密联系，共同构成了竞技体育的主客体关系。在这些要素中，各个项目的竞技规则变化内容和频率最大，分析与揭示规则变化下某一项群和不同项群的运动员、教练员在竞技能力发展与表现上的变化规律，将竞技规则作为一个重要的自变量，考察不同项群的训练实践活动，将更具有现实意义。

（三）运动员、教练员、管理者及观众的项群特征研究

随着教练员理论的发展，教练员执教研究得到了长足的发展。显然，在中国竞技体育发展中，特别是一些落后项目和潜优势项目的发展中，遇到的瓶颈之一就是教练员的执教能力和水平问题。随着职业化浪潮席卷中国竞技体育，一些具有经济性、观赏性的运动项目成为政府、社会、大众关注的焦点，其未来发展甚至成为国际战略。这一使命也必将促进项群训练理论研究范畴的进一步拓展。

运动员竞技能力发展与获得的决定因素和影响因素是多维、复杂的，运动训练过程的主体与内容不仅与运动员有关，也与教练员、管理者、观众、媒体等诸多群体相关。项群

训练理论研究应加强运动员、教练员与竞技能力、竞技项目之间应然关系的探讨,更多地关注竞技运动主体、客体及其相互关系的研究。

(四)项群训练理论在竞技参赛领域延伸与应用

训练为比赛的理念也给项群训练理论未来在竞赛和参赛领域的研究提供了支持。不同项群的训练学特征与训练学方法已经得到大量研究,但不同项群的运动员、教练员竞技参赛的机制与特征研究,完成项群参赛理论构建,与项群训练理论共同完成竞技体育理论的匹配与完善,应是项群训练理论的一个重要研究领域。

(五)项群训练理论的国际推介

作为中国竞技体育学理论,乃至体育学理论体系中最具中国特色的应用理论之一,项群训练学一经提出,就被国际竞技体育学界所关注。无论是中国竞技体育学理论的推介,还是中国竞技体育文化的传播,如何将项群训练理论进行更好地国际推荐是今后的一项重要工作。具体途径与方法邀请有关学者系统地翻译项群训练理论文献、举办国际性学术会议等。

在过去 30 多年里,以竞技能力、动作结构和成绩评定方法为分类标准的项群训练体系,主要包括各项群的形成与发展、竞技能力决定因素、运动成绩决定因素和各项群负荷内容,以及以训练组织控制为主线,以不同项群竞技能力特征与发展方法、不同项群制胜规律探索、项群训练理论在竞技体育发展中的应用、项群训练理论融合应用于体育教学、体育管理、人才培养研究与实践等为支线,全面地架构了具有中国特色的训练学理论体系。这一理论体系只有通过不断的实践摸索和进一步丰富发展,才能显示其长久的生命力和影响力。新时期如何维护与发展中国本土化的竞技体育理论,也是项群训练理论研究者的使命。

第三节 运动训练原则

运动训练原则产生于专业的运动训练,主要是为了对训练活动进行有效的规范指导,内容包含了训练的程序、内容、效果标准、注意问题等。训练原则的制定时建立在科学的竞技能力训练上的,通过找出训练活动中的一些客观规律,从而设定一些具有普遍性意义的规则。继运动训练原则产生至今,社会生活不断变化,运动员的综合素质也在增长,加上长期进行训练活动,不断积累更多的经验,训练原则也在随之发生变化。在我国竞技体育发展的不同时期,依人们对运动训练规律和训练工作要求的不同认识,训练中也在遵循着不同的原则。如三从一大原则,一般训练与专项训练原则,竞技需要原则,导向激励与健康保障训练原则,适宜负荷与适时恢复训练原则等。这些原则并非是独立存在,而是相互作用形成一个原则体系。

一、运动训练原则的形成过程

(一) 运动训练原则的萌芽产生

运动训练原则与运动竞技息息相关,真正意义上的运动训练应当追溯到公元前古希腊奥林匹克运动会时期,即公元前8世纪开始,有了针对运动竞技的训练,但是在这之后很长一段时期都没有形成完整的运动训练原则体系。至公元14世纪后,意大利文艺复兴时期的贝特·鲍尔·维尔杰里乌斯提出了以"个人特点"选取活动项目的观点,认为训练中需要循序渐进、劳逸结合,属于运动训练的发展论调,这可以算作是运动训练原则的早期萌芽代表之一。19世纪后现代运动竞技逐渐成熟,开始形成了教练员对运动员的专门集中训练,主要是适用长期连续反复的练习方式,在内容设计和活动组织方面不够严密,所取得的训练效果相对较低。20世纪二三十年代出现的"辅助训练""螺旋训练模式",逐渐开启了对训练原则的专门研究,并就与运动训练相关的生理、心理等其他问题进行了剖析,运动训练原则逐渐由原始萌芽阶段走向起步发展阶段。

(二) 运动训练原则的初期发展

1957年东德学者哈雷及其同伴著写了《一般训练和竞赛学导论》,将运动训练的规律与实践作为专门的研究对象,形成一套相对独立完整的理论体系,几乎同时期凯科舍夫也提出了关于运动训练的三大原则。随着运动训练理论在实践活动中的深入运用,及相关人员的综合和研究,在20世纪60年代"训练周期"理论问世,之后哈雷的《运动训练学》一书对渐进增加负荷、负荷分期、直观性、周期安排等内容进行了较为系统的阐述。1977马丁和马特维耶夫分别著成出版了《训练学基础》和《运动训练原则》,运动训练原则由实践正式迈入了总结理论、科学发展的阶段。在这一阶段,我国也大量引进了外国研究成果,如麦田久等翻译的《运动训练学》等一系列译文,开启了我国运动训练原则的新篇章。

(三) 运动训练原则的完善与成熟

自20世纪80年代起,运动训练原则步入了深入研究、探讨、完善发展阶段。对"训练周期"理论的持续探讨,并以此为基础进一步发展和完善了该理论体系。1987年乌克兰普拉托诺夫的著作《竞技运动理论》深入提出了训练原则的一些观点,认为应当要同时注意训练的周期性、方案性和专项性,依靠客观规律完成训练,确保训练效果。1988年和1991年美国先后出现了《训练理论》和《高强度田径训练》两本著作,将训练理论专门用于田径训练中。尤其在《高强度田径训练》一书中,分析了90年代运动训练的一些基础性问题,并从膳食营养、劳逸结合、专项训练、循序渐进、计划制订、因人而异等方面系统研究了运动训练的12条原则。至此,运动训练原则步入了开放的发展阶段,不同国家地区的学者结合自身的实际情况,对运动训练原则进行了研究和实践,着重以训练课题、训练对象为出发点,思考如何整合影响训练效果的一系列因素,试图发现一套真正完整、科学、有效的原则体系。

二、运动训练中训练原则的体系

运动训练原则体系主要分为指导原则和操作原则,指导原则是指在训练活动中占据指导、规范地位的一些原则内容,并没有涉及实践层次的内容,界定了运动训练最为基本的方向和目的,并以此作为训练实践的基本框架。操作原则则是具体训练实践过程中,需要根据运动员、场地、项目等综合因素,考虑采取何种办法进行训练,以提高训练的效果,达成相应的训练指标。

（一）运动训练的指导原则

1. 育人原则

育人在体育竞技训练中属于核心问题,是训练最终的目标。在育人原则下,要求以运动员为核心对象,通过各种实际的训练项目,让运动员获得本质提升。综合看来,育人讲究的是怎样培养运动员成为合格的人才,对其精神思想、道德情操、理论技巧等进行综合培养。①爱国与团队,运动是个人身体机能与脑部配合下展现出来的活动形式,但是在体育赛事中个人能力的强弱并不一定是制胜,获得好评的关键,运动员是国家和民族风采的表率,理应具有高尚的爱国情怀和民族情操,同时每一次比赛取得成绩都是队友、教练等一系列人员辛勤配合的结果,因此必须要让运动员懂得感恩、懂得与团队配合融洽相处。②道德操守,竞技有竞技的礼仪,体育赛事应当发扬奥林匹克运动精神,友谊第一,运动员无论是在场上还是在场下,都应该对裁判、对手、队友保持应有的尊重和大度,这不仅是体育精神的表现,也是做人最为基本的原则。③个人状态,运动员是全民在体育场上的代表,是身体素质过硬的标杆,应当拥有健康、强劲的身体能力,同时面对各种挑战、挫折,还需要极强的耐心、恒心和自信心,因此需要注重对运动员的心理进行培养。

2. 夺冠原则

在竞技运动方面,夺冠是其区别于其他运动的特有标志,树立夺冠的目标才是合格的运动竞技。运动员是否能够夺冠,或者是否拥有能力并始终向着夺冠努力,是检验运动员是否称职的标准。可以说夺冠是运动训练最为浅显的目标,也是最为基本的目标,以夺冠为目的进行的训练,是运动员不断超越自我的一个过程,是向世界体育致敬的表现。①奥林匹克有一句格言"更快、更高、更强",夺冠的过程就是赶超对手、赶超从前、不断进步的过程。②求胜,运动员应当有一个顽强拼搏的心,永不服输的气节,尽最大可能运用所掌握技能正面击败对手。在夺冠原则下,运动训练集中对运动员的个人能力进行强化。

（二）运动训练的操作原则

操作原则是运动训练中必须遵守的准则,关系到训练实践的具体方案制订和指标制订。内容涉及了身体、技能、战术、智力、心理、意志等方面的内容,例如:超量恢复、竞技状态变化、运动竞赛的制约及反制约、训练适应规律等。除了要寻找运动训练的共性规律之外,还要特别根据运动员的情况找出特殊规律,用以针对性的训练运动员的某些能力。而训练计划的制订尤其应当讲究一定的阶段性,即能够分层次完成训练计划,使运动员的综合素质扎实而缓慢上升,达到稳定坚固的效果。例如按照运动员的年龄情况,对不同年龄范围的运动设计对应的任务和目标,设计的内容需要与运动员动态成长的水平相匹配。除此以外,可以按照不同的项目对运动员各方面能力要求不同为标准,设定训练目标和过程,如按照力量训练、体能训练、速度训练、对抗训练等为不同的主题,对运动员形成强化练习,此种练习一般为常规练习。考虑到运动员特长和能力短板等问题,需要进行专项训练,因而还有专项训练或特殊训练原则,一般考虑两种情况,一是针对运动员自身的特点开展专门的训练,以直接提高竞技成绩为目的;二是总结历次竞技比赛的成功经验,重新总结取的好成绩的关键,例如"以速度为中心"的背越式跳高训练,"中长跑是高速度的耐力性项目"规律,以实践为基础完善训练计划。

三、运动训练原则的发展分析

从最初的以实践为主的原始训练原则,到后来的理论实践相对独立,再到现在理论实践相结合的训练原则,可见训练原则的发展总是在不断趋于科学化和效率化,对运动训练原则的发展进行分析,有利于找准目前训练原则的突破关键,确保未来的效果。

(一)发展趋势

1. 运动训练原则趋向个性化

随着以人为本的思想普及之后,逐渐认识到了尊重和发挥运动员的个性,对于体育竞技而言有较为明显的促进效果。国家游泳队的教练张亚东认为:个性化训练就是一种违背正常规律的训练。也可说是一种"剑走偏锋"的训练方式,通过不同训练内容和节奏,让运动员在训练中体会到疲劳、心累、愉快等感觉,从而不断突破自身瓶颈,快速成长。

2. 运动训练原则综合性加强

运动员应当具备较高的身体综合素质,例如竞走运动员需要同时具备相当高的速度、耐力、平衡力等,身体综合素质上升之后,在原有领域的能力必然会有所上升,就如"以速度为中心"的背越式跳高训练,在此之前也许并没有对跳高运动员的速度进行特别的训练。

3. 运动训练原则更加专业化

对比不同时期的训练可知,时间越早的训练形式越单调,尤其是膳食营养与运动训练之间的规律,将近20世纪被提出,可以看出从最传统的身体强度训练,到专门的技能训练,再到当前的综合式训练原则,匹配各种辅助计划,运动训练已经越来越科学、专业。

(二)发展问题

1. 个人能力突破难度较大

人的潜力是无限的,在体育场上,世界纪录在不断被刷新,但每一次刷新的背后都是数之不尽的汗水和泪水,究竟怎样才能通过各种训练让运动员不断超越对手,超越自己是一个难题。

2. 职业生涯时长不稳定

运动员在训练、比赛的过程中,通常会因为一些小的意外和事故,对身体造成较多且严重的伤害,一般运动员退役之后身上或多或少都会留下永久性的创伤,而这种"常见"的伤害直接影响了一部分运动员的职业生涯时长,造成较多的人才提早退役,这样的问题实际上应该可以在日常训练中进一步得到控制的。

(三)发展建议

坚持实事求是、区别对待的原则进行发展,训练原则体系的创新应当与时俱进,除却国内经验总结之外,积极与国外环境接洽,多交流讨论,从运动员个人、团队、体质、心理、精神、意志、技术、天赋等各个方面进行更具体的研究,构建隶属于运动训练的理论结构。此外,尤其应当作好物质和精神激励并重,直接提高运动员的积极性,促进其努力实现自我价值。

运动训练原则是指导和约束运动训练的纲要准则,将原则划分为指导原则和操作原则,有效地区别了理论层面与实践层面,便于科学安排和管理训练活动。在未来的体育训练中,随着训练经验的不断累积还会对训练过程中的客观规律掌握得更加透彻,最终形成更加细致完善的原则体系。在原则总结出来后,运用原则投入实践检验,再进行研究和总结,只有如此循环才能确保训练原则不断趋于完善。

第四节 运动训练方法

现代运动训练的发展与训练方法是紧密联系的。在运动训练过程中,使用的训练方法各种各样、各有特长和作用。但任何一种方法都不能全面地解决训练过程中所碰到的各种各样的问题,往往要根据训练任务、运动员水平的不同,以及训练场地和设备条件,灵活地、创造性地加以选择和运用,训练的成效在很大程度上取决于训练方法的优劣和运用的正确程序,以及新的更有效的方法的开发,进一步出现多种多样的训练方法。特别是当今世界上的竞技体育强国,在培养运动员和实施科学化训练的各方面条件日趋接近的情况下,训练的成效在很大程序上取决于训练方法的优劣和运用的正确程序,以及新的更有效的方法的开发,进一步出现多种多样的训练方法。教练员不但应掌握已有的训练方法,深知其特点和作用,学会根据具体情况,正确地选择,灵活地运用,解决所存在的主要问题，而且要不断总结运动训练方法运用的实践经验，创造新的更为有效的训练方法，以达到事半功倍的效率。

一、运动训练方法概念及其重要意义

"方法"是指研究和认识客观事物的途径，也是指达到预定的目的所采用的办法。运动训练过程要完成身体、技术、战术、心理等各方面的任务，从而达到提高专项运动成绩的目的，这就要采用各种具体的途径和方法。运动员训练水平的提高，各阶段训练任务的完成，以及达到创造专项运动最高成绩的目的，无不依赖于训练方法的正确运用和创新，训练科学化的一个重要体现，就在于运用科学的训练方法，挖掘运动员最大的竞技潜力，使其更快、更准确、更熟练地掌握专项技术、战术；高度发展各器官系统的机能和运动素质，有针对性的解决训练过程中发生的各种问题。

二、训练方法的基本分类

运动训练方法多种多样，在训练理论和实践中以提高运动员的机能和素质，掌握战术、技术，以及获得知识的来源为标准，将常用的方法分为三类：即语言类、直观法和练习法，每类又包括不同的具体方法。

语言类：讲解、口令、指示、讲评；

直观法：示范、图表、幻灯演示、电影、录像等；

练习法：分解、完整、持续、重复、间歇、变换、游戏、比赛等；

三类方法中的各种具体方法，在训练过程中一般可适用于身体、技术、战术等训练中，如为使运动员掌握某一项技术，既要运用语言法中的讲解，又要运用直观法中的示范，还要运用运动练习法中的重复法，才能使运动员更准确地掌握技术。但这些具体方法的运用都有其重点。例如讲解法、示范法和分解法，重点在于技术运用训练的初期，使运动员形成技术动作的正确概念，理解动作要领，初步练习分解了的动作；而重复法、持续法、间歇法在技术训练中重点用于进一步巩固已掌握了的动作及其熟练运用阶段；而在身体训练中，为提高运动员的机能，发展运动素质，这几种方法也是运用的重点。

三、运动训练的几种方法

训练方法多种多样，下面主要阐述分解训练法、重复训练法、持续训练法、模拟训练法和游戏、比赛训练法。

（一）分解训练法

分解训练法是指把一个完整的技术动作分解成几个技术环节，使运动员更方便地掌握较复杂的技术动作。它的特点是简单、易学、适用于初学者的开始阶段。尤其对于少年儿童来说，很难一下子掌握一项技术环节较复杂的动作，因此，如将把动作分成几个步骤，一个环节一个环节地学，最后把几个分解的动作连贯起来，对少年儿童来说是比较容易接受的。如网球技术中的发球就是一项比较复杂的技术动作。所以在刚开始教队员时，把动作分成三个步骤：（1）拉拍，同时抛球；（2）拍子下垂，后脚前跟；（3）击球，转肩、转腰；（4）收拍。由于儿童一次只接受一个简单的信号，因此我让他们一个步骤一个步骤反复练习，等到熟练时再把动作完整起来，效果明显，而且不易出现问题。

（二）持续训练法

持续训练法是指在相对较长的时间里，用较稳定的强度，无间歇的连续进行练习的方法。它的特点在于练习时间较长，一次练习的量较大，但强度相对较稳定，因此用这种方法进行练习，对有机体刺激所产生的影响比较缓和，有利于心血管和呼吸系统机能的稳步提高。它获得的训练效应出现较慢，但较稳定，消退也比较慢。在网球训练过程中通常用于多球训练，有助于掌握巩固，提高技术。但在练习中，还要注意量和强度的搭配。如果这个项目是发展运动员在场上奔跑中击球，以强度为主的，那么，练习的时间和组数就不宜太多，太长；相反如要提高运动员场上定点击球的稳定性，那么强度就不宜太大，而组数和时间则可以增加。控制好量与强度应从训练所要达到的目的考虑，在训练时，量和强度的增减应以运动员在训练中保持正确的击球动作为准，如果运动员在击球时技术动作走形，那就要考虑减少量与强度了。尤其对待少年儿童时，要更密切注意他们的反应，及时制止变形的动作。

（三）重复训练法

重复训练法是指在相对固定的条件下，按一定的要求，反复进行某一项目的练习，而每组之间的间歇要使机体基本恢复的一种方法。它是身体、技术、战术训练的常用的基本方法。重复练习技术动作，可不断强化刺激的痕迹，有利于巩固动作定型和熟练的用技术，这是技、战术训练中最常用的办法，也是少年儿童掌握技术动作最重要的方法之一。如在场上进行全场跑动击球，不但要严格规定技术动作，而且要提高奔跑中击球的组数与个数，这样才能使技术熟练，准确，提高在比赛中的实用价值，而且由于重复练习，使疲劳的加深，要求运动员克服很大的体力消耗，因此有利于培养运动员的意志品质。

在进行重复练习时，要及时给予指导，不断提高改进技术的要求和纠正错误的动作，使队员不会在错误的动作上越偏越远。另外，重复练习同一动作或项目，运动员容易产生枯燥乏味的情绪，降低练习的积极性，所以在练习中除了使队员明确训练的目的和作用外，还要结合游戏等手段来引起运动员的兴趣，达到训练目的。

（四）模拟训练法

模拟训练法，它主要是为运动员参加比赛做好适应性准备，也就是使运动员对于容易引起精神紧张和动作失调的各种刺激逐步产生适应，从而提高在比赛中的抗干扰能力。模拟训练通常有两种方法,第一种是现实模拟,即运动员在比赛形式、比赛对手、比赛时间安排以及气候情况、场地器材设备等各种因素都与正式比赛相似的情况下进行训练;第二种是通过录像、电影、图片、录音、语言等手段进行模拟训练。适当地增加运动员的心理压力,相对来说,也就是减轻了比赛时的心理压力。安排模拟训练时应一切按照比赛程序进行。如:准备活动时间、变换场地、方向、模拟赛场,并组织安排观众、裁判、制造与比赛相似的气氛。通过模拟训练可以及时发现运动员在赛前各种身体素质、技术水平和心理状态等方面的问题,从而可以及时得到改进和弥补,这对正式比赛时发挥应有的技术水平是很有益处的。

(五)游戏、比赛训练法

游戏和比赛训练法是指以游戏和比赛的方式进行训练的方法。它的内容可以多种多样,既可用于身体训练,也可用于技、战术训练,还可作为恢复手段。如在训练前进行一些小游戏,既可热身,又可提高兴奋性。在技术训练中,可以将所学的技术作为比赛内容,并制定胜负的标准,以比赛的方式进行练习,如多球打成功率比赛,半片场地打来回比赛等,既可提高运动员的兴趣,又可锻炼运动员的技术与心理,可谓一举两得。在训练课结束时也可安排一些游戏。如踢足球、打篮球之类的,不仅练到了场上步法、耐力,也能达到消除疲劳的积极效果。由于游戏和比赛所具有的特点和作用,它可以广泛地运用于不同的对象,不同的训练阶段,不同的训练内容中,尤其根据少年儿童好动的特性,在训练中采取游戏和比赛的方法,能更好地达到训练目的。

当今训练方法的运用,是随着现代训练的发展而不断地创新和变化,每一次训练方法的更新,都将带来训练效果和运动成绩的提高与发展。因而掌握一些基本的和必要的训练方法,不仅有利于教练员和运动员提高运动训练的效益,而且也可促使教练员、运动员去创造更多、更好的训练方法,提高训练质量,促进运动水平的提高。

四、对运动训练方法进行创新的主要途径

(一)破旧立新

想要对运动训练方法进行创新,最基本的就是摒弃陈旧的思想观念以及训练模式,只有在此基础上进行创新,才能取得事半功倍的效果。比如说,教练员应该对自身所具有的思想观念进行创新,从一个全新的角度去认识运动训练工作的重要性,并对自己原有的训练思路、手段等进行思考,判断这些一成不变的训练方法,还能不能适应当今社会的发展趋势?这些在以前很先进的训练手段,是不是能满足社会的需求?若是一直使用这些方法来进行训练,运动员的运动水平能否得到提高?等等。教练员通过对这些问题的思考,可以得出明确的结论,那就是现有的训练方法,已经不适合如今的形势,想要提高运动员的运动水平,对这些方法进行创新是势在必行的。在此种思想的引导下,教练员自然会将一

些陈旧的方法以及观念摒弃，从而将全新的思路当作突破口来思考问题，进而做好运动训练方法的创新工作。

（二）克弱转强

在运动员训练的过程中，教练员应该找出运动员的弱点，并以这些弱点为基础，提出有效的训练方法来克服这些弱点，从而使运动将自身所具有的弱点转化为强项，有效地提高运动员的运动水平。因此，教练员在应用训练方法让运动员进行训练的时候，应该对采取的训练方法进行深入地分析，并结合运动员的弱点，来判断当前的训练方法能否使运动员的弱点得到转化，使其变成强项，若是现有的运行训练方法无法实现这一目标，教练员就应该对当前使用的训练方法进行调整和创新，使训练方法可以弥补运动员的不足，进而发挥训练工作的作用，培养出更多更优秀的运动员。

（三）逆向思维

受传统经验教学的影响，现有的教练员在确定训练方法的过程中，还是会受其影响，此种状况就使得教练员将自己困在一个框架中，其思维模式比较固定，创新的想法逐渐地抹杀。面对这样的情况，最主要的就是转变教练员的思维方式，帮助教练员摒弃传统的思维，从而形成逆向思维，在逆向思维的影响下，可以树立正确的运动训练观念，根据运动员的实际情况，创新出具有价值和意义的运动训练方法。因此，培养教练员的逆向思维是非常有必要的，只有从反方向思考问题，教练员才能从固有的框架中解脱，使用的运动训练方法才能是符合社会发展的。

（四）移花接木

近些年来，随着我国经济水平以及科技水平的不断提高，国家对教育的重视程度有了明显的提升，因此，知识的综合应用程度也有所提高。现今很多学科的知识看起来没有必然的联系，但在实际教学过程中，却可以将其放在一起进行教学，此种情况充分地反映了知识的渗透力越来越强，而且其聚变效应也越来越明显。在这样的情况下，教练员在创新训练方法的时候，可以将其他学科中的原理以及方法等应用到训练方法的创新中，此种移花接木的方式，可以使各学科的知识有效的衔接在一起，进而创造出更加先进、完善的训练方法。比如说，教练员可以将信息论以及系统论等方面的内容融入运动训练工作中，这样就可以使运动训练方法更加符合当前的实际情况，进而充分地发挥自身的作用，推动体育科学的稳定发展。

第三章 体能训练的生理学基础

第一节 耐力训练的生理学基础

一、耐力及其评价指标

耐力是指人体持续运动的能力，它是人体健康和良好体能的重要标志，同时也是影响生活质量和众多竞技项目尤其是耐力性项目运动成绩的重要因素。耐力的分类有多种方法，按照耐力与运动专项间的关系，通常分为一般耐力和专项耐力；按照耐力运动所涉及的人体主要器官和系统，分为肌肉耐力和心肺耐力；而按照运动时供能代谢的特点，则可分为有氧耐力和无氧耐力等。

耐力评价指标通常依照耐力分类方法而有所不同。一般耐力通常以持续完成运动的时间或距离加以判断，如常用的耐力跑的时间或12min跑的距离等；有氧耐力和心肺耐力通常与个人的最大吸氧量和无氧阈有密切关系，因此常以该两项指标进行评价；无氧耐力一般以无氧性运动的成绩结合血乳酸浓度的变化加以评价；而肌肉耐力通常依据肌肉完成规定强度的练习次数、平均做功能力或者表面肌电信号平均功率频率变化斜率等物理和生理指标进行检测与评价。

二、影响耐力的生理学因素

耐力受多种因素的影响，除与个体个性心理特征、运动技能水平和战术应用等有关以外，影响耐力的主要生理学因素还包括以下几个方面。

（一）有氧耐力

1. 氧运输系统的功能水平

氧运输系统由呼吸、血液和循环三部分组成，主要完成氧气、营养物质和代谢产物的运输功能，是决定有氧耐力的核心因素。氧运输系统的功能水平即最大氧运输能力主要取决于血液的载氧能力和心脏的泵血功能。血液载氧能力与血红蛋白含量的高低有关，1g血红蛋白可以结合1.34mL氧气，血红蛋白含量越高，血液结合的氧气就越多。一般成年男性血红蛋白含量约为15g/100mL血液，血氧容量约为20mL氧/100mL血液，女性和少年儿童不及成人。优秀的耐力项目运动员的血红蛋白含量通常比一般人或其他项目运动员高,可达 16g/100mL 血液以上,因此其血液的载氧量也比一般人多。心脏的泵血功能主要表现为最大心输出量(即心脏每搏输出量与心率的乘积)。最大心输出量越大,外周肌肉组织单位时间内获得的血流量越多,氧气的运输量也越大。运动生理学研究发现,优秀的耐力项目运动员的心室腔容积和心室壁厚度都较非耐力性项目运动员和一般人大(图3-1);心脏每搏输出量约为 150~170mL,一般人为 100~120mL。此外,优秀耐力选手的心肌收缩力也较大,射血速度也较快,运动时心率即使高达 200 次/min,每搏输出量仍不减少,这些都是其具有较高的氧运输功能的生理学基础。以评价氧运输系统的功能水平的生理学指标:$VO_2 max$ 为例,一般人 $VO_2 max$ 的相对值约为 $50 \sim 55 mL \cdot kg^{-1} \cdot min^{-1}$,而优秀的越野滑雪运动员可高达 $94 mL \cdot kg^{-1} \cdot min^{-1}$。

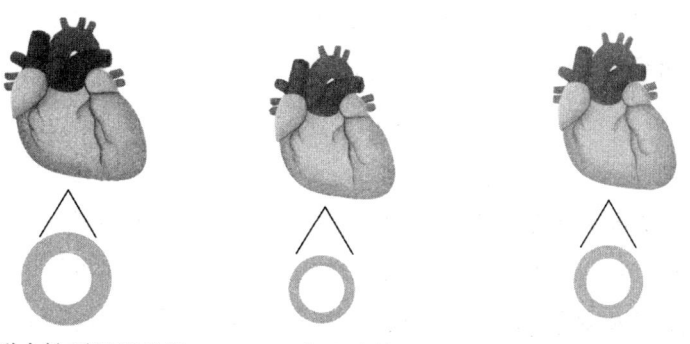

1 耐力性项目运动员　　2 非运动员　　3 力量性项目运动员

图 3-1　耐力性项目运动员与非运动员和非耐力性项目运动员心脏形态比较

2. 骨骼肌的氧利用

当毛细血管血液流经肌肉组织时,肌肉组织可以从中摄取和利用氧气。生理学研究表明,肌肉组织摄取和利用氧气的能力主要与肌纤维类型及其有氧代谢能力有关,Ⅰ型肌纤维比例高,有氧代谢酶活性高,肌肉组织摄取和利用氧气的能力也强。优秀的耐力项目运动员慢肌纤维百分比高,线粒体数量多,有氧氧化酶活性高,毛细血管分布密度大,因此其摄取和利用氧气的能力比较高。目前认为,心输出量是影响有氧耐力的中心机制,而肌纤维类型的百分构成及其有氧代谢能力则是决定有氧耐力的外周机制。

一般认为,无氧阈能够在一定的程度上整体反映运动时骨骼肌的氧利用能力,以无氧阈的最大吸氧量相对值表示法为例,比值越高,反映肌肉的氧利用能力越强。一般人的无氧阈约为 65% 最大吸氧量,而优秀耐力运动员可高达 80% 最大吸氧量以上。

3. 神经系统的调节能力

耐力运动要求运动员的神经系统具有长时间保持兴奋和抑制节律性转换以及运动中枢与内脏中枢的协调活动能力,借以保持肌肉收缩和舒张的良好节律以及运动器官和内脏器官活动之间的协调和配合。研究表明,耐力训练能够有效改善神经系统的调节功能,使其活动更加适应耐力运动的需要,这正是耐力运动员能够坚持长时间运动的生理学原因之一。

4. 能量供应

耐力性运动的能量绝大部分来自于肌糖原和脂肪的有氧氧化。研究表明，肌糖原含量不足可以明显影响耐力性运动的成绩；相反，增加肌糖原储备、提高有氧氧化的能量利用效率、节约肌糖原利用以及提高脂肪利用比例等均能够有效地提高机体的耐力水平。

5. 年龄与性别

发育过程中，以最大吸氧量绝对值表示的机体最大摄氧能力随年龄的增长而增加，男生约在16岁，女生约在14岁时达到顶峰。14岁时，男女最大吸氧量绝对值的差异约为25%，16岁时高达50%。但若以相对值"$mL \cdot kg^{-1} \cdot min^{-1}$"表示，男生在6~16岁期间最大吸氧量稳定在$53mL \cdot kg^{-1} \cdot min^{-1}$水平，而女生则从$52.0mL \cdot kg^{-1} \cdot min^{-1}$逐渐下降到$40.5mL \cdot kg^{-1} \cdot min^{-1}$，这一差距可能与女性体内脂肪贮量随年龄增长的速度快于男生有关。25岁以后，最大吸氧量以约每年1%的速度递减；55岁时，最大吸氧量较20岁时平均减少约27%。

6. 能量利用效率

能量利用效率是指单位耗氧量条件下的机体做功能力。研究表明，多数耐力项目运动员运动成绩的差异，65%是因为能量利用效率的差异造成的。如考斯蒂尔的一项研究发现，两个最大吸氧量相对值相同的马拉松运动员，他们在跑马拉松时均使用了85%的VO_2max，但其中一人的能量利用效率高，结果比赛成绩比另外一人快了13min。

（二）无氧耐力

1. 骨骼肌的糖无氧酵解供能能力

无氧耐力的主要能源来自于肌糖原的无氧酵解，主要受肌纤维百分构成和糖酵解酶催化活性的影响。研究表明，从事不同代谢性质运动项目训练的运动员，其肌纤维百分构成和糖酵解酶活性有明显的项目特征（表3-1），说明以上两项因素在决定无氧耐力方面发挥重要作用。

表3-1 不同竞赛项目运动员肌纤维组成和无氧代谢酶活性的比较

项目	慢肌/（%）	乳酸脱氢酶/$(\mu Eq/g \cdot min^{-1})$	磷酸化酶/$(\mu Eq/g \cdot min^{-1})$
男子短跑	24.0	1287	15.3
男子中长跑	51.9	868	8.4
男子长跑	69.4	764	8.1
女子短跑	27.4	1350	20.0
女子中长跑	60.0	744	12.6

2. 对酸性物质的缓冲能力

肌肉糖酵解可以产生大量的H^+，它们可以在肌细胞内大量累积，还可以扩散到血液中,从而造成肌肉和血液中的酸性物质增加,干扰细胞内和人体内环境的理化性质。人体肌肉和血液中都存在着中和以上酸性物质的缓冲物质,它们是由弱酸(如 H_2CO_3)以及弱酸与强碱生成的盐(如 $NaHCO_3$)按一定比例组成的混合液,具有缓冲酸、碱物质,保持 pH 值相对恒定的作用。研究表明,经常从事无氧耐力训练可以提高机体的耐酸能力,从而提高无氧耐力。但是,目前还没有研究证据表明无氧耐力训练能够提高机体的酸碱缓冲能力。专家推测,运动员耐酸能力的提高可能是运动训练强化了他们对"酸性物质引起的心理不适感"的耐受能力所致。

3. 神经系统对酸性物质的耐受能力

肌肉和血液中的缓冲物质能够在一定的程度上缓解酸性物质在体内的快速累积,但是最终无法阻止肌肉和血液的 pH 值向酸性方向发展。安静状态下人体血液 pH 值平均为 7.4,骨骼肌细胞液的 pH 值为 7.0 左右。剧烈运动时,骨骼肌细胞内和血液 pH 值均可能发生明显变化,骨骼肌细胞液的 pH 值可能降到 6.3,血液 pH 值可能降到 7.0 左右。研究表明,神经系统对运动肌的驱动和对不同肌群活动的协调作用是影响无氧耐力的一个重要因素,大量酸性物质能够影响神经系统的上述功能,从而影响运动过程中运动单位的激活和中枢控制的协调性。因此,经常从事无氧耐力训练,可以提高神经系统对酸性物质的耐受能力。

三、耐力训练应注意的生理学问题

(一)耐力训练的生理负荷强度

从运动生理学理论出发,有氧耐力训练的目的在于提高机体的最大氧摄取和利用能力,无氧耐力训练的目的在于提高机体的糖无氧酵解供能和酸性物质耐受能力,而实现以上训练目的的最重要因素是合理制定和控制耐力训练的生理负荷。一般情况下,有氧耐力训练生理负荷的制定通常是以刺激心脏做功、增强泵血功能和提高外周肌肉氧利用能力为依据的。在以发展一般耐力或者改善心肺功能为目的的健身运动中,生理负荷强度一般控制在个人最大吸氧量(VO_2max)的 60%~80%、最大心率(HRmax)的 70%~90% 或者心率储备(HRR,即最大心率与安静状态心率之差)的 60%~80% 之间,而以增强有氧运动能力和提高有氧耐力成绩为目的的竞技运动训练时生理负荷强度通常稍大一些,控制在个人最大吸氧量的 80%~90% 之间。

表 3-2 VO_2max、HRmax 和 HRR 之间的关系

VO_2max/(%)	HRR/(%)	HRmax/(%)
50	50	66
55	55	70
60	60	74
65	65	77

续表

$VO_2max/(\%)$	$HRR/(\%)$	$HRmax/(\%)$
70	70	81
75	75	85
80	80	88
85	85	92
90	90	96

（二）耐力训练期间的营养

营养是维持正常人体生命活动和健康的重要物质基础，也是促进运动员身体机能恢复的有效手段。耐力训练具有持续时间长、热量与各种营养物质消耗大和体内代谢过程比较稳定的特点。其中，耐力训练的能量代谢通常以有氧氧化为主，肌糖原的消耗量比较大，蛋白质分解代谢加强，氨基酸转变为葡萄糖的速度加快，脂肪供能的比例随运动时间的延长而增加。因此，食物中应注意加强糖类物质的补充（热量比例约为总热量摄入的70%），相应增加维生素 B、维生素 C 和各种矿物质的摄入，食物中还应含有适量（热量比例约为总热量摄入的30%）的脂肪以缩小食物体积和减轻消化道负担。

（三）呼吸肌疲劳与耐力运动成绩

人的呼吸肌可分为吸气肌和呼气肌。吸气肌主要有膈肌、肋间外肌和胸锁乳突肌；呼气肌主要有肋间内肌和腹肌，另外还有辅助呼吸肌包括颈部、背部及肩带肌肉。正常人在安静状态下吸气是主动的，呼气是被动的，而运动过程中用力呼吸时吸气和呼气都是主动进行的。正常吸气时，膈肌所起的作用占吸气肌的60%～80%，因此膈肌是最主要的呼吸肌。

呼吸肌是肺呼吸运动的动力泵，大量研究发现：与四肢骨骼肌一样，呼吸肌在一定条件下也会发生疲劳，表现为呼吸肌收缩力下降，收缩速度减慢。而有针对性地进行呼吸肌耐力训练，不仅可以提高呼吸肌的抗疲劳能力，还能有效改善人体耐力运动的成绩。目前研究认为，通过对呼吸肌耐力的训练，改善耐力运动成绩的生理机制主要表现在以下两个方面：一是呼吸肌耐力训练能够有效改善呼吸肌的有氧代谢能力，提高氧气利用效率，从而使运动时分流到呼吸肌的血流减少，增加主要运动肌的血液供应；二是呼吸肌耐力训练能够提高其对血乳酸的摄取和利用，从而使运动时血乳酸浓度降低。

（四）高原训练与耐力

高原训练是一项直接和间接利用高原缺氧对机体氧运输和代谢等功能的影响来提高人体运动能力的有效训练手段。高原训练始于20世纪50年代，早期的高原训练主要把运动员直接置身于高原缺氧环境之中进行训练，以提高身体运动能力。之后，为有效克服高原训练所造成的运动员过度疲劳、肌肉萎缩和训练强度低下等缺点和不足，先后有人提出了一些新的高原训练观念和方法。例如，在平原地区进行的各种仿高原训练和高住低训等。虽然目前学术界对于该训练方法能否有效提高最大吸氧量还存有争议，但是运动生理学的研究发现,高原训练能够有效增加血液红细胞数量、提高血红蛋白含量、改善心脏泵血功能和提高骨骼肌无氧代谢能力。

(五)主要耐力训练方法的生理学特点

1. 持续训练法

持续训练法是发展耐力,尤其是有氧耐力的主要方法。持续训练法的特点是练习时间长且不间断、运动强度适中而运动负荷相对较大。根据训练中练习强度的保持情况,持续训练法还可以进一步分为匀速训练法和变速训练法两种。前者的练习强度基本保持不变且一般保持在有氧代谢范围之内,此时的心率大约在 150～170 次·min^{-1} 之间,练习持续时间在 20～30min 以上,这种方法常被用于一般有氧耐力训练;后者是在较长时间的持续运动中,有规律地变换练习强度的耐力训练方法,一般的强度变化范围是在个人最大强度的 70%～95% 之间,此时心率约为 140～180 次·min^{-1}。在采用这种训练方法时,如果练习强度处于有氧代谢范围内,其训练效果与匀速训练法相同;而当练习强度超过有氧代谢范围时,则对发展无氧耐力有较好的作用。

2. 间歇训练法

间歇训练法是指在两次练习之间安排适当的间歇休息,在身体机能尚未完全恢复的情况下开始下一次练习的训练方法。由于间歇训练法对练习强度、重复次数、训练组数和间歇休息的时间和方式均有严格的规定,且身体机能始终处于较高活动水平,故这种训练对机体氧运输系统活动和能量代谢过程均有较大的影响,是发展耐力素质的常用方法。采用间歇训练法进行耐力训练时,如果练习强度在有氧代谢范围内,主要用于发展有氧耐力;如果运动强度超过有氧代谢,则主要用来发展无氧耐力。以发展无氧耐力为例,练习的持续时间一般为 0.5～4min,练习强度接近比赛强度,练习之间的间歇休息时间要短,以保证机体在尚未完全恢复的情况下重复练习。完成这类间歇训练时,神经肌肉系统可以在高乳酸浓度状态下进行长时间工作,从而有助于发展其耐受乳酸和抗疲劳的能力。

3. 重复训练法

重复训练法是一种反复多次进行同一练习的运动训练方法,与间歇训练法一样,该方法也在每次练习之间安排休息间歇。但是与间歇训练法不同的是,重复训练法要求运动员在间歇休息期间身体机能完全恢复后再开始新的练习。重复训练中练习强度、练习次数和运动负荷的控制取决于训练的目的,发展有氧耐力的重复训练练习强度多在有氧代谢范围,而发展无氧耐力的多在无氧代谢范围。多数情况下,重复训练法主要用于发展无氧耐力,原因是重复训练法的间歇休息时间长,运动员的身体机能恢复充分,能够承受较大强度的运动。但是,由于一次又一次的重复练习是在体内堆积的乳酸已经大部分被消除的情况下进行的,因此对改善运动员耐受乳酸能力的作用不及间歇训练法。

第二节 肌肉力量训练的生理学基础

一、肌肉力量及其检测与评价

肌肉力量,简称肌力,是指肌肉收缩时依靠肌紧张来克服和对抗阻力的能力。肌力的表现形式与肌肉的收缩形式有关,如果肌肉收缩时长度不变且产生的张力等于外部阻力,此种形式的肌肉收缩叫等长收缩;如果肌肉收缩时长度变短,但肌肉的张力保持不变,叫等张收缩;如果肌肉在其活动范围内以恒定速度进行最大收缩,叫等速收缩。等长收缩、等张收缩和等速收缩条件下肌肉克服和对抗阻力的能力被定义为等长肌力、等张肌力和等速肌力,它们是肌肉收缩功能评价的主要生理学指标。

等长肌力,又称静态肌力,简称静力,在体育活动和日常生活活动中发挥重要作用,是常用的肌力评价方法,如竞技体操的"十字支撑"和"直角支撑"、武术的"站桩"、日常生活中的"静坐"等。等长肌力测定主要包括握力、背力、臂力和腿部力量等。常用的测量手段主要包括握力计、背力计和钢索测力计。

等张肌力,俗称动态肌力,由等张收缩得名。严格地讲,人体肌肉对抗阻力收缩时,由于关节角度、收缩速度等因素的变化,在整个运动范围内,肌肉以同样的力量进行收缩是不可能的,即不存在严格意义上的等张收缩,更谈不上严格意义上的等张肌力。然而,由于习惯,目前人们仍使用这一术语反映动态肌力。

等速肌力是一种关节运动速度恒定而外加阻力呈顺应性变化的动态运动概念和动态肌力评价方法。测试时等速肌力测试仪所产生的阻力与肌肉收缩的实际力矩输出相匹配,从而使肌肉在整个关节活动范围内或处于各种不同角度时均能承受相应的最大阻力,产生相应的最大张力和力矩输出。其中,在整个关节活动范围内最大力矩输出的一点可以反映肌肉的最大动态收缩力。利用等速肌肉力量测试系统评价肌肉力量通常是在慢等速(60°/s)和快等速(180~300°/s)两种条件下进行的,前者主要用于评价最大肌肉收缩力量,后者用于评价肌肉耐力。

二、影响肌肉力量的生理学因素

(一)最大肌肉横断面积

最大肌肉横断面积是指横切某块肌肉所有肌纤维所获得的横断面面积,它是由肌纤维的数量和粗细来决定的,通常用平方厘米(cm^2)来表示。据研究,最大用力收缩条件下人体每平方厘米横断面积的肌肉可以产生3~8kg的肌力。因此,一般条件下肌肉的最大横断面积越大,肌肉力量也越大,两者接近正比例关系。力量训练可以提高肌肉力量,原因之一就是可以增大肌肉横断面积。然而,肌肉横断面积作为影响肌肉力量的因素之一并不能完全解释力量训练中所表现出的所有生理学现象。例如,研究发现力量训练引起男、女性肌肉力量的增长百分比相似(20%~40%初始水平),但是女性肌肉体积的增加不及男子;力量训练可以使儿童和老年人肌肉力量明显增加,但是不伴有肌肉体积等比例增加;此外,力量训练具有明显的"交叉转移"现象,即一侧肢体的肌肉力量训练不仅可以引起被训练的肢体肌肉力量增强,还可以使未被训练的肢体肌肉力量增加。以上事实说明,肌肉横断面积或者肌肉体积本身不是决定肌肉力量大小的唯一生理学因素。

(二)肌纤维类型

骨骼肌纤维可依据其收缩的特性不同分为快肌和慢肌两大类。其中快肌纤维较慢肌纤维能产生更大的收缩力。因此,骨骼肌中快肌纤维百分比高及其横断面积或直径大的人,肌肉收缩力量也大;而慢肌纤维百分比高的人则肌肉力量较小。一般情况下,人体四肢肌肉的快、慢肌纤维类型百分比构成大致相等,但因受遗传和后天训练因素的影响,耐力项目运动员的肌肉通常含有较高比例的慢肌纤维,而短跑和爆发力项目的选手拥有较多的快肌纤维。此外,研究发现:在力量训练的影响下,快肌和慢肌的纤维横断面积和收缩力量均可以发生相应的增加,但是快肌纤维增加的速度快于慢肌,因此具有更好的力量训练适应性。

(三)肌肉初长度

人的肌力大小与肌肉收缩前的初长度有关。在一定范围内,肌肉收缩的初长度越长,则肌肉收缩时产生的张力和缩短的程度就越大。这一方面是因为肌肉拉长时,肌梭将感知肌纤维长度变化产生冲动,通过牵张反射机制提高肌纤维回缩力来对抗拉力;另一方面,肌肉本身是一种弹性组织,在受到快速牵拉时具有弹性回缩的作用。在运动实践中,如挺举前的下沉动作,扣球前做背弓动作时的体前肌群预先拉长,投掷前做超越器械动作时,体前肌群的主动拉长,以及做踏跳、推手、落地等动作前主动肌的预先被动拉长等均是通过有效利用该因素的作用而获得更大的收缩力。

(四)神经因素

1. 中枢驱动

中枢神经系统动员肌纤维参加收缩的能力称为中枢驱动。人体肌肉在进行最大用力收缩时,并不是所有的肌纤维都同时参加收缩,动员参与活动的肌纤维数量越多,则收缩时产生的力越大。缺乏训练的人只能动员肌肉中60%的肌纤维同时参加收缩,而训练水平良好的人可以动员肌肉中90%以上的肌纤维同时参加收缩。中枢驱动作用主要表现为支配肌肉的运动神经元放电频率及其同步化的变化,研究表明力量训练能够有效提高运动神经元的放电频率,从而增强中枢驱动能力。

2. 神经中枢对肌肉工作的协调和控制能力

运动中完成一个最简单的动作也需要许多块肌肉共同来实现。不同的肌肉群是由不同的神经中枢支配而进行工作的,不同神经中枢之间的协调关系得到改善,就可以提高主动肌与对抗肌、协同肌、固定肌之间的协调能力,使上述肌肉群在参加工作时能各司其职,协调一致,发挥更大的收缩力量。此外,近年来研究还表明,受力量训练的影响,主动肌运动单位活动的同步化程度也可以明显提高,从而使肌肉收缩产生更大的力量。

3. 中枢神经系统的兴奋状态

中枢神经系统兴奋性提高,即情绪高度兴奋时,会导致肾上腺素、乙酰胆碱等其他一些生理活性物质大量释放,这也是影响肌肉力量的重要因素。人在极度激动或危险紧急情况下,发挥超大力量的现象已众所周知。生理学家认为,这种现象可能是因为情绪在极度兴奋时,肾上腺素分泌大量增加,使肌肉的应激性大大提高,同时更重要的是中枢发出了强而集中的神经冲动,迅速动员"储备力量",从而使运动单位成倍地同步动员并投入工作。

神经因素在力量训练引起肌肉力量增加方面的作用主要表现在儿童少年时期和力量训练适应过程。目前研究发现,儿童少年时期肌肉体积的增长速度落后于肌肉力量的增加;儿童少年运动员在力量训练引起肌肉力量增大的同时,肌肉体积没有产生相同程度的变化。以上事实说明神经系统功能的完善在肌肉功能的发育方面发挥了重要的作用。此外,力量训练早期,肌肉力量增加的同时并不伴有肌肉体积明显的增加,而在力量训练后期,肌肉力量的增加则更大程度上受肌肉体积的影响,这说明力量训练的早期和晚期人体具有不同的适应机制。

(五)年龄和性别

1. 年龄

力量素质的发展有着明显的年龄特征。一般规律是 10 岁以前,随着人体的生长发育,男、女生肌肉力量一直缓慢而平稳地增长,两者区别不大。从 11 岁起,男、女生的最大肌肉力量的差异开始明显增大,男生增长稍快而女生增长缓慢。青春期过后,肌肉力量仍在增长但其增长速率很低。女生达到最大肌肉力量在 20 岁左右,男生则在 20～30 岁之间。40 岁以后,人体大部分肌肉力量开始衰退。到了 70 岁时,人体多数肌肉的力量只有其鼎盛时期的 30%～60%。

力量素质发展的敏感期是 13～17 岁,此时期最大力量进入快速增长的第一个高峰。这个年龄段力量的增长与体重的增长同步,而且最大力量增长快,相对力量却增长不大。这时的肌肉纵向增长比横向增长要快,因为此时也正是身高的快速增长期。16～17 岁是最大力量快速增长的第二个高峰。这时肌肉横向增长的速度加快了,最大力量和相对力量增长均很快,这是发展力量素质的最重要时期。18～25 岁,力量增长变得缓慢。

青少年阶段力量素质的增长有以下特点:快速力量先于最大力量;最大力量先于相对力量;躯干肌肉力先于四肢肌肉力。

2. 性别

以绝对肌力大小表示肌肉力量,女子上肢肌力较男子低约 50%,下肢肌力低约 30%;而以相对值表示,则男、女性肌力均为3~8kg/cm²,无明显性别差异。显然,肌肉力量绝对值的性别差异主要由肌肉生理横断面积或全身肌肉数量多少的性别差异等因素所决定。

三、力量训练应注意的生理学问题

(一)力量训练的超负荷问题

超负荷是肌肉力量训练的一个基本原则,超负荷不是指超过本人的最大负荷能力,而是指力量训练的负荷应不断超过平时采用的负荷,其中包括负荷强度、负荷量和力量训练的频率。超负荷力量训练能够不断对肌肉产生较大的刺激,从而使其产生相应的生理学适应,导致肌肉力量增加。研究指出,力量训练的超负荷是一个持续的过程。以某人用杠铃进行练举为例,如果该人训练前能将40kg的重量最多举起8次(8 RM),而经过一段时间的力量训练后举起次数增加到12次,这时就应该增加力量负荷的强度,这就是人们常说的"负荷8,练到12"。一般情况下,力量训练初期或者力量较弱的人,用于发展一般力量的练习强度可参考"负荷10,练到15"或"负荷15,练到20"。用于发展肌肉最大力量的练习强度可依据"负荷1,练到5"的原则加以确定。

(二)力量训练方法的特异性问题

力量训练方法的特异性是指被训练肌肉对不同收缩性质和练习模式的力量训练产生特定反应或者适应的生理学现象,是影响力量训练效果的一个重要因素。力量训练过程中的肌肉活动的性质和模式与所从事的专项特点不一致,为神经系统协调能力以及局部肌肉生理、生化特征的影响也不同。因此,发展肌肉力量的抗阻练习,应包括直接用来完成某一技术动作的全部肌群,并尽可能使肌肉活动的类型、肌肉收缩速度、力量练习的动作结构以及时间—动作关系与专项力量和专项技术的要求相一致。

(三)力量训练的安排

力量训练的强度、运动负荷和训练频率应符合年度训练计划和比赛的要求。依据著名运动训练学家Matveyev的周期训练理论,在年度周期计划中,准备期的力量训练量最大,训练强度较低;而在比赛期力量训练量减小,训练强度增大(图3-2)。

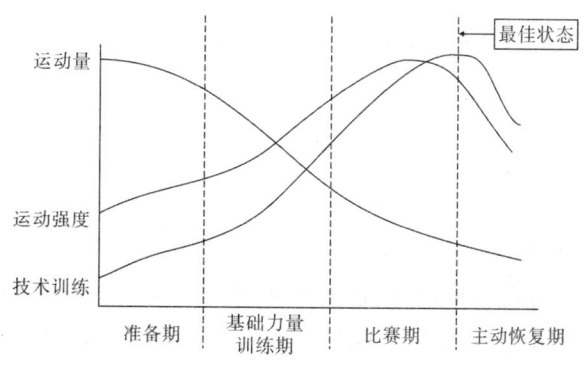

图3-2 Matveyev的周期训练理论模式图

(四)各种力量训练方法的生理学特点

1. 等长力量训练法

肌肉收缩而长度不变的对抗阻力的力量训练方法叫作等长力量训练法,又叫作静力训练法。应用这种肌力训练方法时,可以使肌肉在原来静止长度上做紧张用力,也可以在缩短一定程度上时做紧张用力。等长力量训练法的优点是肌肉能够承受的运动负荷重量较大,因此是发展最大肌肉力量的常用方法。此外,等长练习时神经细胞长时间保持兴奋,有助于提高神经细胞的工作能力;等长练习时肌肉对血管的压力增大,影响肌肉的血液和氧气供应,从而对肌肉无氧代谢能力的提高、肌红蛋白含量的增加和肌肉毛细血管的增生等均有良好的影响。但等长练习时肌肉缺乏收缩和放松的协调,练习也相对枯燥无味。此外,研究表明等长力量训练的效果具有明显的"关节角度效应",即等长力量训练的效果仅局限于受训练的关节角度。因此,等长力量训练应根据运动员所从事的运动项目的特点,确定合理的关节训练角度,这样才能确保训练的效果。

2. 向心等张力量训练法

肌肉进行收缩缩短和放松交替进行的力量练习方法叫作向心等张力量训练法,负重蹲起、负重提重、卧推、挺举等均属于此类。向心等张力量训练法的优点是肌肉运动形式与多数比赛项目的运动特点相一致;此外,在增长力量的同时还可以提高神经肌肉的协调性。其缺点是力量练习中肌肉张力变化具有"关节角度效应"。

向心等张力量训练法的训练效果主要取决于训练负荷强度、重复次数和动作速度等因素。一般情况下,如果力量训练的目的是发展力量耐力,应采用低强度、高重复次数的训练,如15~20RM(最多做15~20次)的负荷强度,每次练习2~3组;如果力量训练的目的是发展最大肌力,应采用高负荷强度、低重复次数的训练,如1~6RM(最多做1~6次)的负荷强度,每次练习2~3组。

3. 离心力量训练法

肌肉收缩产生张力的同时被拉长的力量训练方法叫作离心力量训练法,它属于动态力量的训练方法,肌肉在负重条件下被拉长的动作均属于此类。研究发现,肌肉在进行离心收缩时所产生的最大离心张力比最大向心张力大30%左右,因此该力量训练方法能够对肌肉造成更大的刺激,从而更有利于发展肌肉横断面积和肌肉力量。离心力量训练法的不足之处是训练后引起肌肉疼痛的程度较其他方法明显,原因可能是离心收缩容易引起肌肉结缔组织损伤所致。

4. 等速力量训练法

等速力量训练又叫等动力量训练,它是一种利用专门的等速力量训练器进行的肌肉力量训练方法。在进行等速力量训练时,等速力量训练器所产生的阻力是和用力的大小相适应的,只要练习者尽最大的力量运动,肢体的运动速度在整个运动范围内都是恒定的,而在此活动范围内的各个角度上,只要练习者尽全力运动,产生的肌肉张力也是最大的。因此,等速力量训练法事实上是一种可以使肌肉在整个活动过程中呈"满负荷"工作的力量训练方法。目前研究认为,等速力量训练法是发展动态肌肉力量最好的训练方法之一。

5. 超等长力量训练法

肌肉在离心收缩之后紧接着进行向心收缩的力量训练方法叫作超等长力量训练法。运动训练中常用的多级跳和"跳深"等练习都属于此类方法。目前,超等长力量训练法主要用于爆发力的训练,其生理学依据是肌肉在离心收缩后紧接着进行向心收缩时,可借助肌肉牵张反射机制和肌肉弹性回缩产生更大的力量。此外,最近的研究还发现,在超等长练习之前先进行短暂的大强度负重刺激有助于更大程度地动员运动单位参与随后的运动,从而强化超等长训练的效果,这种练习方法叫作复合超等长力量训练。

(五)力量训练期间的营养安排

力量训练期间机体体内蛋白质代谢较快,同时热量消耗也较大。因此,对蛋白质与维生素 B_2 的需求较高,特别是在训练早期,蛋白质的供应量应在每千克体重 2g 以上,其中优质蛋白质不低于 1/3,热量百分比可达 18% 左右,此外,为了保证神经肌肉系统的正常功能,应同时注意补充无机盐、糖和维生素 C。

第三节 速度训练的生理学基础

一、速度及其检测与评价

速度素质是人体的一种重要的身体素质,它是指人体快速运动的能力。通常情况下主要表现为以下三种形式:反应速度、动作速度和位移速度。反应速度是指人体对各种刺激迅速作出反应的能力,通常以反应时间的长短来表示,如听到枪声完成起跑等;动作速度是指人体或人体的一部分完成单个动作或成套动作的快慢以及单位时间内重复动作次数多少的能力,如投掷运动员掷出器械的速度、排球运动员的扣球速度、跳高运动员的起跳速度、体操和武术运动员完成成套动作的速度以及拳击运动员在单位时间内的出拳速率等;而位移速度是指在周期性运动中,单位时间内人体快速位移的能力,通常以通过一定距离的时间或单位时间内所通过的距离来表示,如短跑运动员的跑速、跳高运动员的助跑速度等。在大多数运动项目中,上述速度素质的三种表现形式都会综合表现出来,但在不同项目中,三者的表现各有特点。

二、影响速度的生理学因素

(一)反应速度

1. 反射活动的复杂程度

反应速度的快慢表现为反应时间的长短,它是指从感受器接受刺激到效应器作出反应所需要的时间。反应时间越短,反应速度越快。反应时间的长短主要取决于感受器的敏感度、中枢信息加工时间和效应器的兴奋性,其中,中枢信息加工最为重要。反射活动越复杂,中枢信息加工的时间越长,反应速度越慢。此外,反应时受遗传因素的影响也较大,遗传力高达75%以上;反应时的长短还与刺激信号的强度和注意的集中程度与指向等因素有关。

2. 中枢神经系统的兴奋状态

中枢神经系统处于适宜兴奋状态下,反应速度较快;相反,如果运动员处于过度疲劳状态或者休息不好等影响中枢神经系统工作的各种条件下,反应速度将明显减慢。

(二)动作速度和位移速度

动作速度与位移速度的主要特点都是通过肌肉系统最大限度地快速活动,在最短的单位时间内完成所需要进行的工作。由于人体肌肉活动受一个人的体能、技能和心理能力等因素的影响,故影响动作速度、位移速度的因素也表现为多方面。

1. 能量供应

在人体三大代谢供能系统中,速度能力主要取决于磷酸原系统,即ATP-CP系统的无氧代谢供能能力。通过科学的训练改善ATP-CP系统的供能能力,有助于速度素质的提高。

2. 肌纤维类型的百分构成

人体肌肉快肌纤维百分比越高,快速运动的能力也越强。例如,速度性项目优秀运动员的快肌纤维百分比明显高于耐力性项目运动员。目前世界上发现的短跑运动员,其快肌纤维百分比可高达95%。

3. 肌肉力量

力量是引起人体加速度的原因,力量越大则加速度也越大;加速度越大,人体运动速度就越快。由于人体质量与人体加速度成反比,故要最大限度地提高人体加速度,则对力量的要求应更偏重于相对力量。相对力量越大,肌肉就能越容易在运动时克服内、外部阻力,产生快速的收缩。因此,凡是能够影响相对肌肉力量的因素,也必将会对动作速度和位移速度产生作用。

4. 神经系统功能特点

肌肉活动受神经系统的控制。运动生理学研究发现,运动技能越熟练,神经肌肉之间的协调性越好,神经过程的灵活性越高,动作速度和位移速度也越快。

5. 身体形态与发育

速度素质与运动员的身体形态也有一定的关系。一般认为,短跑运动员的身体坚实有力,不胖不瘦,下肢较长,跟腱较长而踝关节较细。而在发育方面,多数研究认为,7~14岁是发展速度素质的最佳时期。

三、速度训练应注意的生理学问题

(一)"速度障碍"

速度训练过程中,有些运动员的速度水平可能会由提高转为停滞不前,这种现象被人们称为"速度障碍"。速度障碍是影响速度发展的重要因素,一般认为与单调和定型化的速度训练方法以及只注重速度的片面训练方法有关。突破"速度障碍"可以从以上两个原因入手,在训练中注意设计和运用新的训练手段、变化训练的方法、加强全面身体训练等,其中最为有效的方法是减小速度训练的外部阻力(如采用下坡跑、顺风跑和牵引跑等),这种训练方法有利于中枢神经系统对肌肉运动的协调控制能力适应新的刺激,从而打破已有的动力定型,促进速度素质的提高。

(二)速度发展的敏感期

速度的发展与机体神经控制、肌肉力量等因素有关,因而受生长发育的影响。一般认为,反应速度自然发展的敏感期介于7~11岁之间,动作速度和位移速度的敏感期稍微滞后,约为9~14岁。总之,7~14岁是速度能力自然发展的敏感时期,这一时期采取科学合理的训练有助于速度的更好发展。

(三)发展位移速度的生理学重点

从生理学角度出发,训练运动员的位移速度应全面考虑影响速度各个生理学因素的发展和改善,同时兼顾年龄和性别差异。训练中,采用科学合理的训练手段,重点发展ATP-PC和乳酸的供能系统的能力,改善肌肉力量和肌肉运动的神经控制能力,重视全面身体训练在发展位移速度能力方面的作用。

第四节 柔韧性和灵敏性训练的生理学基础

一、柔韧性、灵敏性及其测量与评价

(一)柔韧性

柔韧性是对机体单个关节或者多关节活动范围的测度,由骨关节结构和肌肉、韧带以及关节囊的长度和伸展性等因素决定。柔韧性决定关节活动的范围并随年龄等因素而变化,因此近年来受到健康相关体能和运动训练的重视。

柔韧性从其外部运动形式可分为动力性柔韧性和静力性柔韧性。前者是指肌肉、肌腱、韧带根据动力性技术动作需要,拉伸到解剖学允许的最大限度能力;而后者是指肌肉、肌腱、韧带根据静力性技术动作的需要,拉伸到动作所需要的位置角度,控制其停留一定时间所表现出的能力。从完成柔韧性练习的表现上看,柔韧性又分为主动柔韧性和被动柔韧性。主动柔韧性是人主动运动中表现出来的柔韧素质水平;被动柔韧性则是在一定外力协助下完成或在外力作用下表现出来的柔韧水平。主动柔韧性不仅反映对抗肌的可伸展程度,而且也可反映主动肌的收缩力量。一般来说,主动柔韧性比被动柔韧性要差,这种差距越小,说明柔韧性的发展水平越均衡。此外,还可从柔韧性在身体不同部位的表现,分为上肢柔韧性、下肢柔韧性、腰部柔韧性、肩部柔韧性等。

柔韧性的检测方法因检测部位而有所不同,常用检测部位包括肩关节、髋关节和躯干。肩关节柔韧性通常采用双手背部"对指试验",即以两大拇指在背部的双臂屈肘对指试验中的距离作为评价指标;髋关节柔韧性通常采用"仰卧单举腿试验",即以两大腿最大夹角反映髋关节屈的活动范围;躯干柔韧性一般采用两种方法加以度量,一种是"立姿转体"试验,用于评价躯干旋转活动的范围;另外一种是"坐姿体前屈",用以评价躯干屈的活动范围。由于后面一种方法的检测结果涉及髋、脊柱和肩关节等多个部位的柔韧性,因此常被作为评价全身柔韧性的评价指标。

(二)灵敏性

灵敏性是指人体在各种突然变换的条件下,快速、协调、敏捷、准确地完成动作的能力。它是人的运动技能、神经反应和各种身体素质的综合表现。在日常生活以及球类、武术、散打、拳击、摔跤、击剑、体操等许多运动项目中,都要求人体能够在客观环境急剧变化的条件下能迅速表现出对动作的准确判断和及时的反应。快速敏捷的反应速度、高度的自我操纵能力以及迅速改变身体或身体某部位运动方向的能力等都是灵敏性的基本内容,因此灵敏性实质上是机体各个系统活动能力的综合反应。

二、影响柔韧性和灵敏性的生理学因素

(一)影响柔韧性的生理学因素

人体柔韧性的好坏主要取决于关节的骨结构、关节周围组织的体积和肌肉、韧带组织的伸展性影响,此外还与年龄和体温等有密切的关系。少年儿童的骨弹性好、可塑性大、关节韧带的伸展性好,因此柔韧性好。老年人骨弹性差、可塑性小、关节韧带的伸展性差,因此柔韧性也较差。此外,体温升高,肌肉粘滞性下降,肌肉和韧带的伸展性增加,因而关节活动范围增大。

(二)影响灵敏性的生理学因素

1. 大脑高级神经活动的灵活性

大脑皮层神经过程的分析综合能力和灵活性是指机体在内外环境发生变化的时候,能够迅速作出判断,并依此发动、制止或改变动作行为和其他功能反应的能力。它与人体运动技能巩固的程度和运动经验密切相关。运动技能越巩固或大脑皮层动力定型越完善,运动经验越丰富,分析和综合能力就越强,动作反应也越快速、越协调和灵活。

2. 感觉器官的功能

感觉器官具有为中枢神经系统提供体内外环境变化信息的功能,因此在决定灵敏性的好坏方面具有特殊的作用。研究表明,运动员的感觉器官不仅具有较好的敏感性,而且还有一定的运动项目特点。例如,体操运动员具有较好的本体感觉和位觉,篮球运动员具有较广

阔的视野,乒乓球选手具有良好的速度判断和精确定位能力。

3. 运动技能的熟练程度

灵敏是中枢神经系统控制机体迅速作出反应的一种身体能力,与机体自身已经掌握的运动技能数量及其熟练程度有关,运动技能越多且越熟练,大脑皮层的中枢联系就越快速和准确,动作反应也就越灵活。

4. 其他

良好的灵敏素质需要其他身体素质的保障,力量、速度、耐力、柔韧都是人体适应复杂环境变化,迅速和准确作出反应的基础。此外,灵敏素质还受年龄、性别、体重和身体疲劳程度等多种因素的影响。一般认为,少年时期,灵敏素质的发展最快,男生较女生灵活;青春期后,人体体重增加,肌肉收缩的负荷增大,反应速度减慢。另外在身体疲劳时,由于神经系统的功能和肌肉力量等下降,灵敏性也会有所下降。

三、柔韧性和灵敏性训练方法

(一)柔韧性练习的方法

提高柔韧性一般采用牵拉肌肉和结缔组织的方法,常用的方法有快速牵拉和缓慢牵拉两种,前者主要包括"踢腿"、"摆腿"等练习,后者包括"拉韧带"和"压腿"等。虽然这两种方法都能够有效地改善关节柔韧性,但易引起肌腱、肌肉和邻近部位组织的拉伤。因此,在进行此类练习前应做好充分的准备活动,合理控制柔韧性练习的强度,避免做一些危险性大的柔韧性练习。

(二)灵敏性练习的方法

灵敏性是人体综合能力的反映。为了提高机体活动的灵敏性,应尽可能采取逐渐增加复杂程度的练习方式,也可以通过改变条件、器械、器材等方式来增加技术动作的复杂性和难度。同时,还应着重培养和提高个体掌握动作的能力、反应能力、平衡能力、观察能力、节奏感等。在发展灵敏素质过程中,应特别强调提高力量、速度、耐力和柔韧等基本活动能力来发展灵敏素质。竞技体操、武术、技巧、滑冰、滑雪及各种球类运动项目等,都是发展灵敏性的有效活动。此外,在竞技运动训练中反复练习与专项动作性质相似的动作,也是发展专项灵敏素质的有效途径。

第四章 科学运动训练实践的探索研究

第一节 科学运动训练常识

生命在于运动,然而运动必须有一定的规律性,只有掌握了体育训练的一般生理卫生知识科学地进行体育训练,才能够起到强身健体、防病治病的作用。从某种意义上说,运动安全是体育训练的首要问题,如果不注意运动卫生,盲目或随意运动,有时反而会对身体造成危害。因此,体育训练必须遵循人体生理活动规律和一定的卫生要求,才能收到良好的效果。

一、合理安排训练时间

参加体育训练的时间主要根据个人的生活习惯、身体状况或工作性质而定,但就多数体育训练者来说,体育训练的时间多安排在清晨、下午和傍晚。不同的训练时间有不同的特点,练习者可根据自己的实际情况选择。

（一）清晨训练

清晨的空气新鲜,早训练有助于体内二氧化碳的排出,吸入较多的氧气,有利于体内新陈代谢的加强,提高训练的效果。所以,许多人喜欢在清晨进行体育训练。清晨起床后大脑皮层处于抑制状态,通过一定时间的体育训练,可适度提高大脑皮层的兴奋性,从而有利于一天的学习与工作。所以有人说,早晨动一动,少闹一场病。但是,由于清晨训练多在空腹情况下进行,所以运动量不要太大,时间也不宜太长。否则,长时间的运动会造成低血糖,不仅影响训练效果,而且会使身体产生不适应。另外,对工作和学习紧张的人来说,没有必要每天强迫自己进行早训练。

（二）下午训练

主要适合有一定空余时间的人进行体育训练,特别适合大、中、小学的师生。经过一天紧张的工作后,下午进行一定强度的体育训练,不仅可以增强体质,而且可使身心得到调整。下午进行体育训练时,运动强度可大一些,青年学生可打球、做游戏,老年人可打门球、跑步。

（三）傍晚训练

晚饭后也是体育训练的大好时光。特别是对那些清晨和白天工作、学习十分忙的人来说,进行适当的体育训练,既可以健身强体,又可以帮助肌体消化吸收。傍晚运动的主要形式为散步,进行体育活动的时间一般不要超过 1 小时,运动强度也不可太大。强度过大的运动会影响胃肠道的消化吸收,同时,傍晚训练结束与睡觉的间隔时间要在 1 小时以上,否则,会影响夜间的睡眠。

二、体育训练的合理进食

体育训练后不要急于进食,要使心肺功能稳定下来,胃肠道机能逐渐恢复后再用餐。如果在运动后立即进食,由于胃肠的血流减少,蠕动减弱,消化液分泌减少,进入胃内的食物无法及时得到消化吸收,储留在胃中,容易牵拉胃黏膜造成胃痉挛。长期不良的饮食习惯还可诱发消化道疾病。

体育训练时,体内的物质代谢加强,能量消耗加大。合理的营养和饮食卫生,有助于稳定机体内环境的平衡,加快机体的调整与恢复,以达强身健体之效用。

(一)要有充足的食物量

机体内进行物质代谢必须不断地从外界获取新的物质,以补偿机体所消耗的能量。一般情况下,青年学生每日除主食提供一定的热量外,其余的热量需从豆类、肉类、蛋类、蔬菜、食油等副食品中补充。

(二)要注意补充优质蛋白质

人体的组织细胞主要由蛋白质组成。所以,在饮食中要注意蛋白质的供给。蛋白质在人体内不能合成,只能从每天的饮食中得到。如蛋白质不足就会直接影响自身健康水平,有条件者应注意在每日三餐中适量补充。

(三)要注意供给含无机盐及含维生素的食物

钙、磷、碘等无机盐都是人体必需的营养素。维生素是人体不可缺少的有机化合物,它具有广泛的生理功能,对保持人体健康有着极为重要的作用。诸如豆制品、鸡蛋、虾皮、绿叶蔬菜、海带、紫菜和新鲜水果等含无机盐和维生素比较丰富,因而在饮食中应注意摄取这些食物。

(四)要养成良好的饮食习惯

第一,要纠正忽视早餐的不良习惯,注意改善早餐饮食的质量。

第二,要重视饮食的合理搭配,注意食物的多样化,不要暴饮暴食,不要偏食挑食。

第三,吃饭时要细嚼慢咽,切忌狼吞虎咽。

第四,饭前便后要洗手,餐具要经常消毒并保持清洁。

第五,每天三顿饭都要定时定量的吃,尽量让食物多样化,这样才会保证各种营养均衡;另外不能暴饮暴食。

第六,每天应保证 6~7 杯白开水;保持良好的睡眠习惯。

三、体育训练的卫生

体育训练必须遵循人体生理变化的规律，符合运动卫生的要求，才能有效地增强体质，防止运动损伤和疾病的发生。

（一）定期进行体检

为了了解体育训练对增强体质的作用，了解运动中身体健康和机能的变化状况，检查训练的方法是否正确，运动量是否适宜等，应定期进行体格检查，从而进一步修订体育训练计划和改进训练方法。

（二）要注意做好准备活动和整理活动

整理活动是人体内运动状态过渡到相对安静状态的活动过程，它是促进体力恢复的一种有效手段，因此体育运动后要做好整理活动。整理活动有助于人体机能尽快恢复常态，有助于偿还氧债，准备活动和整理活动就是实现这种变化的过渡手段。

体育训练前进行充分的准备活动对于体育训练者来说是非常重要的，有些体育活动爱好者就是由于不重视训练前的准备活动而导致各种运动伤害，这样不仅影响训练效果，而且影响训练兴趣，还会使体育活动爱好者对体育活动产生畏惧感。

二者在体育运动中有着不可估量的作用。准备活动能够提高内脏器官的机能水平，调节心理状态，使身体各器官系统机能迅速地进入工作状态，以适应剧烈运动的要求，减少或防止运动损伤的发生。整理活动能够克服机体的生理惰性，加速肌肉组织的新陈代谢，调节运动情绪，可使人体更好地从紧张的运动状态逐渐过渡到相对的安静状态，并可消除机体内的代谢产物，减轻肌肉酸痛和消除疲劳。

（三）饭后不宜立即进行剧烈运动

饭后不能立即运动。强度运动可在饭后两小时后进行，中度运动应在一小时后进行，轻度运动在半小时以后进行最合理，主要有以下几个方面的原因。

1. 刺激胃肠

若饱食后进行运动，胃肠道已开始紧张工作，大量血液流入消化器官，会给胃肠带来机械性刺激，使胃肠内溶物左右上下振动，可引起呕吐、胃痉挛等症状。

2. 血流分配紊乱

饱食后消化器官需要大量血液来消化吸收，当全身肌肉在运动时，也需要大量血液参与，于是就会夺取消化器官的血液量，使消化机能减弱。长此以往，轻则可引起消化不良，重则可导致消化道慢性疾病。

3. 影响运动效果

人体进食后体内交感神经受到抑制，此时训练，运动效果不显著。另外，饭后胰岛素分泌上升，可抑制脂肪的分解，能量的来源就会受到限制。由于脂肪分解少，减肥运动也不宜在这个时间段内进行。

(四)注意训练时的饮水卫生

与体育训练后进食不同,体育训练后的补水是可行的,只要口渴,在运动后甚至在运动中即可补水。在天气较热的情况下,大量排汗引起体内缺水,不及时补水,可能会造成肌体脱水、休克等。最近的研究发现,中等强度的体育训练后,胃的排空能力有所加强,因此,运动后或运动中的补水是可行的。

补水要注意科学性,不可暴饮。剧烈运动时和运动后,均不宜一次性大量饮水,运动时的饮水应以少量、多次为原则。饮用不同成分的饮料对人体也有影响,运动中排汗的同时也伴随着无机盐的流失,因此,运动后最好饮接近于血浆渗透压的淡盐开水,以保持体内的盐平衡。也可选用橙汁、桃汁等原汁稀释饮料,不要饮含糖量过高的饮料。

(五)选择适宜的训练场所

1. 要选空气清新的地方

由于体育训练时,体内代谢加强,肺通气量增加。环境被污染的地方,工业废气、汽车尾气的排出,造成空气成分发生很大的变化,这时如果吸入有害物质,且比平时吸入的增多,就会危害健康。

若在人数多、通风换气不充分的体育馆或密闭的室内进行体育训练,由于空气中的二氧化碳含量过多,可使人头晕、运动能力下降,对人体产生不良影响。另外,雾大不宜进行体育训练,因为雾中多含有尘埃、细菌和其他有害物质。

2. 运动场地的要求

训练时还要选择合适的场馆,场地不能过于狭窄,要平整,不能有碎石杂物,空中也不能有悬挂物,以免发生碰撞和损伤。场地不能太滑,做跳跃运动的场地不能太硬。游泳时游泳池要符合标准,水质要过关。

运动场地周围应合理栽种各种树木,这样可以改善空气环境。室外篮球、排球、网球场,以土质为宜,场地须结实平坦。足球场最好是草皮场,要求保持平整、结实而富有弹性。在跳远坑里,应垫上干净的沙子,使用前应将沙子掘松,用耙子理平。投掷标枪、铁饼、铅球的区域,地面要平整,铁饼投掷区应三面围上铁丝网。

体育馆应有完善的通风和照明设备,室内或夜间的场地采光和照明要充足,光线要柔和、均匀、不炫目,应经常开窗通风换气。体育馆内应保持清洁卫生,馆内应设有更衣室、温水淋浴室和厕所等。

3. 运动器械

田径运动:投掷用的各种器械表面要光滑,无破裂处,无泥土;器械的重量和大小,要符合训练者的年龄和性别特点。

体操运动:体操用的各种器械,例如单杠、双杠等,表面要光滑,安装要牢固,落地处应放置体操垫。在上器械前,手掌可抹些镁粉,目的是加大摩擦力,以防脱手而引起事故。

球类运动:使用的球必须符合规定标准。练习或比赛时,应充分利用保护装置,例如护腿、护膝等,这样可以防止运动损伤。

4. 避免强烈的日光照射

室外运动时,要避免强烈日光的过度照射,防止紫外线和红外线对人的损害。在强烈的阳光下活动,特别是在高原地区,应戴遮阳镜或太阳镜,减少太阳射线对头部和眼睛的直接照射,或抹一些防晒霜以保护皮肤。

5. 运动衣着

服装能保护人体免受外界环境的各种不良影响。服装的保温性、透气性、吸湿性等,均具有重要的卫生作用。因此,运动时穿的衣服要轻便、舒适。经常从事体育训练的人,要勤洗勤换运动衣裤,尤其是内衣裤,以免汗液和细菌污染机体健康。

鞋子尺寸应以合适为原则。从卫生学的观点看,运动鞋应当轻便、富有弹性,具有良好的透气性。另外,袜子应当通气良好,吸汗性强,而且干净、柔软、富有弹性。

(六)训练后的保暖和洗浴

体育训练后洗澡不仅可以保持皮肤的清洁卫生,还能使神经系统的兴奋性降低,体表血管扩张,血液循环加快,从而改善肌肤和组织的营养状况,降低肌肉紧张,加强新陈代谢,有利于肌体内营养物质的运输和疲劳物质的排除,提高睡眠质量。

训练后进行温水浴是消除疲劳的好方法,水温40℃左右为宜;时间为10~15分钟。体育训练后不能立即进行冷水浴,否则,不仅不能消除疲劳,而且会引发各种疾病,严重的会当即休克甚至死亡。因为这时如果进行冷水浴,会迫使皮下血管迅速收缩,热量散发不出来,肌体就会因热量积聚而发生代谢紊乱,从而引起疾病。

同时,剧烈运动后,肌体的免疫力有所下降,这时如果不注意保暖,各种病毒细菌就会乘虚而入,造成感冒、发烧等症状。因此,训练后应赶快穿好衣服,不要等凉了以后再穿。

四、女子体育训练的卫生

女子参加体育训练,除了要遵循一般成人体育训练的卫生要求外,还需注意女性的身体特点。

(一)根据自身的生理特点选择适当的身体练习

多进行平衡性、柔软性、节律性和动力性的练习,多进行发展腹肌、手臂肌和骨盆肌的练习。最好避免采用剧烈震动和引起腹内压升高的身体练习。

女子体育训练的一般要求:

(1)女子呼吸系统和心血管系统机能比男子差,在训练中总体运动量比男子要相对小些。

(2)女子肩部较窄,臂力较弱,故避免做过多的持久的支撑、悬垂和大幅度摆动。女子在青少年时期,骨盆尚未发育完全,不要过多地进行负担量过大的负重练习,如从高处跳下、举重等练习。

(3)根据女子爱美心理和柔韧性较好的生理特征,可多选择一些节奏性较强、轻松活泼的练习,如艺术体操、舞蹈等项目。

(4)为塑造形体美,可多选择一些增强腰背、腹肌和骨盆底肌的练习,如仰卧起坐、仰卧举腿等练习。

(5)要重视全面身体素质训练,克服和改善女生的生理弱点,努力提高力量、耐力等身体素质,使之终生受益。

(二)月经期体育卫生要求及其他

月经是女子正常的生理现象,经期一般不出现明显的生理机能变化。所以,身体健康的女子在月经期间不必完全停止体育训练,适度的体育训练还有助于女子经期的平稳过渡。在经期参加适量的体育活动,不仅可以改善盆腔血液循环,减少盆腔充血,而且由于运动能起到对子宫的柔和按摩作用,有利于经血排出,并且可以调整大脑皮质的兴奋和抑制过程,有利于人体机能的正常运行。月经期易出现情绪波动、烦燥,适当参加一些体育活动,可使精神愉快,情绪放松,神经过程得到调整。但在月经期必须注意下列事项:

(1)运动量要适宜,训练时间要适中,运动时间不宜过长。对月经初期的少女,由于经期尚不稳定,运动量更要小些。对恐惧经期期间训练者,要多帮助指导,使之逐步形成经期训练的习惯。

(2)身体健康、月经稳定者,经期第1~2天可进行轻微性体育运动,如广播操、传垫排球等;第3~4天可逐渐加大运动量,如进行球类活动和慢跑等;第5~6天便可正常地参加训练。

(3)不宜做震动性大、对抗性强的动作。月经期间应避免做振动大的跳跃、憋气和静力性练习。更不宜参加游泳、长跑、跳跃或持续时间较长的快速运动。

(4)如果出现月经紊乱、痛经和明显腰部酸痛等情况,则应暂时停止体育训练。必要时进行相应的医务检查。

(5)经期应注意保暖,避免寒冷刺激,以防发生痛经、闭经或月经淋漓不尽等。经期也不宜进行日光浴,否则易引起经血量过多。

有些女同学一味追求线条美,腰带勒得过紧,使腹腔脏器肝、脾、肾、胃、肠等紧压在一起,造成消化道血循环不良,消化吸收功能下降。束腰对健康危害很大,要及早摒弃。积极参加科学而系统的体育训练和健美训练,才是塑造健美体形的正确之路。

第二节 科学运动训练过程监控

一、基本概念

运动训练过程监控是运动训练工作重要的一个环节,而做好这项工作的前提就是要知道监控什么,为此,准确领会运动训练过程监控的基本概念就显得很有必要。

（一）运动训练过程

从狭义上讲，运动训练过程是运动训练的主体运动员在教练员的指导下参加每次训练课持续的过程或这种过程的累积。通常是指从一次训练课的准备活动开始到训练结束的一段时间，也可以是一段时间内训练课的累积，不包括训练课以外的时间。

从广义上讲，运动训练过程是运动训练的主体——运动员从事训练活动期间，参加训练课及训练课以外持续的整个时间，既包括训练课的持续时间，也包括训练课以外的所有时间，训练课以外的时间被看作是训练课的延续，是训练课之间的身体机能调整，它的持续时间可以是1天、1周、1个月甚至1年、多年等。

（二）监控

监控就是监测和控制、调控，是一定的行为主体为达到某一目标或为完成一定任务，通过对确定的行为对象——客体进行定期或不定期的不断监测、检查、监督，获取相关信息，并对信息进行分析，提出调控信息，控制或不断调整客体行为，从而达到既定目标或完成既定任务的活动过程。

（三）运动训练过程监控

运动训练过程监控就是在运动训练过程中，为了确保训练过程的科学化、实现训练目标，以科研人员为主对运动员的训练过程实施监测和评定的活动和以教练员为主对运动员训练过程实施调控的活动过程的统一。即科研人员运用一定的测量指标对运动员承担训练负荷、训练效果、训练质量、身体机能状况等进行分析与评价，教练员根据科研人员的监测和评价结果对运动训练计划和训练活动实践进行调控，从而达到科学训练、实现训练目标的活动过程。

运动训练过程监控的定义，主要阐明了以下几个要点。

1. 运动训练过程监控是一个活动过程

由于运动训练进行的步骤和程序本身是一个动态变化的过程，因此，对训练过程的监控也应是一个动态的过程。只要运动训练过程发生，运动训练过程监控就应进行。运动训练过程的一个重要特征是长期性和不间断性，因此，训练过程监控也应是一个长期的、不间断的过程。

2. 运动训练过程监控实施的主体是科研人员和教练员，客体是运动员

作为监控主体的科研人员和教练员负责运动训练过程监控计划的制订、监控方法的选择与设计、监控过程的实施、监测结果的分析、调控信息的确定等。他们组织、控制着整个运动训练过程。作为监控客体的运动员在训练过程中承担的训练负荷、竞技能力状况、机体机能的变化与疲劳恢复、伤病、营养等，均是运动训练过程监控的直接对象。

3. 训练过程监控是以确保运动训练的科学化、实现训练目标为主要目的

运动训练的主要目的就是要最大限度地发挥人的机体的潜力，创造最好成绩。要达到

这个目的,需确保训练过程的科学化,以提高训练的质量,进而提高训练效果是关键。而运动训练过程监控的目的与任务就是通过对训练过程的不断监测、检查、评价,并对运动训练计划制订提出调控信息,确保训练的质量。

4. 运动训练过程监控是"监"的活动与"控"的活动的统一

运动训练过程监控实施分两个阶段:第一阶段是对运动员训练过程中的各个因素进行监测、检查;第二阶段是对监测的结果进行评定、分析,并对下一阶段的训练计划提出修改意见或建议。这两个过程不是孤立存在的,而是紧密联系的,前者是后者的前提和基础,后者是前者的目的和结果,二者是有机的统一。

在运动训练过程监控中,有时运动员对自己各个方面的感觉更直观,能够实现自我监控。对于运动员的自我监控,我们把它看作是教练员与科研人员实施监控的手段的延伸,它只是教练员和科研人员获得运动员信息的一个重要途径,所以,从这个意义上讲,运动员不是监控的主体。

训练监控和训练过程监控到底用哪个概念更好?我们认为,还是用"训练过程监控"较好,因为"训练"一词是一个较笼统的概念,并且比较口语化。而"训练过程"更具体,更能反映训练是一个动态的、长期的、具有阶段性的、包括多个环节的过程。

二、目的和意义

在运动训练过程中,运动员经常会出现训练不足和过度训练的情况,训练不足会造成体能缺失、技、战术稳定性不高、心理状态失衡;而过度训练会造成过度疲劳、损伤、疾病、神经驱动力丧失、过度敏感与兴奋。训练不足和过度训练都不能使我们取得最佳的训练效果,进而获取最好的运动成绩。而运动训练监控的介入可以使整个运动训练过程的计划与实施更具针对性、有效性,从而提高运动训练的效率,最终达到对运动训练过程的最佳化控制。所谓最佳化控制,就是指对控制的目标、方法和途径的最优化选择,其目的是使某一控制指标达到预定的最大值、最小值或最适宜值。

由此,可以认为,运动训练监控的目的就是要使运动训练安排具有针对性和有效性,进而取得最佳训练效果。有效是运动训练监控的初级目标,取得最佳训练效果是运动训练监控的高级目标。

运动训练监控的意义:确定运动员的现实状态;优化运动训练的内容、方法与负荷;控制运动训练的效果;激发和保持运动员的训练热情和动机;避免训练不足和预防过度训练;预测运动员的训练潜力和运动成绩。

三、基本内容

运动训练监控是训练过程的一个主要组成部分,它利用生理生化的方法和技术,测定运动负荷训练过程中运动员体内的一些生理生化指标,以评价运动员训练时的负荷强度和量、训练方法和手段的合理性与效果,以及机体对运动训练产生的适应信息、恢复效果等,从而帮助教练员了解训练效果,正确评价和调整训练方案。运动训练的生理生化监控涵盖了运动训练过程的前、中、后,以及动态的和静态的全方位的监控。

  竞技能力发展状况监控子系统是检查运动员阶段训练效果的子系统。竞技能力是运动员比赛成绩的决定性因素,提高运动员的竞技能力是运动训练的根本任务,运动训练效果的好坏主要表现为运动员竞技能力是否得到有效提高。因此,构成竞技能力的各个因素均应作为被监控的内容。对运动员竞技能力发展状况的监控主要包括体能、技术能力、战术能力、心理能力的监控。通过本系统的监控,主要是检查所实施的运动训练能否有效改善运动员竞技能力的各个方面,从而检查所采用训练计划、训练方法与手段等设计的有效性。

  运动员承受训练负荷状况监控子系统主要为分析竞技能力发展状况提供依据。竞技能力发展主要取决于训练负荷,无论运动员的竞技能力能否取得改善,均应对运动员在训练过程中实际承受的训练负荷进行分析。因此,本子系统主要对运动员在训练中实际承受的各类负荷量、负荷强度及不同的负荷手段等进行系统监控。运动员训练与比赛期日常身体机能状态和心理状态监控子系统主要是指为保障运动员正常训练与比赛提供良好的身体、心理状态的子系统。及时监控训练对运动员身体机能、心理造成的影响,以及运动员身心疲劳与恢复状况,为检查训练手段的效果及安排下一步的训练提供依据。

  身心健康状况监控子系统同身体机能、心理状态监控子系统一样,也是为保障运动员正常训练和比赛提供良好的身体和心理状态的子系统,与此同时,健康通常同伤病联系在一起,是医务人员才能解决的问题。因而它主要侧重于对运动员身心疾病等的监控与预防。

  营养状况监控子系统是为保障运动员保持正常训练和比赛提供科学合理营养状态的子系统。运动员在运动过程中所需要的能量以及调整身体正常机能状况的各种维生素、微量元素等均是通过营养来提供。对运动员的营养状况进行监控,一方面是确保运动员训练所必需的能量和维持身体工作的各种营养素,以及如何确保运动员以最佳的营养状态去参加训练与比赛;另一方面也为分析运动员的身体机能状况提供参考。

四、基本类型

  运动训练过程监控可以按不同分类方法划分为多种类型。

(一)按监控内容与运动成绩关系的不同分类

  按监控内容与运动成绩关系的不同,可以将运动训练过程监控分为决定性因素监控和影响性因素监控。

  众所周知,影响运动员运动成绩和运动训练过程实施的因素有许多,但归纳起来不外乎两大类:一类是内部因素,是运动成绩与运动调练效果的决定性因素;另一类是外部因素,是影响运动成绩和运动训练过程实施的次要因素。

内部因素主要指决定运动成绩的竞技能力和决定竞技能力的运动训练方法与手段。运动训练的目的就是通过一定运动训练办法与手段,提高运动员的竞技能力,从而取得优异运动成绩。所以,内部因素是训练和比赛的核心因素,要想提高运动成绩,只有通过改进训练方法和手段,才能实现提高竞技能力。

外部因素主要指影响运动成绩和运动训练过程实施的可控因素,主要指运动营养状况、机能恢复状况、身体健康状况等因素。这些因素本身不能提高运动员的比赛成绩,但它们能保障训练和比赛的正常进行,最终确保运动员获得优异运动成绩。

(二)按监控实施间隔时间长短的不同分类

以监控实施间隔时间长短的不同为依据,可分为即时监控、日常监控和阶段监控。

根据从一种状态过渡到另一种状态所需要时间的长短,人们通常将运动员的状态分为三种类型,即阶段性状态、日常状态、即时状态。所谓阶段性状态,是指运动员在较长一段时间内,如1周、1个月、数月由训练效果累积而获得的相对稳定的状态。所谓日常状态,是指在一次或几次训练课的影响下,即短时间训练效果的作用下身体所处的状态。所谓即时状态,是指运动员在完成一次身体练习的影响下,身体状态即时、迅速所发生的变化,由于持续的时间非常短暂,这种状态也称为即刻状态。教练员只有及时和准确了解运动员的状态,才能有效监控训练的进程,并确保训练的效果。(图4-1所示)

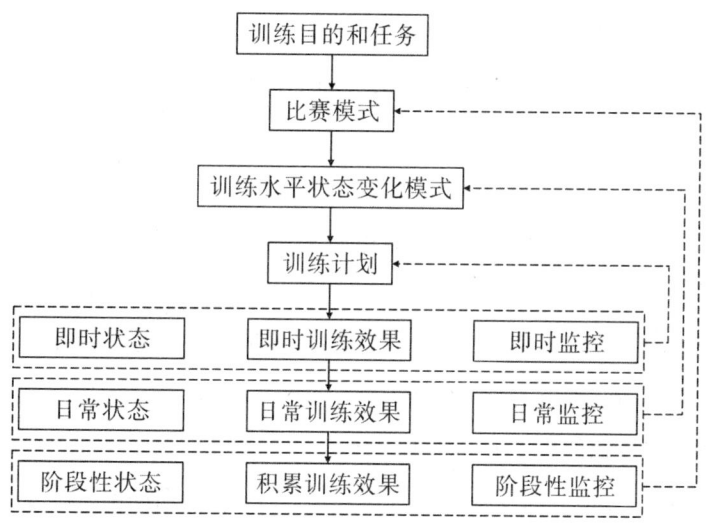

图4-1 即时监控、日常监控和阶段监控图

(三)按评价类型的不同分类

按评价类型不同可以分为结果监控和过程监控。

所谓结果监控,通常指经过一段时间后,对运动员竞技能力和身体机能状况进行检查评定,以检验训练的效果,即在一个点上进行的监控。结果监控实施的间隔时间相对长些,如1周、1个月,或一个训练周期。所谓过程监控,即在一个时间序列上进行的监控,这里主要

指对每次训练课所采用的每一种训练方法和手段对运动员机体产生的影响及运动员每天的饮食、伤病等进行监控。(图4-2所示)

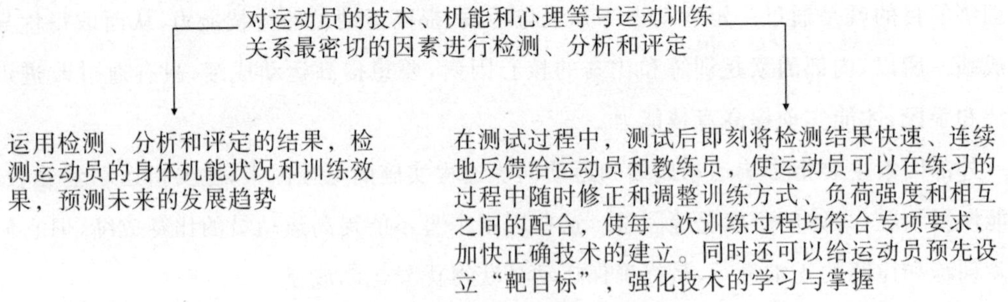

```
                    ┌── 对运动员的技术、机能和心理等与运动训练 ──┐
                    │    关系最密切的因素进行检测、分析和评定      │
                    ↓                                          ↓
运用检测、分析和评定的结果,检        在测试过程中,测试后即刻将检测结果快速、连续
测运动员的身体机能状况和训练效        地反馈给运动员和教练员,使运动员可以在练习的
果,预测未来的发展趋势                过程中随时修正和调整训练方式、负荷强度和相互
                                    之间的配合,使每一次训练过程均符合专项要求,
                                    加快正确技术的建立。同时还可以给运动员预先设
                                    立"靶目标",强化技术的学习与掌握
```

图4-2 结果监控和过程监控示意图

如果说结果监控是反映一段时间训练效果的话,那么,过程监控是反映这一效果产生的原因。可以说,过程监控是为了更好地解释、说明产生监控结果的原因。以时间为轴,我们把即时监控和日常监控看作是过程监控,把阶段性监控看作结果监控。当然,这都是相对的,对于由4个月组成的准备期来讲,每一个月的监控相对于每次训练课来说是结果监控,而相对于4个月来说又是过程监控。

(四)按周期训练理论分类

20世纪60年代马特维耶夫提出的周期训练理论,至今仍在我国竞技体育训练理论中占主导地位。当下,随着竞技体育比赛形式及比赛次数的变化,虽然周期训练理论受到诸多质疑,但其主要思想仍然是指导训练的重要理论依据。周期训练理论把一个训练的大周期分为准备期、比赛期与调整期。因此,可以把运动训练过程的监控分为准备期监控、比赛期监控和调整期监控。

但为了突出赛前训练期的地位及为了分析问题的方便,按照周期训练理论,还可以把训练过程监控划分得更细些,即可分为基本训练期监控、赛前训练期监控、赛中监控与赛后调整期监控。基本训练期监控的根本目的是保障训练过程的安全、有效实施,辅助提高运动员主项所需竞技能力的发展水平,为比赛打好基础;赛前训练期监控的根本目的是保障运动员在基本训练期已获得的竞技能力发展水平、身心健康状况、营养状况等都调整到最佳的竞技状态,准备参赛;赛中监控的根本目的是保障运动员能以最佳竞技状态参赛,并监测运动员在比赛中的发挥情况,为下一周期的训练提供参考;赛后调整期的监控主要是为了确保运动员能迅速恢复体能,防止身心疾病,以最短的恢复时间进入下阶段训练。

五、基本特征

运动训练过程监控主要表现以下四个基本特征。

(一)全程性和全面性的统一

从时间和空间维度上看,运动训练过程监控具有全程性和全面性统一的特点。

所谓全程性特点,主要是指在时间维度上,运动训练过程监控是过程监控和终点监控的统一,是即时监控、日常监控和阶段性监控的统一,是基本训练期监控、赛前训练期监控、赛中监控与赛后调整期监控的统一。进一步讲,运动训练过程监控不是一次或几次的测试,也不是一个月或两个月的监测,而是只要运动员从事训练活动,每天都应进行监控。

所谓全面性特点,主要是指在空间维度上,全面对运动员进行监控,既包括对运动成绩的决定性因素的监控,又包括对运动成绩的影响性因素的监控。具体讲,在运动训练过程中,应从运动员的竞技能力、承受运动训练负荷、身体机能变化与恢复状态、营养状况和身体健康状况等几个方面全面进行监控。运动训练过程监控的全程性,有利于对运动训练进行纵向的对比,这是运动训练过程监控的核心特征,只有通过纵向的对比,才能检查训练的效果及准确分析产生的原因。运动训练过程监控的全面性,是确保运动训练过程监控有效性的前提和保证,只有把运动员在训练过程中的所有信息全面完整地整合、统一起来,才能准确分析运动员的状态和训练效果。

(二)共性和个性化的统一

所谓运动训练过程监控的共性,是指对于从事同一项目的运动员来说,由于项目自身的特点是固有的,制胜的规律是一致的,那么对运动员训练过程监控的要求总体上应是统一的,监控的主要指标以及监控时间的安排规律也基本一致。

所谓运动训练过程监控的个性化,是指对于每一个运动员个体来说,他具有自身的特殊性,如年龄、性别、专项水平、身体状况、技术特长等不同。所以,运动训练过程监控在共性的基础上,还应该针对每一个运动员个体的特殊情况,有区别地设置监控指标,确定监控方案。运动训练过程监控的共性,有利于运动员之间的横向对比,以了解所监控运动员总体的发展趋势;运动训练过程监控的个性,又有利于充分满足运动员个体的特殊需求,以使每一个体都能得到最佳的发展。

(三)定性评价和定量评价的统一

从测量评价学的角度看,运动训练过程监控就是通过对运动员竞技能力、身体机能、身心健康状况的评价,提出下一步训练的调控信息,并及时反馈给教练员的过程。从这个角度讲,监控指标体系的各指标也是评价指标。运动训练过程监控指标体系中大部分指标是直接通过测验、实验等定量指标来客观评价训练过程中运动员的各种状况。但也有少数指标是不能用仪器直接测量的,如运动员疲劳感、用力感及一些心理因素,则需要通过一些定性的方法来评价。这些定性评价有时是定量评价所不能代替的,在运动训练过程监控中具有重要作用,是对定量评价的补充和深化。

(四)静态性和动态性的统一

从对监控监测结果如何合理解释的角度看,运动训练过程监控具有静态性和动态性统一的特点。一些保障性指标,如反映身心健康类指标、营养状况指标、身体机能恢复等指标,大多能直接反映当前运动员的发展状况,如果这些指标检查出异常,应马上提出调控建议。而对于竞技能力、运动员承担负荷状况等指标,则需要通过一个相对较长的时间才能反映出一定的规律来,不能通过1天、1周或2~3周的训练就能表现出来。所以,对于这些指标通常不要在监测结果出来后马上提出调整建议,而是经过几天、几周,甚至几个月的动态监测才能评价结果。

六、应用

在运动训练实践中,我们常用血乳酸、心率、以及血乳酸与心率相结合等生理和生化指标来监控运动训练过程。

(一)血乳酸在运动训练过程监控中的应用

1. 评定运动员训练水平

(1)评定有氧运动能力

我们把个体在渐增负荷中乳酸拐点定义为"个体乳酸阈"。乳酸阈是反映骨骼肌代谢水平和有氧工作能力的重要指标,其可通过多级负荷实验和两点法做出的血乳酸—速度曲线来评定运动员所具有的有氧能力,当血乳酸达到4mmol/L时所对应的速度越高,说明有氧能力越强。另外,通过同等条件的第二次测试,在记录成绩的同时,检查血乳酸的变化,如果4mmol/L时所对应的速度提高了,说明该运动员有氧能力也相应提高了;如果4mmol/L时所对应的速度下降了,说明该运动员有氧能力也相应下降了。

(2)评定无氧能力

①ATP-CP供能系统能力的评定(适宜于举重和田赛中的投跳项目):做功大而乳酸值低者,说明ATP-CP系统储备高,做功小乳酸值高,说明ATP-CP系统储备低;②糖酵解能力的评定:主要是测定最大血乳酸值,高水平运动员的血乳酸值越高,说明运动员机体耐受乳酸能力越高,糖酵解动员快,供能多,肌肉适于参与剧烈运动,即无氧能力较好;反之,最大乳酸能力较差,即无氧能力较差。

例如,篮球运动员血乳酸的测试要结合运动持续时间和个体差异等情况确定运动后取血的时间,以便能够测到血乳酸峰值。比赛现场测试可安排在暂停、换人或每节休息时间,运动员下场即刻采指血。篮球运动是一项对抗性很强的运动,最激烈的对抗常常出现在比赛中,因而测试每名队员在不同比赛中的血乳酸值,对平时训练强度的安排和掌握具有指导意义。同时,比赛中不仅是激烈的对抗,更重要的是运动员能在这种激烈对抗中保持稳定的技术,提高成功率。研究发现,比赛中运动员血乳酸升高到一定程度后技术稳定性下降,成功率下降,表现在投篮命中率上尤其明显。因此,有必要测试运动员在高血乳酸条件下技术的稳定性,评价篮球运动员专项的耐乳酸能力,并针对性地进行提高运动员血乳酸条件下技术稳定性的训练。

2. 制定运动强度

(1)乳酸阈强度

个体乳酸阈强度是发展有氧耐力的最佳强度,其理论依据是,用个体乳酸阈强度进行训练,既能使呼吸和循环系统机能达到较高水平,最大限度地利用有氧功能,同时又能在能量代谢中使无氧代谢的比例减少到最低程度。

(2)最大乳酸训练

机体生成乳酸的最大能力和机体对它的耐受能力直接与运动成绩相关。研究表明,血乳酸在12~20mmol/L是最大无氧代谢训练所敏感的范围。为使运动中能产生高浓度的乳酸,强度和密度要大,间歇时间要短,练习时间一般要大于30秒,以1~2分钟为宜。这种练习强度和时间及间歇时间的组合,能最大限度地动用糖酵解供能系统供能的能力。

(3)乳酸耐受能力训练

乳酸耐受能力一般可以通过提高缓冲能力和肌肉中乳酸脱氢酶活性来获得。因此,训练中要求血乳酸在12mmol/L左右,重复训练,刺激机体对这一血乳酸水平适应,提高缓冲能力和肌肉中乳酸脱氢酶活性。

3. 评价训练负荷效果

运动时血乳酸浓度上升,与运动强度密切相关。运动后血乳酸值升高幅度大,表示运动强度大;通过一段时间的训练,血乳酸升高的幅度减少,则表明机体对此训练量适应。有研究指出运动后血乳酸浓度与无氧耐力运动成绩有密切的联系;运动后心率的恢复与乳酸清除率并不平行,心率恢复的程度并不能真实反映体内乳酸的清除情况;乳酸清除率较心率恢复率可更确切地反映无氧耐力运动员运动后恢复的程度。

(二)心率指标在运动训练过程监控中的应用

运动员心血管系统的结构与功能是训练监控和运动医学监督的中心环节,在耐力性项目中心脏功能尤其重要,监控运动员心脏功能的常用指标有心率、血压和心电图等,在训练监控中最常用的是心率。心率是心脏周期性机械活动的频率,即每分钟跳动次数,以次/分(b/min)表示,测量心率的最简单办法是计算脉搏,因为脉搏与心率一致。

运动员常需测定基础心率、安静心率、运动时心率和运动后恢复期心率。

1. 基础心率

基础心率是清晨起床前空腹卧位心率,一般基础心率较为稳定。

2. 安静心率

安静心率因身体状态不同及个体间差异而不同。正常健康成人的心率在60~80次/分之间;运动员安静时心率范围在45~80次/分。

3. 运动时心率

该心率和运动负荷强度有密切关系。极量强度负荷时,心率在180次/分以上;亚极量强度负荷,心率在170次/分左右;中等强度负荷,心率在140次/分左右。

4. 最大心率

一般用220减去年龄估算。

5. 运动后心率

随运动后恢复时间而不同,如运动后立即或5~10min可反映身体对负荷的恢复速度;次日晨一般能恢复至基础心率。

由于心率和负荷强度及运动后恢复过程有关,血乳酸和负荷强度也相关,因此,可以同时测定以评定负荷后身体机能和训练方法反应。

(1)训练或比赛期安静时心率

运动员安静时心率受训练后恢复或赛前状态影响,发热或流感的安静时心率会大大升高。(图4-3)因此,测定运动员安静时心率要注意具体分析。

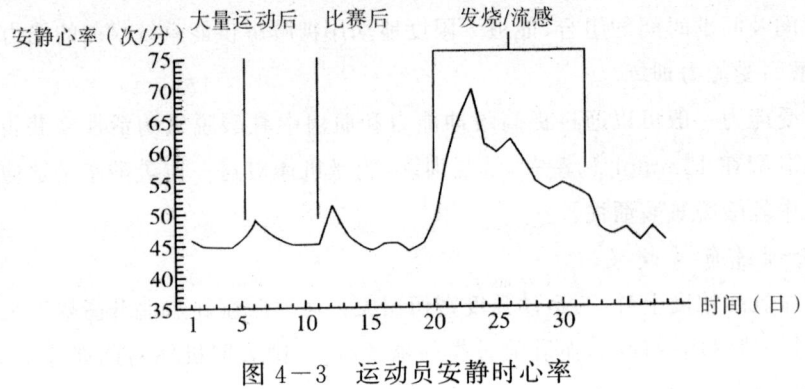

图4-3 运动员安静时心率

(2)心率与运动强度

运动训练时,心率在一定负荷强度内和负荷强度正相关,超过一定强度负荷后心率与强度不成正相关,图4-4显示在心率超过190次/分后运动强度增加心率递增逐渐减缓,用心率监控负荷强度时应注意在此范围间的关系。

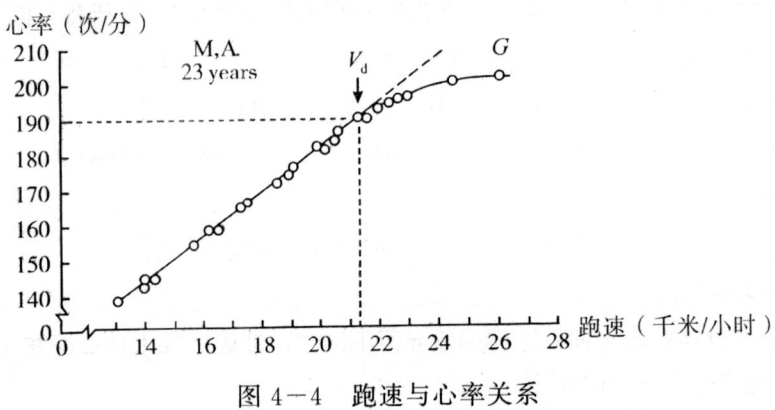

图4-4 跑速与心率关系

(三)血乳酸和心率相结合在运动训练过程监控中的应用

血乳酸在4mmol/L时的心率简称HR4,HR4训练是指运动强度达血乳酸4mmol/L时的心率。因此,在测定乳酸阈的同时,要测定心率,以找出HR4的值。在训练课中以心率来掌握血乳酸4mmol/L时的训练强度,就不用在每次训练课中都测血乳酸。但经过一个训练阶段后需重新测定,以了解训练对乳酸阈的影响来评定训练效果。如运动员在训练季度开始时的HR4可能是160次/分,经过一个阶段训练后,可改变为170次/分。表4-1是我国划船运动员的HR4值。

表 4—1 划船运动员 LAT(血乳酸达 4mmol/L)时的心率

项目	例数	心跳(h/min)	负荷方式	作者	时间
划船	25	138.2±15	功率自行车	黄锵等	1987
男赛艇	14	153.5±6.5	功率自行车	乔居痒等	1986
女赛艇	16	162.0±10.2	功率自行车		
男皮划艇	6	154.3±7.1	功率自行车		
划船	25	167.0±10.2	功率自行车		
青年男赛艇	18	179.6±12.4	划船测攻仪	Nickeison	1982
青年女赛艇	22	181.9±8.06	划船测攻仪	尤春英等	1987

以马拉松项目为例,为测定马拉松运动员的心率和乳酸与跑速的关系,教练员根据运动员成绩,在公路上分段跑 1km,每段跑 1km,速度逐渐加快,用心率计测定心率,在间歇休息时测血乳酸,待心率恢复至 90 次/分时,再加速度跑下一段次,共跑 4 发,就可以计算出心率和血乳酸对应关系,如图 4—5 中 L2 血乳酸为 3.1mmol/L 时心率为 138 次/分,可用心率与血乳酸关系来控制有氧耐力训练负荷强度(图 4—5 所示)。

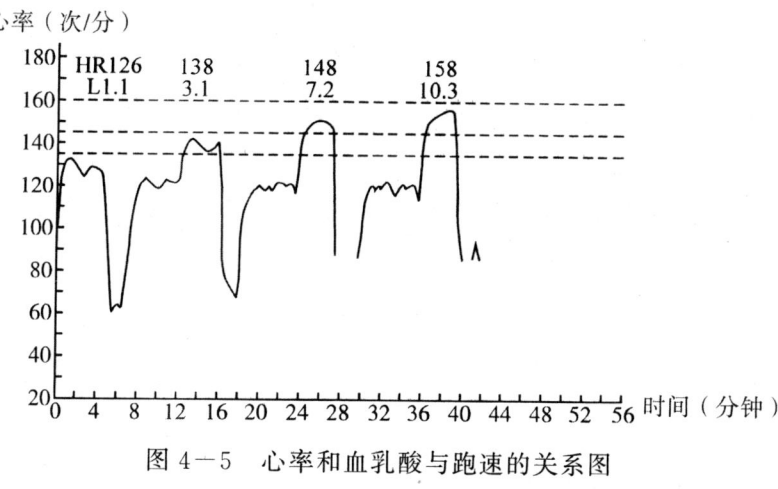

图 4—5 心率和血乳酸与跑速的关系图

第三节 运动负荷研究

一、运动负荷基本概念

负荷作为一个概念是从认识论意义上对物质运动过程现象的描述,它是一个普遍概念。时间和工作量度是对负荷性质的限定,工作量度是负荷的本质属性。没有时间的工作量不能称为负荷,只谈时间而不谈及工作量也不是负荷。

运动训练一定存在运动负荷,但是运动负荷并不一定为运动训练所独有,在其他方面如在学校的体育教学、社区的健身娱乐、康复保健中都存在。所以,运动负荷是上位概念,其下分为训练负荷、比赛负荷、教学负荷和健身负荷。这种划分区别了不同环境下主体从事不同目的、不同方法运动的运动负荷性质，也暗示了不同种类负荷目的、内容、方式的不同，需要"区别对待"。

运动训练过程中因为主体工作的性质决定了运动负荷主要指训练负荷。训练负荷更加明确了负荷的主体及其目的、内容、方式以及手段，与此相应的就有运动竞赛中的竞赛负荷。

训练负荷是指运动训练过程中运动员机体在一定时间内所承受的工作量。"负荷是刺激"与"负荷是工作量度"很显然是对"负荷"本质的两种根本不同的理解。我们说负荷必须具备刺激的特性并能够产生效应，但是不能够说负荷本身就是刺激，因为正是将有机体作为对象，负荷才有意义。负荷是通过一系列负荷指标来衡定的，这些负荷指标本身反映了量度大小，而不反映刺激大小。"一定时间"内的"工作量度"限定，使所有只要是工作量度都可以成为负荷的范畴，这也为负荷分类提供了自然基础。

生理负荷和心理负荷并不是负荷，而是负荷效应。运动训练中的运动负荷、训练负荷的本质反映了"负荷"的一般特征，即是有机体在一定时间内的工作量度。其本身并不是刺激，更不是应答。通过负荷可以对有机体产生刺激，并有相应的应答，这是必须理顺的逻辑关系。所谓的"生理负荷"与"心理负荷"是训练负荷作用下有机体在生理与心理上的效应，或者称"负荷后效"，而不是负荷。内部负荷与外部负荷的提出在认识论、方法论上，在逻辑学上都缺乏理论基础，其概念并不成立。

运动负荷根据运动主体及其运动目的、内容、方式、过程等有多种划分方式，例如可以分为训练负荷、竞赛负荷、教学负荷和健身负荷，这也是对体育学概念体系现有结构的回应。由于有量度，特别是有"一定时间"的限定，负荷的内容、时间、方式与节奏才能够成立。负荷是工作量度，可以帮助我们更好地认识负荷量和负荷强度，也为负荷量与负荷强度的提出提供了依据。

二、运动负荷的构成因素

运动内容、运动强度、运动量、运动密度是构成运动负荷描述的基本因素。

（一）运动内容

运动内容由身体活动的性质规定。不同的运动内容，对人体系统内部机能状态的影响也不同。根据运动内容所对应的生理负荷时间变化曲线，把运动内容大体划分为三类：脉冲式（如掷铅球）、阶跃式（如急行跳远）和平台式（如马拉松跑）。脉冲式的运动内容对人体的影响是突发的冲击，缺少明显的启动准备期，自身过程的时间持续极为短暂。阶跃式的运动内容虽对人体的影响也具有突发性，但自身过程的时间持续相对较长，且有明显的启动准备期。平台式的运动内容，自身持续的时间较长，对人体的影响在一定层次上保持相对的稳定。一次体育锻炼或运动训练，往往不是单一运动内容的一次性行为，而是多项运动内容的组合与反复。因此，分清运动内容的性质，是有效进行运动内容反复组合的前提。从而使人体系统在时间 T 内的机能状态变化,相对突发性的间断与离散表现出较强的连续性,相对突发性的波动与落差表现出较大的平稳性。当然,也并不排除单一运动内容一次性行为与单一运动内容自身反复的情况存在。

运动负荷对外部身体活动的定量描述,应该首先明确运动内容。离开运动内容谈运动负荷没有意义。而且运动内容必须具体。运动内容的具体,不纯粹是为了使其性质规定更突出,同时,在一定程度上也是一种"量"的限定。如 100 米跑(一维空间限定)、3000 米跑(二维空间限定)、篮球比赛(时间限定、空间限制)、羽毛球比赛(比分限定、空间限制)等。因此,在对运动内容"质"的把握时,还应重视它所蕴含的"量"的限定。

(二)运动强度

运动强度是完成特定运动内容的个体能力水平的规定。它通常用个体在一段时间内的最高能力水平的百分数来表示。所谓"最高能力水平",即对于特定的运动内容,个体竭尽全力所能达到的运动效果。如 100 米跑的最短时间,负重下蹲的最大重量。一段时期内的最高能力水平,也称为该时期的最大运动强度。在运动训练中,由于追求的是训练总时间 T 内的过程高质量,因此,并不要求对每一运动内容的完成都竭尽全力,而是要有所控制和保留。也就是说,不是用最大强度去做,而是只用最大强度的 90% 或 80% 的努力去做,称之为 09 强度水平或 08 强度水平。对于"一段时期"的长短,没有具体的规定,而是一种经验性把握。只要个体能力水平的增长不明显,或增长的幅度对运动训练的质量要求影响不明显,都不必急于或经常地修正最大强度。

在体育实践中,对能客观评价运动能力效果的体能性运动内容,最大强度容易确定,而且对运动训练有较大的实际价值;对技巧性太强而体能要求不高的技能性运动内容,最大强度的确定就比较困难,即使确定了,运动训练的实际价值也不大。如投篮的运动强度,可以用保持正确投篮动作的最大距离来量度。但投篮更注重的是技术质量评价——命中率,而不是体能运用评价强度水平。因此在运动训练中,总是力求前者更客观、更准确,对后者只作经验性的大概判定与掌握。过分苛求后者量的精确,反而会"喧宾夺主"。因为竞技体育运动训练的最终目的,是在竞技中获胜,而不是其他。显然,运动强度是一个有较大时变性特点的个体化指标。在实际应用中有较大的局限性和经验性。正是由于运动强度的这些特点,决定了运动负荷这一概念的相对性。

(三)运动量

运动量,是运动内容组合关系的数量规定。运动量虽然是对运动内容依时间先后而展开排列的过程结构描述,但它本身并不含有时间的约束,是一种单纯的量的规定。在总时间 T 内,安排的运动内容越多,可能的组合结构就越多,其间的关系也就越复杂。运动内容的组合关系,不仅包括相同运动内容的重复和不同运动内容的结合,还包括在"重复"与"结合"基础上的反复与再反复。具体地说,运动量就是在制订运动内容先后秩序排列的过程中对反复次数和重复遍数的规定。通过这种规定，不仅反映了每次运动训练的总体构想和具体意图，而且整个过程也十分自然地被划分为若干阶段或小节，表现出每次运动训练的过程结构特点和工作着力重心。

（四）运动密度

运动密度是运动内容组合关系的时间规定，它是在运动数量的基础上，对运动内容按先后次序展开的继时关系的具体限定。由于运动内容的相对独立性和运动内容组合的目的针对性，必然要求运动内容的重复应有一定的时间停顿，运动内容的组合应有一定的时间过渡，运动内容的反复应有一定的时间间隔。因此，运动密度实质上就是对上述时间间歇的长短作出明确的限制，消除或减少行为过程中的随意性，以增强或提高其紧凑性和实效性。运动密度的确定，不仅使全过程阶段的划分更清楚，意图更明确，而且也使阶段内表现出单元或组的划分，使运动训练过程呈现出一种鲜明的节奏特征。

运动密度对时间间歇的限制，要注意区分两种不同的情况：一种为自然性时间间歇；另一种为人为性时间间歇。自然性时间间歇是运动内容相对独立性所决定的，主要是由于运动内容的初始态与终末态存在的空间错位所造成的时间延缓。如急行跳远结束后对原准备位置回复的时间耗费；掷铅球结束后捡球回位的时间消耗。自然性时间间歇虽是不可避免的，但却有较大的弹性。如急行跳远结束后，是走步回复原位或是跑步回复原位，就存在较大的时间差。对于全民性的体育锻炼，一般对自然时间间歇不作特殊要求，并按通常习惯的行为方式粗略地计算运动密度。对于竞技体育的运动训练，总是通过各种手段和方法来压缩自然时间间歇，以提高运动密度。如掷铅球，不是掷一次捡一次，而是掷完一定数量后，再一次性捡回，从而尽可能充分地利用训练时间。人为性时间间歇是由人体系统的有机性决定的，主要是由于人体不能较长时间维持较高强度水平的身体活动，需要一定时间作必要的缓解和休整，才能保证身体活动的延续。即使是较低强度水平的身体活动，持续太长时间，也容易疲劳，需适时作出一定时间的松懈与恢复。另外，不同运动内容的转换，也需要一定的时间作出身体调整和精神准备。人为性时间间歇，虽表现为过程的中断或暂停，但其实质却是为了过程更好地延续和更顺利地承接。因此，运动密度对于人为性时间间歇的规定，不仅应该是"充分的"，即不能太短，否则人体不能承受，将出现身体锻炼或运动训练所不允许的"负效应"，还应该是"必要的"，即不能太长，否则将破坏过程的连续性，影响身体锻炼或运动训练所期望的"正效应"。

三、运动负荷的度量

运动负荷的度量就是要对负荷做出具体的计量。度量运动负荷分为强度与量两个方面。负荷强度是指负荷对机体刺激的深刻程度，是构成训练负荷的一个因子。负荷强度刺激引起的机体反应比较强烈，所产生的训练适应也比较深刻，能较快地提高机体各器官系统的机体水平,但不太稳定,解除负荷后消退得也较快。而负荷量是指负荷对机体刺激的数量,是构成训练负荷的另一个因子。负荷量引起的机体反应不如高强度刺激引起的反应那么强烈,但相对来说比较稳定,解除负荷后消退得也比较慢。负荷量与负荷强度彼此依存,相互影响。负荷量是负荷强度提高的基础,只有在一定的负荷量训练的基础上提高负荷强度,运动员训练负荷能力的提高才是稳固的。

在运动训练过程中,要根据不同专项、运动员、时期交替安排大、中、小训练负荷,使负荷量和负荷强度的变化序列、训练与恢复的协同组合在动态平衡中进行。运动训练可以比拟为一种刺激。通过施加负荷,使机体受到刺激,而机体则以适应的形式、对策对刺激作出反应。作为刺激的训练负荷和作为提高运动能力的机体的适应性,这两者之间的关系是因果关系。在运动训练时训练负荷是要机体从机能上、生物化学上和身体结构上各方面适应更高的训练要求。

(一)训练负荷大小的训练学指标

在运动训练实践中涉及训练负荷的14项因素,供教练们在制订训练计划和控制训练量时参考。教练能够比较容易地确定专项训练的内容和量,易于对同一运动员长期训练中各时期的比较和控制,同一教练训练的不同队员之间,也易于进行比较。但是在做统计时,有时会出现差别。如跑的距离,有人只算训练课上进行的,而有人把来训练场前跑的距离都计算在内,这是因为统计尺度不一。在专项训练上,强度是最主要的,如要求以每分钟跑1000米的速度跑10000米,与要求以6分钟跑2000米×5组完成10000米,显然强度不同。

涉及训练负荷的诸因素是:①训练日数(天);②训练次数(次);③训练时数(小时);④比赛次数(次);⑤恢复次数:理疗、电兴奋等(次数或小时数);⑥总休息天数(天);⑦积极性休息课数(次或小时);⑧因伤病不能训练数(天);⑨训练的组数;⑩距离;⑪重量;⑫速度;⑬难度;⑭练习密度。

(二)训练负荷大小的生理、生化指标

在运动训练实践中涉及训练负荷的生理、生化指标主要有:心率、血压、血乳酸、血尿素、血红蛋白、尿蛋白、尿肌酐等。然而,影响训练负荷的因素是多方面的,单一生化指标评定训练负荷往往有一定的局限性。从而会存在某些误差或限制。例如,采用血乳酸评定训练负荷强度,但无法了解训练负荷量;同样,采用血尿素评定负荷量,却无法了解负荷强度。有些生化指标既与负荷强度有关,又与负荷量有关。如尿蛋白,训练负荷量大时,尿蛋白排出量增加,但当负荷强度加大时,其排出量更多,单独用尿蛋白作为评定指标,两者均难以确定。但如果增加另一些生化指标,如同时采用血乳酸、尿蛋白、血尿素三项指标进行综合评定,血乳酸与负荷强度有关,血尿素与负荷量及身体机能有关,尿蛋白既与负荷强度有关,又与负荷量有关,还与身体机能状况有关,这样,既可全面评定训练负荷的大小,又可客观了解运动员对训练负荷的反应。可见,训练负荷的生化评定应是一个多指标、多层次、多因素的整体

综合评定,它可起到相互补充、扬长避短的作用,从而使教练员更科学地掌握和指导运动训练过程,提高训练效果。

四、运动负荷的合理安排

合理安排运动负荷,就是在训练中,根据训练任务、运动员水平,逐步地、有节奏地加大运动负荷。由于不同训练时期、阶段和小周期,以及训练课的具体任务、对象不同、技术水平的差异,运动负荷的安排要有所差别。如过渡期的训练,主要任务是调整、恢复,一般安排小负荷量。不同训练程度的运动员,承担负荷能力,适应负荷时间的长短,恢复功能都存在着个体差异。只有根据这些具体情况安排的运动负荷,才是合理的、科学的。逐步有节奏加快大负荷量,就是加大负荷量—适应—再加大负荷量—再适应的过程。只有逐步训练,逐步适应新的运动负荷,运动能力才能提高。安排运动负荷要大中小相结合,运动员才能承担更大负荷。甚至是运动极限负荷,只有极限负荷才能对有机体产生强烈地刺激,以适应比赛的需要。最大负荷量是相对的,没有固定标准,只有根据运动员个体差异才能制定出不同的最大负荷量。

合理安排运动负荷量的科学依据具体可分为以下几方面。

(一)超量恢复的原理

运动员承担一定运动负荷后产生了疲劳—恢复—超量恢复的过程,要产生较为理想的超量恢复,就要有一个合理的休息时间及有效的恢复手段。在一定范围内负荷越大,刺激越深刻,产生的超量恢复水平就越高。

(二)适应训练的规律

有机体在训练过程中多次承担同一运动负荷量,就会对这一运动负荷量产生适应过程,机体适应后机体对运动就会产生节省化现象,机能的能力就不能进一步提高,停止在原来的水平上,运动成绩也受到影响。只有不断施加新的负荷,不断地适应,不断地再加大负荷量,才能不断地提高机能水平。如果不能按客观训练规律去逐步增加负荷量,而是盲目加大负荷量,超过运动员的承受能力,不但不能提高机能水平,而且还有碍健康。

(三)运动负荷合理性的标准

(1)有利于达到高水平的专项运动成绩。

(2)运动员有机体能够承受(即负荷的可接受性)。

(3)能够促使运动员各种能力产生定向变化。

(4)运动负荷量与强度要有适宜的比例。

(5)负荷安排的节奏要保证课与课之间衔接,能产生后续效应,即,要能保证运动员有机体的生物学改造能够顺利进行。

(四)如何合理安排运动负荷量

首先要认识到训练中加大运动负荷本身不是目的,这只是提高运动员训练水平的一个手段，而不是越大越好，运动负荷大小是相对的。"极限负荷"不是固定指标，而是因人而变化的指标。教练员只有经过实践和科学研究，掌握资料，才能准确确立运动员的极限负荷量，才能做到安排合理的运动量。

1.掌握好负荷与恢复的关系

没有负荷就没有训练水平的提高，同时没有恢复，也就没有可能安排新的负荷。只有在机体承担一定的负荷后，得到适当的恢复，消除疲劳，才能使机体能力逐步得到提高。所以训练中每次课的负荷安排应在运动员机体能力得到恢复与提高基础上进行，训练课负荷之间的间歇过长或过短都不利于机体能力的提高。

运动员在训练过程中，要有充足的休息调整时间，以消除负荷后的疲劳，达到运动能力逐步提高的目的。因此，要使每次课的安排都在能使运动员的机体和机能得到恢复和提高的基础上进行。两次训练课之间的间歇时间不能过长，也不能过短。时间过长，运动员所获得的机体适应性变化，以及所掌握的技术的良好状态就会消失；时间过短，疲劳就会逐步积累，甚至会产生过度疲劳，影响运动成绩的提高。

(1)训练课的负荷量大，恢复和超量恢复需要的时间要长，间歇时间可短些。

(2)负荷的性质不同，所需要恢复的时间也有所不同。优秀运动员每天都有训练课，甚至每天两次训练课，几次训练课积累后的间歇，仍要达到超量恢复，并不是始终让运动员带着疲劳去训练。这种安排要注意下列事项：

①几次课负荷的积累，要在运动员负荷能力承受力的范围内，不是无限制的。

②几次课的负荷积累后，间歇时间应保证机体得到基本恢复。

③几次负荷课内容要有所不同，并交替进行，强度和量要大中小相结合。

④采取积极有效的科学恢复手段，促使恢复过程加速。

(3)要处理好负荷量和负荷强度之间的关系。相对于运动量，运动强度对机体影响更大，但是，只有量的积累，强度方可在允许范围内逐渐增加。然而强度和量同时逐渐增加不但影响训练效果，还会造成疲劳过度和外伤事故的发生。负荷量和负荷强度在一个训练周期中应呈波浪状态的发展趋势。

①根据项目特点和具体任务安排运动量。如短跑强度大、时间短；长跑时间长、强度适中；体操时间长、量大；集体项目强度和量随课的任务而变化；等等。在准备期宜量大强度小，竞赛期宜量小强度大，并伴随一些相当比赛强度或超比赛强度的训练。

②加强医务监督。对运动员进行自我医务监督教育，使其懂得自我控制和调整，有条件的要对身体某些生理指标进行定期测试和分析，使运动量和强度始终控制在最佳状态。

2.运动负荷的安排要考虑运动员的年龄特征、训练任务和运动水平

首先要根据运动员不同年龄阶段的心理、生理特点，不同训练阶段的训练任务和运动员的运动水平进行考虑。青少年心血管系统、呼吸系统发育尚不完善，因此掌握耐力、速度耐

力训练的强度至关重要。这就要考虑其发育不完善,不能像对待成年人那样安排强度过大的运动量,同时又要给予一定的强度刺激以促进运动员的心血管系统、呼吸系统更快地发育和提高,从而使心肺具备适应大强度训练的功能。

3. 运动员负荷的增加要逐步有节奏地进行

所谓逐步增加运动员负荷就是在训练或比赛中,无论是运动训练强度还是运动训练量的增加总要遵循从小到大的原则,经历加大—适应—再加大—再适应的过程。当负荷保持在一定的范围内的条件下,机体的应激以及随之产生的一系列变化,都会保持在一个适应的范围内。负荷的量度越大,对机体的刺激越深,所引起的应激也越强烈,机体产生的相应变化也就越明显,人体竞技能力的提高也就越快,从而提高运动员对负荷的适应能力。

4. 适当的搭配负荷量和负荷强度

训练过程中负荷的安排一般呈现一种波浪起伏的变化,其负荷的量与强度通常有三种搭配形式:①既加量也加强度;②加强度减量;③加量减强度。对青少年(尤其18岁前)来说,如果进行大运动量单调的训练,容易抑制大脑皮层活动,在过于疲劳的情况下还容易使尚未定型的动作变形,对训练和提高技术是不利的。只有运动量适宜,在每组训练后有足够的时间来休养,才有充足的体力和兴奋性来完成下一组的训练,才能保证动作的质量。

5. 要根据训练的不同任务来安排运动负荷

在训练中如果学习掌握新技术,则强度不宜过大。由于新技术的学习需要教练的活动在其中,在技术动作被逐步掌握还没有自动化时,不免会出现这样那样的错误,错误的纠正练习影响了练习的密度,从而影响了练习负荷。如果主要任务是发展某一身体素质,则负荷的量和强度都应加大。如耐力素质的训练,应在每组练习后机体还没有完全恢复的时候就进行下一组训练。在比赛前期的训练,应模拟比赛负荷的要求突出进行专项强度训练。

第五章 专项身体素质理论及训练方法研究

第一节 专项特征概述

一、专项特征定义与构成

专项特征是指一个运动项目在比赛规则的允许下,以获得最大的运动效率为目标,在力学、生物学等方面表现出的主要运动特点。

通常专项特征可以分为技、战术、体能、心理和环境等方面,每一个方面又由不同的因素构成。从训练学的角度分析,竞技运动项目的特征包括三个不同的层次:一般特征、项群特征和专项特征。三个不同层次的项目特征在范围上并没有质的区别,其主要差别在于对项目特征解释和描述的程度上。

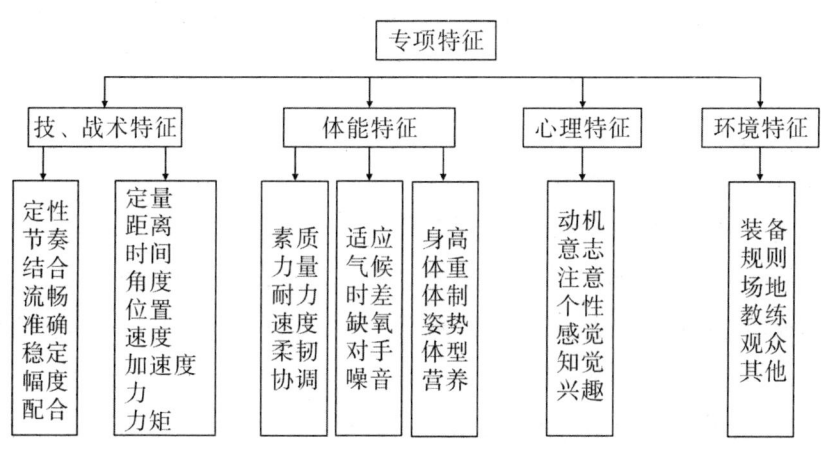

图 5-1 专项运动特征结构图

项目间的差异,并不是总能体现在所有的项目特征上,如技、战术、体能及心理等,尤其是对于同一属性的运动项目来说,它们的差异可能更多地集中某一个项目特征中。例如田径的 100 米跑和 200 米跑项目,它们的专项特征在很多方面具有共性,其差别主要表现在由于运动时间不同而造成专项运动时能量供应特点的不同,正是这些不同的供能特点为运动员的训练提供了目标和依据,100 米跑运动员的训练应该以发展 ATP/CP 能量代谢能力为主,以提高"速度"为核心,而 200 米跑运动员在提高速度的基础上还应该注重发展无氧乳酸代谢能力,加强"速度耐力"的训练。

二、专项特征的确定

由于各运动项目的性质可以从各个不同的方面和角度去确定,而且一个项目的性质以不同的标准确定可以有多重性。但其特征的确定则要找出区别于其他项目的特别显著的标志。训练中确定运动项目特征通常有四个方面。

(一)各运动项目比赛规则规定取胜的主要因素

以竞技体操为例,我国体操界广大教练员、科研人员、运动员通过多年的探索,多数认为竞技体操项目的显著特征是"难、新、美、稳",这是竞技体操比赛规则规定的取胜的主要因素。

(二)运动项目的主要供能系统

在体能类项目中,经常以主要供能系统确定项目的特征。例如田径 100 米跑主要特征是 ATP 供能,因此训练中提高运动员的无氧代谢能力和发展速度是最为重要的。

(三)运动项目的技术结构和主要环节

任何一个运动项目的动作技术都有其特殊性,具有不同的技术结构和主要环节。动作技术的结构主要指动作是由哪些部分构成的,动作技术的主要环节是在构成动作技术的若干部分中,对完成动作、决定成绩最具影响的部分。

例如,田径运动中的跳跃项目,无论是跳高还是跳远,动作技术主要是由助跑、踏跳、空中姿势和落地四个部分构成的。其中踏跳与助跑的速度,起跳的支撑时间、角度、力量等密切相关,对整个技术动作的完成和运动成绩的提高影响最大。

(四)运动项目对运动素质的特殊要求

在举重项目中,若仅仅依照运动素质的特殊要求来确定其是力量性项目,这并非十分严谨。因为从比赛动作抓举和挺举两项来说,它需要的力量是全身协调用力的速度性力量,或称爆发力量,而不是单纯的最大力量,这也是该项目比赛动作技术对运动素质的特殊要求。因此准确地说,举重项目的特征,其实是全身协调用力的速度力量性项目。

例如田径中的投掷项目,以远度确定成绩。远度主要决定于比赛中器械出手的初速度,而各器械项目的器械重量又是恒定的,也就是说克服的阻力是没有变化的。所以投掷的远度并非主要取决于力量的大小,而主要取决于出手的初速度。

三、专项特征研究的发展趋势

对专项特征的认识是一个逐步深入的过程,它不仅取决于教练员自身的认识能力,而且在相当大的程度上依赖着科学技术和研究方法的发展。新理论的出现可以为项目特征的认识开辟新的视角,新技术和新方法的问世能够促进认识程度更加深入。当前,在专项特征的认识上出现了以下几方面的发展动向和趋势。

(一)由宏观向微观的发展

从运动训练的角度分析,任何一个运动项目的特征都有一般与专项、宏观与微观之分。宏观的项目特征是从一般或项群共性的角度把握训练的方向,微观的项目特征则是从一个专项的角度指导运动员的训练。如果我们错误地将一般或项群的项目特征视为本项目的专项运动特征,就不能准确地给运动项目定位,对项目的了解始终处于模糊的水平,甚至会失去训练的方向。

诚然,任何一个事物的发展都需要宏观和微观的指导。宏观的理论可以使我们透过复杂多变的因素把握发展的方向;微观的认识可以使我们对具体的方法和措施进行调整和操作。从竞技训练的角度分析,运动训练的整体发展或某一类项目的发展确实需要宏观理论的指导,但是,对于一个具体运动项目的训练来说,迫切需要的,是对项目的运动特征和训练规律进行微观、具体和有针对性地了解和认识,从众多细节中提取出专项的特征,只有这样才能够真正为专项的训练提供有价值的信息,促进专项运动水平的迅速提高。今天,我们探寻项目的运动特点绝对不能仅局限在是"技术类"还是"体能类"项目的层次,也不能止步于"快速力量""动作速度"或"有氧耐力"的程度,而应该继续深入到对技术、体能和心理等主要因素的全面、深入和细致地了解水平。

近年来,世界竞技运动水平的快速发展,与人们对项目运动特征的深入了解密切相关,对项目运动特征从宏观向微观的认识已经成为一个明显的发展趋势。许多新的研究成果使我们对项目的了解和认识出现了质的飞跃,对专项特征的把握已经由传统的定性了解向科学的定量认识转变。

专项特征绝不能只停留在宏观的认识程度,而应该深入到专项之中,从多个角度和层面解析专项的特点,提炼出能够反映专项运动本质的规律,这样才可以准确把握专项训练的脉络,提高训练效率。

(二)由外在到内在的发展

对项目特征的认识不能仅停留在专项运动的外在形式上,而必须深入到神经与肌肉的内在运动水平。运动项目的表面外在特征只能反映运动的结果,而造成这种结果的原因,主要在于机体的运动系统和能量供应系统,肌肉在神经支配下的收缩以及在收缩过程中对能量的需求是决定运动结果的关键因素。在运动训练中,只有深入了解神经肌肉系统的工作情况,才可能选择正确和有效的训练方法,只有充分掌握运动过程中能量代谢系统的运转规律,才能够制定出符合专项特点的训练负荷。

对内在专项特征细节的了解和掌握,有助于提高运动训练的针对性和有效性。了解不同肌肉在专项运动中的参与程度和工作方式,可以帮助人们制订出有针对性的力量训练计划,掌握不同供能系统对专项运动的不同支持作用以及它们之间的关系,可以提高耐力训练的效率,对不同供能系统恢复特点的了解,能够帮助教练员把握和控制训练的负荷。

对专项内在特征的深入认识,是提高专项训练效率的重要条件,与外在运动形式不同,内在专项特征的把握是从神经—肌肉的工作方式和用力程度的层面上解决训练的专项化问题。因此,对专项内在特征的认识程度在很大程度上代表着竞技运动训练的科学化水平。

(三)由静态到动态的发展

专项运动的时间或距离是专项的一个重要特征,它从总体上反映了专项的运动特点,是运动员和教练员制订训练计划的主要依据。但是,时间和距离等指标是对专项特征的总体描述,是专项运动的结果。从运动分析的角度来看,结果并不等同于过程,结果是过程的集合和终点,过程是结果的内容和原因,结果是静止固化的,过程是动态可变的。在运动的过程中,无论是外在的速度、角度和节奏,还是内在的肌肉收缩和能量供应,都随着运动时间的持续而变化,所以,与结果相比运动过程包含的信息量更加全面,反映的问题更加深入。因此,对专项特征的理解和认识,应该更加重视运动的过程,从过程的动态变化中深入和详细地了解项目的"运动"特征。

专项特征动态描述的另一个作用体现在对专项运动技术过程的全面了解。以往对专项技术特征的描述往往忽视了体能的存在,主要是对专项主要技术环节的运动学或动力学标准特征的分析。然而,这种标准的"最佳技术模式"并不能全面和真实地涵盖整个专项运动过程中技术的变化。对于几乎所有的运动项目来说,运动员都不可能始终以同样的技术动作完成比赛,随着运动员体力的消耗,运动技术必然发生改变,这种改变在很大程度上反映了专项能力的水平。

从整体上来看,负荷时间和强度是各个竞技运动项目都具有的共性,在比赛距离或时间相对固定的情况下,取胜的关键主要集中在速度和速度的保持能力上。在这个过程中,运动员的机能能力势必影响到专项技术的发挥,体能与技术之间的相互影响和作用始终贯穿于整个专项比赛的过程之中,技术与体能的这一互动关系在很大程度上同样应归属于专项技术特征的范畴。

第二节 体能与专项能力

一、体能

体能是运动员竞技能力的重要组成部分,也是运动技能表现的必要条件。科学合理的体能训练能够提高运动员的竞技能力和改善身体形态,使之更加适应专项运动和技术的需要,从而达到提高运动水平的效果。同时,对提高运动员预防伤病的能力和恢复能力也有积极意义。毫无疑问,体能训练越来越得到各级运动队教练员的高度重视。体能训练研究也成为目前国内体育科研的热点研究领域,成为众多运动训练学专家所关注的焦点。

(一)体能相关概念辨析

目前,我们经常见到一些和体能相似的词汇,比如体适能、体质、体力、运动能力等。其实,这些词汇的概念与体能概念有很大的不同,如果不清楚它们之间的区别,我们就无法对相关的理论问题进行深入的研究。

1. 体能与体力的区别

体力,是人体活动时所付出的力量。一般理解为机体整体的抗疲劳能力,它是体能的重要组成部分之一。体力是与耐力有密切联系的概念,但它又不能完全等同于耐力。我们经常谈到的体力,一般是指身体整体的耐力。

体能与体力的主要区别在于,体能不仅内涵上与体力有所不同,它指的是运动员运动能力与对环境适应能力的结合体,而且外延要大于体力,体力涉及的身体抗疲劳能力仅是其适应运动需要的一个方面的能力。

2. 体能和运动能力的区别

运动能力是身体在运动中表现的活动能力,包括一般活动能力和竞技运动能力。

体能与运动能力的区别,主要表现在概念的层次关系上,体能是运动能力的上位概念,也就是说,体能包括运动能力,它比运动能力涉及的内容要多,如体能还包括运动员对比赛环境的适应能力。

3. 体能与体质的区别

体质是指人体的健康水平和对外界的适应能力,是在遗传性和获得性基础上表现出来的人体形态结构、生理功能和心理因素的综合的、相对稳定的特征。其包含的范畴综合起来有以下几点:①身体的发育水平,包括体格、体型、体姿、营养状况和身体成分等方面;②身体的功能水平,包括机体的新陈代谢状况和各器官、系统的效能等;③身体的素质及运动能力水平,包括速度、力量、耐力、灵敏、协调,还有走、跑、跳、投、攀登等身体基本活动能力;④心理的发育水平,包括智力、情感、行为、感知觉、个性、性格、意志等;⑤适应能力,包括对自然环境、社会环境及应激原的抵抗能力等。体质侧重点在于先天遗传表现出来的基础的生理和形态结构,是一种比较稳定的、先天性的基本的身体素质和内在心理的倾向,在静态中表现出来的一种机能的特质。

体能是体质的下位概念,即体质包含体能,是体质的一个主要方面,是体质的前提和基础,是体质在一定范围的延伸。体能侧重于运动员的运动能力和运动适应能力,是有机体各器官、系统的机能在肌肉活动中的反映,是人体机能在动态中表现出来的特质。在评价方式方面,体质好坏,用一个精确的"标准"是不可能完成的,而体能是生理机能的外在表现,是身体物质做功的能力,体能水平的高低可以有速度、力量、耐力、灵敏等身体素质等计量指标。在运用方面,体能主要应用于运动训练研究实践中,而体质则侧重应用于遗传和医学等方面。

4. 体能与运动素质的区别

运动素质是体能的外在表现,是体能的构成因素之一,属体能的下位概念,也是运动实践中评价和检查体能水平的常用指标。体能与运动素质既有联系,又有区别。运动素质是指运动员具备的力量、耐力、柔韧等。

体能概念涵盖的内容更广,既有运动素质,又有运动员对比赛环境的适应能力。所以,专项训练中,体能训练是从整体、全局的角度,运用各种有效的训练手段和方法,提高运动员的专项运动能力和对比赛环境的适应能力,使运动员的身体形态、机能水平和运动素质在同一个体中实现最优配置,达到提高竞技能力的目的。而运动素质训练主要偏重于速度、力量、耐力、柔韧等能力的提高。

(二)体能特点

至今,体能训练已成为各个运动项目竞技能力训练的主要内容,但由于教练员对体能本质特征的认识存在差异,因而,体能训练效果也不尽相同,所以,揭示体能训练特点很有必要。归纳起来为特异性、时间局限性和不均衡性。

1. 体能的特异性

体能的特异性,又称为其专项性。从不同运动项目中挑选相同年龄阶段的运动员进行最大吸氧量和最大氧债值实验室测定,所得数据较为一致,但若再用专项负荷进行测验就可发现,其结果与实验室资料比较差异很大,说明体能存在着特异性,即专项性的特点。

体能的获得是通过采用专项特有的手段训练的结果,即使用非专项的手段来获得,也必须符合该项目的要求。其生物学机制在于适应过程的专项特异性,这是现代竞技运动中保证运动技术水平的一个特征。适应性反应的专项特异性不仅表现于身体素质和植物性神经系统能力的发挥方面,而且表现于心理因素的发挥方面,特别是在完成紧张肌肉活动,又必须用意志来加强工作能力这一方面。

2. 体能的时间局限性

某一种体能水平只能保持相应的时间,这就是体能的时间局限性。体能的产生过程即是运动员有机体的适应过程,任何适应过程都存在着两种适应性反应:急性但不稳定的、长久的相对稳定的。急性适应性反应产生的体能,取决于刺激的大小、训练水平及其机能系统的恢复能力。由专项强化训练所获得的体能虽然目的很明确,但并不表示有极大的稳定性。因为这种适应性反应是通过高强度的专项负荷产生的,是以超量恢复为其表现特征的,并不建立在各种器官和系统的肥大、变异的基础上,即生物学的形态改造上。这就导致体能存在着时间局限性。

虽然相对稳定的适应性反应是建立在各器官、系统的形态改变基础上,但是各运动专项的特点是随着专项成绩水平的提高而变化的。即使在某一时期已形成较为稳定的体能,但随着专项特点的改变,原有的体能将无法满足未来专项特点的需要,因此也表现出时间局限性。

3. 体能的不均衡性

体能的不均衡性表现为已获得的体能不可能在较长时间的工作过程中维持同一水平。这是因为,任何肌肉活动都是依靠有机体的能量供应系统的工作保证的。能量供应系统存在着无氧系统和有氧系统。无氧与有氧系统工作时,机制迥异,动员的器官系统也不相同。虽然这一工作过程发生在同一机体上,但相互之间有着一定的独立性。在维持较长时间的工作时,虽然有着主导供能系统支撑工作,但还是要依靠互相的交替和补充。这时,各供能系统之间存在着"衔接"的问题。由于每个供能系统的发展并不完全一致,也不整齐划一,因此必然会产生总能量供给的波动状态。

(三) 影响体能发展水平的主要因素

体能发展水平的高低,受运动素质、形态结构、机能水平、心理品质和适应能等多种因素的影响。

1. 形态结构对体能的影响

人体的形态结构影响体能发展水平的高低。通过发展肌肉的力量练习,肌肉的横断面增大了,肌肉的重量体积增加,运动员的体重增加了,形体发生了变化,在投掷运动中,增加了运动员动作过程的中动量。在动作速度、动作技术等基本不变的条件下,人体动量的增加,器械出手时的速度就增加,从而器械就能飞行更长的距离。足球、篮球等项目中运动员肌肉体重的增加,就增加了在同等动作速度条件下的动量,提高了在短兵相接时的对抗能力,包括合理冲撞能力。

关节、韧带包括形体等形态结构通过训练发生了有利于支撑能力的变化和提高,就能直接提高支撑能力,如举重运动员肩关节、肘关节通过训练在额状面和矢状面内发生了能够充分伸直的变化,就能减少直臂支撑杠铃时的水平分力,增加向上支撑杠铃时的垂直分力,提高运动员支撑杠铃时的力量。同样的道理,运动员的"O"型或"X"型腿通过训练有所改变,也能提高人体由下蹲状态向上起立时的负重能力。

通过训练运动员心脏的心室或心房的肌肉出现运动性增厚,肺脏呼吸肌增加,等等,这些形态结构的变化,导致心脏每搏血液输出量增加,尤其是承担最大运动负荷时,心脏血液最大输出量增加,这就直接有利于人体承受最大运动负荷时氧气和营养物质的供应、代谢物质的还原和消除等机能能力的提高,从而有利于体能的提高。

2. 人体的机能能力对体能的影响

人体的机能能力包括承担负荷量的能力、承担负荷强度的能力、承担总负荷的能力、恢复能力、免疫能力、可塑性、体能动员发挥能力等,这些能力的大小直接影响体能的大小。

承担负荷量、强度、总负荷能力的高低是衡量和评定体能高低的主要指标和标准,其中任何一项能力指标的上升或下降都是体能提高或下降的标志,其中任何一项指标提高了,即标志着体能相应提高了。

恢复能力,尤其是以大强度为主的大负荷训练后的恢复能力是近代运动训练中越来越重视的主要训练指标之一,而提高恢复能力是最重要的研究课题之一。这是因为恢复能力大小或高低直接决定体能能力、竞技能力提高的幅度、速度及最终达到的高度。大负荷刺激后,身体产生不适应反应,恢复能力强的运动员产生新的训练适应的能力就强,可塑性就大,包括体能在内的各项竞技能力因素提高就快。适应能力、免疫能力也是对体能的高低起决定性影响的因素之一。该能力的稳定提高对体能的提高和发挥都起着保证和促进作用。对训练负荷、训练比赛等体内外环境适应性差的,对流行疾病免疫力低的运动员体能的稳定性必然差,训练的系统性必然缺乏必要的保证。体能的动员发挥能力也是体能的重要组成部分之一。体能水平基本相同的两名运动员,谁的动员发挥能力强,谁就能战胜谁,这也是比赛中最普遍的现象。

3. 心理能力、技能等竞技能力因素对体能的影响

在运动训练和比赛中,运动员的体能不但与形态结构、机能能力、运动素质等因素或与这些因素的潜力直接相关,而且与能否把这些可能性和潜力充分协调组合充分发挥表现出来的心理能力、技能,甚至是战术能力等竞技能力的组成因素的能力大小密切相关。

在各个运动项目中,尤其是在体能类运动项目中,我们经常能见到一些运动能力,甚至形态结构较好的运动员,由于承受心理压力和抗外部干扰能力较低,或动作技术不尽合理,不够稳定巩固,造成体能能力或其潜力得不到应有的发挥,运动成绩往往还不如一些体能能力及其潜力与自己基本相近、基本相同甚至稍低而心理素质和技术水平发挥较好的对手。

4. 比赛环境对体能的影响

体能就身体本身而言,具有贮备性和潜在性。如主观不情愿或客观受限制,则体能不能得以展现和发挥。其一,主观能动性。主观上可以调控自身能力释放的总量和强度,因此思维指令是决定体育发挥的关键因素。其二,神经中枢的兴奋状态。精神振奋与萎靡不振势必有截然相反的体能表现。其三,意志品质等心理特征。体能的施展是一种体力的耗费,在许多情况下是一种艰难甚至是痛苦的生理过程,其中意志品质的作用是相当重要的。其四,对变化的外界环境的适应能力。外界环境的变化,势必引起机体的应答反应。体内的这些变化,就会连锁地影响体能的发挥,适应能力强,机体调节快,则能应答自如,宛若平常。

综上所述,一定的体能水平或潜力必须具有相应的心理能力和技能等作保证,才能相应或充分地发挥出来,构成竞技能力中的体能优势,从而具有实际意义。因此,在体能训练中,我们不但要切实抓好体能三大组成部分的训练提高,而且还要认真抓好心理能力、技能水平的改善和提高。

5. 形态结构、机能能力和运动素质的相互关系

形态结构制约机能能力的发展和提高,机能能力制约运动素质的发展和提高。因此,体

能训练内容和训练安排,不仅要最终落实到运动素质的发展和提高上,还要相应兼顾到形态结构、机能能力的提高和发展,这样才能使体能训练收到事半功倍的效果。例如,肌肉的肌腹长,肌腱短而粗壮,去脂体重大,肌肉的放松紧张能力强等肌肉的形态结构条件好,这就预示着肌肉的收缩能力强,发展潜力大;机能能力的发展提高快,潜力大;力量、速度等运动素质发展潜力大,最终体能提高快、水平高。

形态结构制约机能能力,机能能力制约运动素质的发展,另外我们也发现形态结构、机能能力等体能因素水平的高低必须通过运动素质的高低表现出来才有实际意义,才能促进体能,进而促进竞技能力的提高。

在运动实践中,我们时有发现一些运动员的形态结构、机能能力均不错,而运动素质水平相对不高,导致体能上不去,或水平不高,最终导致竞技能力和运动成绩的水平受到限制,正如俗话所说的"花架式"。而有些运动员的形态结构或机能能力并非很好,而运动素质却能上得去,表现出很高的体能水平和竞技能力。肩、肘关节的形态结构有明显的伸不直的问题,明显地影响了两臂的支撑力量,影响了体能能力,但他具有过人的两臂上推力量和支撑能力,因而取得了独霸一方的骄人成绩。

二、专项能力

专项能力与运动员专项运动紧密相关,它是能直接促进专项成绩提高的一种特殊能力。对运动员而言,其竞技能力的充分发挥,主要依靠对运动成绩具有决定性作用的专项能力的强化训练,挖掘其体能和技术的潜力,这样才能有效促进运动成绩的快速提高。专项能力训练的目的是根据运动员现有条件,将个人身体素质转化为专项竞技所需的能力。不但练习内容要依运动员训练水平、技术状况、训练时期、年龄及生理、心理特点而定,而且其动作时机、速度、顺序、路线、幅度及身体姿势等时间和空间特征也应尽量接近于比赛技术动作,或尽可能满足专项竞技和比赛的需要。因此,专项能力训练是将运动员身体机能和身体素质转化为专项实战能力的重要桥梁,在实践中往往是取得高水平运动成绩进一步突破的关键环节。

(一)专项能力的定义

一个未受过竞技运动专业系统训练的人也许同样具备很好的肌肉力量,但是他在任何一个运动项目的比赛中都不可能达到高水平,其原因就在于他拥有的力量不是专项所需的力量,专项能力达不到专项运动员的水平。

那么何谓专项能力呢?《体育科学词典》的定义是:专项能力指运动员在特定专项领域所具备的竞技能力,是提高专项训练水平和专项运动成绩所具备的最直接的竞技能力。专项能力主要包括专项运动素质、专项运动技术、专项战术意识和战术能力、专项心理品质及专项运动智能。专项能力的高低直接决定着专项训练水平和专项运动成绩的好坏,专项能力的提高必须通过长期系统的训练才能实现。中国运动训练学专业委员会专家界定专项能力为专项技术与专项运动素质密切结合，在训练和比赛过程中反复表现出的高强度的运动能力，借此在比赛中取得优异的运动成绩，是完整训练过程中追求的结果。

徐向军等认为，专项能力是指运动员在训练和比赛中完成某一特定专项的特殊能力。这种能力具有明显的专项特点，它是通过多年训练逐渐形成和发展起来的。这种能力以运动员的素质为基础，以专项技术为前提。

陈小平认为，专项能力是相对于一般能力提出来的。一般能力指运动员全面和基础的能力，是"专项能力"的基础，它主要对专项运动成绩起间接的支持作用。专项能力指与运动员的比赛专项有密切关系的能力，是决定运动成绩优劣的直接因素。专项能力就是运动员进行专项运动的直接动力，是区别不同专项和运动水平的显著指标。一般能力与专项能力的主要差别在于专项技术的存在，一般能力是竞技运动项目都需要的基础能力，而专项能力是一般能力与专项技术的有机结合，是一种专门的能力体现。

综合各个专家观点，我们认为，专项能力是指运动员在特定专项领域，通过长期系统训练逐渐形成和发展起来的，在训练和比赛过程中反复表现出的高强度的运动能力。

(二)专项能力的训练

在各个项目的训练过程中，都必须处理好专项能力与一般能力的发展关系，合理安排好两种能力训练的内容和训练时间的比重。在多年训练过程中，随着训练水平的提高，专项能力的训练应逐渐占主导地位。

1. 强化"专项"在训练中的核心位置

在运动员多年训练过程中，一般能力和专项能力的发展在比例上并不是等同和不变的，而是随着年龄和专项成绩的提高不断地发生变化。一般来说，在基础和初级训练阶段，一般能力的训练占有重要位置，而随着年龄和运动成绩的提高，专项能力的训练比例逐渐增加，直至在进入高水平训练阶段后成为训练的核心。

在过去近20年的训练过程中，人们过于强调训练的"多样化原则"，在运动员进入高水平训练阶段后仍然采用大量分解和局部的训练手段和负荷发展运动员的专项能力。在这一训练思想的指导下，我们恰恰忽视了专项本身作为一种专项训练手段对专项能力发展的作用，没有认识到完整的专项练习是集机体各种不同能力于一身，从生理、心理到技、战术等多方面对机体构成最全面和最适宜刺激的训练手段，从而致使以突出整体和综合性为主要特征的专项能力得不到有效的发展。因此，自20世纪90年代初期开始，国外学者重新提出专项本身是专项训练的核心内容。

这一专项训练旨在强化"专项"在训练中的核心位置，以提高专项成绩作为训练的最终目标，从运动训练的生物适应理论出发，最大限度调动和发挥机体的专项潜能，在科学训练思想的指导下强调和突出不同运动能力的协作和整体发展。完整和高强度的专项训练对于高水平运动员尤其重要。运动员进入高水平训练阶段后,各项身体素质及它们之间的协作已经达到很高水平,某一局部运动能力的改善不仅很难使专项成绩得到提高,而且有时还会影响整体的发展。

此时,只有运用完整和高强度的专项练习手段才能在更加接近实际比赛的环境下,充分挖掘那些与专项密切相关的器官和系统的潜力,从整体上促使不同素质之间、各种素质与技术之间以及心理、环境等因素与技、战术的发挥之间的协作更加均衡和稳定。体能类项目的特点也决定了"专项"在训练中的核心作用。

2. 进行接近完整技术和完整技术的分项练习

完整和高强度专项练习的训练,体力与神经能量消耗大、恢复慢,训练中反复次数不能多,课次也不能密集,在整个训练过程中所占比例要恰当。所以在训练中还应采用接近完整技术和完整技术的分项练习。在将专项作为发展训练能力的重要手段的同时,我们还必须注意到训练的负荷,尤其是强度。

3. 提高训练强度

传统的周期训练理论曾对运动训练产生过较大的影响,尤其在青少年运动训练方面,虽然至今仍有积极的指导意义。运动成绩的提高,取决于多方面的因素,其中训练质量对训练的效果起着至关重要的作用,而训练的质量取决于训练的强度、完成专项技术和练习动作的正确性及练习的密度和数量等。运动训练实践已经证明,随着运动员竞技水平的提高,机体各器官、系统的功能及其它们之间的协作不仅达到了相当高的水平,而且日趋逼近生理机能的极限。运动员进入高水平训练阶段的一个主要特征为竞技能力的"可塑空间"逐渐减小,专项成绩的提高速度日趋缓慢,它导致运动员对训练手段和负荷的要求显著增强。在这种情况下,低强度大负荷训练不利于专项水平的提高,有一定强度要求的训练才能有助于运动员保持稳定状态,在比赛中发挥水平。

4. 根据"从实战出发原则"安排训练

"从实战出发",就是要将比赛场的残酷性、对抗强度、比赛压力体现在训练中。

(1)掌握项目特点和规律

运动项目特点是建立科学指导思想的根本,是科学设计训练方法的源泉,是我们制订科学训练计划的指南。因此在实践中,只有切实了解和掌握了运动项目的特点,才能做好优秀运动员的专项能力训练,否则一切都是空谈。对运动项目的规律和特点有了本质的认识,专项运动能力训练的方向才不会出现偏差,运动成绩才会大幅提高。项目的特点不是一成不变的,随着比赛规则的变化,运动水平的提高,我们在训练中对专项的理解也应随之变化,专项训练的方法和手段也应发生相应的变化。

(2)重视训练与比赛的一致性

从实战出发就是从比赛的实际需要出发,是专项训练与比赛一致性的具体体现和要求。

从实战出发要求在训练中使用比赛时完整和高强度的专项训练手段,这对于体能类项目可能十分重要,比如田径中的跳高和跳远等。但是,在实践中,完整的专项练习手段作为专项训练的核心内容无论是在理论认识上,还是在训练实际中均处于落后状态,如此可能导致相当一部分高水平选手尽管拥有出色的身体素质条件,但由于体能水平与专项成绩的不平衡而无法在专项技术中得到充分展现。完整和高强度的专项训练对于高水平运动员尤其重要。运动员进入高水平训练阶段后,各项身体素质以及它们之间的协作已经达到很高水平,某一局部运动能力的改善不仅很难使专项成绩得到提高,而且有时还会影响到整体的发展。此时只有运用完整和高强度的专项练习手段才能在更加接近实际比赛的环境下,充分挖掘那些与专项密切相关的器官和系统的潜力,从整体上促使不同素质之间、各种素质与技术之间以及心理、环境等因素与技、战术的发挥之间的协作更加均衡和稳定。

(3)坚持从难、从严要求

从实战出发要求我们在进行专项能力训练时要从难、从严进行。从实战出发的难就是强调专项能力训练的针对性和高质量;从实战出发的严,最根本的就是要突出专项的特点。从难和从严的训练要求我们的训练必须有针对性,根据实战需要从实际出发,结合运动员的个体特点,进行有针对性的训练。比如美国著名的400米跑教练哈特先生,为提高运动员后程跑能力,在训练中采用模拟运动员后程跑的过程,重视反复多次的强度刺激与多次刺激强度的叠加,每次训练课的最后,就是训练的关键,强度是最高的。在前面强度累积的基础上,要求运动员在最后100米仍需在12秒内完成。

(4)注重心理和智力的培养

对优秀运动员的培养,不仅包括加强对其体能和技术的训练,更重要的是加强对其心理和智力的训练。例如,根据运动员的心理与智力特征,坚持从实战出发,塑造其优秀的心理素质。在实战训练中要打破以"体力投入为主"的单一训练模式,使之向身心并重、技能合一的方向转化和发展。在实践中,有些运动员在大赛中因心理失衡而导致失败,其实这就是平时训练中不注重内在质量的结果。

第三节 专项身体素质训练方法

一、专项力量

(一)专项力量概念的界定

1. 对"专项力量"概念的不同描述

运动训练学专家们常常把专项力量看作是力量素质的下位概念,将力量与专项的关系划分为一般力量和专项力量。专项力量究竟是一种什么样的力量,它的概念究竟应该如何界定,目前在运动训练学界尚无统一的认识。

大多数训练学专家对专项力量内涵的理解大体相同,均认为这种力量的表现与发挥,与运动员肌肉在专项动作中的用力特点等方面有着密切的联系。

2. 不同项目对力量的不同要求

在对"专项力量"进行界定时,必须弄清不同项目对力量的不同要求,通过分析几个典型项目的用力特点后我们发现,这些要求主要体现在以下几个方面:

(1)在不同的运动项目中,由于专项动作用力时刻的起始速度要求不同,最终将导致不同专项运动员的力量产生差异。

(2)由于不同的项目对肌肉用力的持续时间要求不同,导致对运动员的肌纤维成分、用力时的供能系统,以及最大力量和快速力量的要求不同。

(3)在肌肉用力的目的相似时,用力收缩方式稍有不同,会对力的效果产生重大的影响。

(4)在动作结构相似的条件下,如果用力方向的要求不同,对运动员的用力要求也是不同的。

(5)即使在动作结构相似的条件下,如果克服的恒定外界阻力不同,对肌肉力量的要求会不同。

(6)不同的项目,产生反作用力的物质材料的性能不同,对肌肉用力的要求不同。

(7)即使动作的结构相近,但由于不同项目的战术要求不同,会造成肌肉力量特点的不同。

不同项目对力量的不同要求中,上述第一至第四点都指明了不同专项的运动员,其肌肉收缩用力在时间和空间上的区别,这些区别又是由于运动员在比赛规则的要求下,为了最大限度地挖掘力量潜力所采用的技术造成的。第五点和第六点的恒定外界阻力以及产生反作用力的物质材料,虽然是由规则规定,但这种规则上的限制,决定了运动员采用哪种技术。第七点则指明了战术对力量特点的影响。

总之,不同项目运动员的力量特点,主要是由该运动员比赛动作的技术和战术在时间和空间上对肌肉用力的要求来决定的。

3. 对专项力量的认识

对"专项力量"较为准确的解释是,在运动员比赛动作技术和战术所要求的时空条件下,参与运动的肌肉或肌群收缩克服阻力的能力。由于这种肌肉的能力最终表现为运动员在该项目的比赛中,为了获得比赛的优胜,在符合规则的条件下,对人的整体或某一部分或器械进行最大限度的加速或减速,或使它们保持在一个特定的位置上,因此,运动员所克服的阻力,以及运动员或其控制的器械的速度大小或速度变化大小,以及位移大小和姿势的准确与否,都可用来考察运动员在专项力量上的水平。特别需要注意的是,"时空条件"应该包括肌肉收缩时的速度大小、收缩开始前所需改变状态的物体的初速度、肌肉用力的持续时间和肌肉收缩形式。另外,技术是一种理想的"模式",反映的是一般规律,具有共性;但又必须考虑运动员个人的特点,具有个性。同时技术具有相对性,它随实践的发展而发展,始终处于一个动态的过程中。在理解战术要求时,要着重注意,由于要贯彻战术意图,运动员的心理定向将导致对比赛动作要求的影响。

(二)专项力量训练机理

专项力量是指运动员在比赛动作技术和战术所要求的时空条件下,人体参与运动的肌肉或肌群收缩克服阻力的能力。专项力量训练的目的就是通过专门的肌肉力量训练,使运动员的相关神经肌肉系统得到专项化的适应和提高。

神经肌肉系统可以通过神经和肌肉两条途径来适应训练。根据训练计划的特征,发展肌肉力量时,爆发力将会因去适应其他力量的特征,而导致下降。比如,用完成很慢的大负荷抗阻力练习来提高运动员的最大力量时,就可能导致肌肉快速力量和快速收缩能力的下降。因此,首先要确定目标运动的专项化神经肌肉特征,再去安排用以提高专项力量的各种抗阻力练习。

神经肌肉系统引起的适应,以及由此在运动中产生的提高,与所运用的抗阻力练习类型密切相关。这种训练的专项性涉及练习的各个特征。包括:练习所动用的肌肉群、动作的结构、关节运动的范围、肌肉收缩的类型与速度。力量训练的专项适应性,要求必须确定目标活动的专项需求。对专项需求的完整分析应该包括:参与工作的肌群、收缩类型、动作速度、"拉长—缩短周期"运动的要求、克服或移动的负荷、动作的持续时间、保持高能量输出方面的要求、能够提供的间歇周期和受伤的可能性等方面。

(三)专项力量训练

1. 体能主导类快速力量性项群

体能主导类快速力量性项群包括跳跃、投掷和举重项目。快速力量的训练在本项群训练中有着特别突出的地位。跳跃项目中快速起跳能力的培养,投掷项目中器械出手速度的训练,举重项目迅速发力上挺能力的训练,都在本项群训练中日益引起高度重视。

例如掷铁饼的快速力量训练,通常采用的练习方法包括:负重模仿、掷轻饼、掷重饼、原地掷标准饼等。采用负重模仿练习包括下列手段:原地挥片,着重发展腿、髋、躯干和肩带的多环节专门力量;仰卧挥片,发展腹部、躯干和肩带的专门力量,建立正确的用力顺序;杠铃抢摆,发展下肢、特别是躯干的转动力量;双手抛掷铃片,发展腿、髋和躯干的专门力量,培养投掷用力意识;肩负杠铃杆原地旋转一周,发展左、右腿的专门力量,提高进入旋转动作的身体平衡能力。

2. 体能主导类速度性项群

体能主导类速度性项群包括短跑、短距离游泳等项目。例如:100米跑、200米跑、50米自由泳、100米自由泳与100米跨栏等。

短跑运动员专项力量训练。该项目的力量是一种动力性力量,根据用力的性质,动力性力量又可分为重量性力量和速度性力量。短跑运动中的肌肉活动,既表现为重量性力量又表现为速度性力量,只不过在短跑运动中,肌肉的收缩速度更明显、更重要。因此,我们把短跑运动员的用力称之为速度性力量。

短跑运动员的力量训练必须和技术相结合,才能使力量训练达到最佳的效果,因为力量训练的最终目的是为了学习技术提高运动成绩而服务的。可是怎样使二者结合起来呢？简言之,围绕着技术结构的特点进行力量训练。例如,先进的短跑技术要求落地时小腿和踝关节要做积极后扒动作。假若小腿和踝关节的力量差,就不容易做出此动作。为此在训练中就要加强对小腿和踝关节的力量训练。

练习方法有以下几种：

(1)负重做快速的小步跑。要求：落地时小腿和脚做积极的后扒动作,并保持高重心。

(2)负重做高摆扒地的技术。要求：大腿高抬,而后并积极下压踏膝放松,小腿自然前伸,落地时积极后扒。

(3)弹性踮步走和弹性踮步跳。要求：脚掌着地过渡到足尖有弹性地走或跳。

(4)沙坑或木屑跑道上做各种弹性跳,要求：踝关节充分用力落地要有弹性(单足跳、跨步跳和原地双脚跳)。

(5)负重(杠铃或沙袋)的原地双脚跳起。要求：脚跟不落地、落地后立即反弹跳起。

(6)跳深(40厘米高)。要求：足尖着地,落地后立即反弹跳起。

后蹬技术是跑的主要技术,是跑的动力的主要来源阶段,所以加强后蹬的力量训练也是提高运动成绩的关键。进行后蹬技术的训练可以采用以下几种方法：

第一,利用固定的杠铃架,做接近后蹬角度上的力量训练,将杠铃放置在固定的带角度的杠铃架上,要放在适宜高度,人体前倾一定的角度,屈膝而站,用力将杠铃挺起,而后放下,这样反复做数次。这种练习对于发展在跑动中人体后蹬时与地形成的角度上的力量是非常有效的(这种练习始终要突出一个快字)。

第二,带角度的(向前倾斜)支撑抬腿跑(腿上负重或不负重皆可)。

第三,利用跨步跳跳台阶。要求：两大腿在髋关节处充分打开,支撑腿蹬直。

第四,跨步跳和牵引跑。要求：同(3)。

第五,上坡跑(坡度三度左右)。要求：保持正确姿势,高速奔跑。

第六,在跑道上拖着轻物跑。要求：将绳系在腰部,以免跑时过于前倾。

游泳的专项力量训练。进行游泳运动员力量训练,力量练习手段选用必须与游泳技术动作结构和完成动作的主要工作肌肉群用力形式相似,才能获得最佳的训练效果。游泳运动员的陆上和水上力量练习应该结合起来,陆上练习的持续时间应与水上比赛项目所需时间相同,这样才有利于将陆上发展的力量转化为水中的力量。

采用陆上力量练习器进行专项力量练习时,必须考虑到水上训练的练习特点,水上和陆上练习的负荷方向一致才是合理的,可进行的陆上专项力量练习器为:橡皮拉力、滑轮拉力和等动拉力。这三种练习器各有不同的特点,相对来说,等动拉力更适合专项,它充分考虑到了水上阻力的性质,在练习的安排上如果水上主要进行速度训练,那么进行力量练习器的训练时,应做力量或速度力量类型的练习。

水上力量训练与游泳动作近似,人们在探索陆上练习如何接近游泳动作的同时,也经常探索如何使水上力量练习尽量接近游泳的动作。通常采用以下方法:

(1)带划手掌游。这种方法可使划水时手掌保持最有效的姿势,做出最有效的划水动作,改进划水技术,还能发展专项力量,提高划水动作的爆发力。

(2)带阻力器游。可以在运动员身上固定阻力腰带,也可以加穿服装、游泳衣裤等,这类练习不破坏运动员的基本动作,方法简单,可提高划水动作的爆发力,加快动作频率,发展速度素质。

(3)胶带牵引游。这类练习通过增加阻力,促进力量素质的增长,运动员在此过程中能很快感觉到手、腿配合上的错误,同时有助于水上训练内容多样化,减轻运动员心理疲劳。

3.技能主导类表现难美性项群

技能主导类表现难美性项群包括跳水、体操、艺术体操、健美操、花样滑冰、花样游泳和技巧、武术等竞技运动项目。

例如,竞技健美操的专项力量训练。力量素质是竞技健美操比赛取得好成绩的关键,一切高难度动作的完成都必须以力量素质作保障。没有力量就没有难度动作,更没有高难的创新动作。根据竞技健美操竞赛规则的要求,运动员在比赛中必须完成一些特定的、不同类型的难度动作、托举、配合动作和具有健美操特色的操化动作及基本步伐。竞技健美操运动员所需的力量素质主要有:相对力量、快速力量、力量耐力、静力性力量。

竞技健美操专项力量训练内容:

(1)上肢力量。俯撑、俯卧撑、俯撑击掌、双杠支撑摆动、双杠支撑移动、推小车、靠墙倒立、双杠屈臂撑,倒立推、倒立爬行等。计时的单臂俯卧撑、单臂侧倒俯卧撑、单臂单腿卧撑,负重俯卧撑,自由倒地、团身跳成俯撑等。

(2)下肢力量。原地连续纵跳、连续收腹跳、10~20米的单脚或双脚连续跳、立定跳远、跳绳等。连续横劈腿、纵劈腿跳、屈体跳、交换腿劈叉跳、跳转720°、剪式变身跳转体180°,肩负杠铃蹲跳起、负重分腿跳、负重起踵等。

(3)躯干、腿部力量。仰卧起坐,肋木悬垂收腹举腿,扶肋木前、侧、后方向的快速踢腿,俯卧在横马上,一人压住双腿做抱头起,运动员头和脚分别支撑在山羊上,保持挺身姿势的静力练习,仰卧练背肌、俯卧练习腹肌。各种负重的仰卧起坐、仰卧举腿、肋木收腹举腿,分腿支撑、直角支撑,分腿高直角撑、直角支撑转体360°等。

(4)组合练习。①横劈腿跳落成俯撑接单臂俯卧撑;②横劈腿跳接舒舒诺娃;③剪式变身跳转体180°接舒舒诺娃;④屈体跳转360°落成俯撑接肘撑平衡;⑤跳转360°成俯撑接单臂单腿俯卧撑;⑥跳转360°成纵叉接直角支撑转体360°接直升机;⑦交换腿劈叉跑成俯撑接托马斯全旋交换腿跳踢;⑧跳转180°落成横叉接直角支撑转体720°接仰卧劈腿;空转720°成横叉接侧搬腿平衡;⑨分腿高直角支撑接直升机接交换腿劈叉跳。

4. 技能主导类对抗性项群

隔网抗性项群包括乒乓球、羽毛球、网球、排球等项目。专项力量素质是该项群运动员对抗能力、速度,以及运动技术动作的掌握与完善的基础和保证。所以,要求运动员必须进行全面的专项力量训练。

例如,乒乓球运动员的专项力量训练,应以动力性力量和相对力量为主。因为乒乓球所有动作,均属动力性力量,使用的相对力量、快速力量较多。因此,在专项训练中必须结合乒乓球技术特点,采用负荷量较轻,速度快的动力性力量训练,以发展运动员的动力性力量和相对力量。

(1)发展上肢专项力量素质训练

发展上肢专项力量素质训练可进行各种徒手的挥拍动作训练;持铁制球拍进行各种挥拍动作的训练;持轻哑铃进行各种挥拍动作的训练;用执拍手进行掷远训练;进行扣杀、扣球击远的训练。

乒乓球上肢专项力量训练还可采用借力强行训练法,这是一种极限训练法。主要用于发展乒乓球运动员的相对力量。训练方法是:乒乓球运动员在完成极限负荷,训练到每组的最后阶段,单靠运动员本身的力量已无法完成动作,这时教练或同伴及时给予恰当的助力和保护,使其重新再进行挥拍2~3次。这个动作的关键是给的助力要恰到好处。这种训练方法可使肌肉得到最高强度的刺激,能有效地提高肌肉收缩的速度和力量。

(2)发展下肢专项力量素质训练

乒乓球运动员下肢的专项力量训练也至关重要。训练方法有负重半蹲后跳起训练;负重半蹲侧滑步训练;负重交叉步移动训练;负重单、双脚跳训练;负砂背心或者绑砂护腿进行各种步法移动训练。做杠铃半蹲,首先适当放松关节肌肉,选择用尽全力最多做15次左右的重量来做,8~10个一组,做4组,每组间休息1~2分钟,每周做3次。要注意动作中速度要由慢到快,再由快到稍慢,乒乓球要求爆发力,更要求速度,所以不能像健美运动那样的方式来训练,每周不要超过3次,超过3次效果反而不好。

5. 技战能主导类同场对抗性项群

技战能主导类同场对抗性项群主要包括足球、篮球、手球、曲棍球、冰球和水球6个项目。

例如:篮球运动员专项力量训练。现代篮球比赛异常激烈,高水平比赛中运动员之间所发生的身体碰撞频繁。在比赛中占据主动,最终获得比赛的胜利,不仅要具有很好的技、战术能力,而且力量的强弱同样是比赛胜负的重要因素之一。良好的力量素质是取得优异运动成绩的基础,而科学的训练方法是获得和提高力量素质的保证。

篮球专项力量训练是指在全面发展力量素质的基础上着重提高与篮球专项技术特点相一致的力量素质的训练,练习的动作结构、方式要与篮球技术的结构相似。

(1)手指、手腕、手臂肌群力量训练方法

篮球运动中的投篮、传接球等动作的顺利完成都需要手指、手腕、手臂肌群的力量,其力量水平的强弱直接关系到这些动作技术运用的效果。其练习方法主要有:指卧撑、连续做击掌俯卧撑等练习。发展手指力量的主要方法有:握力器、握捏铅球等;手腕、手臂肌群力量的训练方法有:双手握哑铃、快速卧推杠铃等练习。结合篮球专项发展手指、手腕、手臂力量专项练习方法有:篮球传接球练习(50次×4组);躺下或坐着投篮练习(20次×4组)。

(2)上肢力量训练方法

篮球运动员拥有发达的肩部肌肉和结实的胸肌更利于运动员适应激烈的比赛。上肢力量训练主要是采用近侧支撑条件下的肌肉训练,其主要方法有:用杠铃做各种举重练习、平躺推举杠铃、站着斜推杠铃、用实心球做传球或投篮动作练习等。结合篮球运动发展上肢力量专项练习方法:实心球做传球练习(15次×3组);实心球做投篮练习(15次×3组)。

(3)腰腹力量训练方法

在篮球比赛中,运动员在向上下、左右、前后各个方向运动时,所有的力量都要经过腰腹来传递、控制和调节身体重心。因此,腰腹肌群力量的强弱,直接影响到跑、跳、投、转、停等所有动作的质量。发展腰腹力量的主要练习方法有:仰卧举腿、俯卧挺身;利用杠铃负重转体、挺身等练习;用单双杠做悬垂举腿练习;双手持实心球经头上向后做投远练习。结合篮球运动发展腰腹力量专项练习方法:仰卧起坐传接篮球练习(15次×4组)。

(4)下肢力量训练方法

篮球运动员体能中最重要的就是弹跳力,而弹跳力是否出众主要取决于下肢力量的强弱。根据篮球运动员弹跳特点,下肢力量训练应以股四头肌、小腿三头肌为主,其次是股后肌群。①练习股四头肌的主要方法有:深蹲和半蹲。在训练中应以半蹲为主,深蹲为辅,下蹲过程放慢,到最低点后以最大极限力量的爆发式起立完成动作。注意躯干要正直,防止挺腰翘臀。②练习小腿三头肌的方法:负重提踵,在平时练习时将前脚掌垫起,以加大小腿三头肌的拉伸幅度,速度由慢到快。负重半蹲跳,在软地或地垫上练习,跳起要快,脚腕要蹦直,注意用于发挥快速力量或力量耐力。③练习股后肌群的动作有硬拉、直腿硬拉和抓举等,因为这些都涉及腰部肌肉,所以股后肌群力量和腰背部力量结合起来练习。结合篮球运动发展下肢力量专项练习方法:助跑摸篮板(15次×3组);双手抱篮球蛙跳(15次×3组);用球连续打篮板跳起接力(50次×3组)。

二、专项速度

(一)专项速度训练机理

专项速度训练的目的,就是针对不同的专项,通过专门的反应速度训练、动作速度训练、位移速度训练,使运动员相关的神经肌肉系统引起专项化的适应和提高。专项速度的生理、生化基础表现为以下几点。

1. 专项反应速度

(1)反应时。反应速度的快慢取决于兴奋通过反射弧所需要的时间即反应时的长短。在构成反射弧的五个环节中,传入和传出神经的传导速度基本上是固定的。所以,反应时的长短主要取决于感受器的敏感程度、中枢延搁和效应器的兴奋性。其中中枢延搁优势最重要的,反射活动越复杂,经历的突触越多,反应时越长。

(2)中枢神经系统的灵活性与兴奋性。中枢神经系统处于良好的兴奋状态时,能够加速机体对刺激的反应。

(3)条件反射的巩固程度。随着运动技能的日益熟练,反应速度会日益加快。有研究发现,通过训练,反应时间可以缩短 $11\%\sim25\%$。

2. 专项动作速度

(1)肌纤维类型的百分组成及其面积。肌肉中快肌纤维百分比越高、快肌纤维越粗,肌肉收缩速度则越快。

(2)肌组织的兴奋性。肌组织兴奋性高时,强度较低且时间短的刺激强度就可以引起组织的兴奋。

(3)条件反射的巩固程度。在完成动作的过程中,动作技术越熟练,动作速度也就越快。

3. 专项位移速度

以跑为例,位移速度主要取决于步长和步频两个因素及其协调关系。步长主要取决于肌力的大小、肢体的长度以及髋关节灵活性和韧带的柔韧性;而步频主要取决于大脑皮质运动中枢的灵活性、各中枢间的协调性、快肌纤维的百分比以及其肥大程度。神经过程的灵活性好,兴奋与抑制转换速度快,是肢体动作迅速交替的前提,各肌群间协调关系的改善,可以减少因对抗肌群紧张而产生的阻力,有利于更好的发挥速度。所以在周期性的项目中,肌肉的放松能力的改善,也是提高速度的一个重要因素。

(二)专项速度的特点

区别于一般速度的专项速度,按不同的表现形式,可分为专项反应速度、专项动作速度及专项位移速度。运动员在大多数运动项目中所表现出来的专项速度,都是这三种表现形式的综合体现,但在不同项目中,专项速度的三种类型各自占的比重有所不同,通常不会单独出现,而是在不同的专项中,表现出各自不同的需求。

运动员专项速度的发展水平对其总体竞技能力的高低有着重要影响。竞技技术动作大多要求快速完成，良好的专项速度有助于运动员更好地掌握合理而有效的运动技巧，肌肉快速的收缩能够产生更大的力量，高度发展的专项速度又为速度耐力、专项耐力的发展提供了更大的空间。在不同的运动项目中，专项速度有着重要的作用。对体能主导类速度性的竞技项目，专项速度水平直接决定着运动成绩的好坏；对耐力性项目，高度发展的专项速度有助于运动员以更高的平均速度通过全程；对技能主导类项目，时间上的优势可以转化为空间上的优势，使体操、跳水等项目选手有更大的可能完成难度更高的复杂技巧，使球类及格斗项目选手获得更多得分的机会。

（三）专项速度训练

依据项群理论，我们以运动项目所需运动能力的主导因素，对竞技项目首先分为体能主导类、技能主导类、技心能主导类、技战能主导类四大类。继而以各项体能或技能的主要表现形式或特征作为二级分类标准，把体能主导类项目分为快速力量性、速度性及耐力性三个亚类；把技能主导类项目分为表现难美性；技心能主导类为表现准确性；技战能主导类则分成同场对抗性、隔网对抗性、格斗对抗性及轮换攻防对抗性四个亚类。发展不同类项群专项速度的要求是不同的。

1.体能主导类专速速度训练

（1）体能主导类快速力量性项群专项速度训练

如跳跃、投掷、举重。该类项目对专项速度的要求主要表现为专项动作速度和专项位移速度。以跳高为例，对其专项速度的训练，主要围绕提高运动员动作速度和位移速度进行。由于大脑皮质神经过程的灵活性是实现高频率动作的重要因素。因此，做高频率的动作的重复练习有助于其发展。例如，跳深、连续跨步跳、原地跳、沙坑跳、跳绳、短距离极限跳、立定三级跳、连续单足跳等。每天训练课跳150～300次、每组重复1～5次、训练负荷采用本人最大速度的90%～95%。在专项速度练习之后，进行放松训练，提高肌肉的放松能力。

（2）体能主导类速度性项群专项速度训练

如100米跑、100米游泳、500米自行车等。这类项目对专项速度的要求主要表现为专项反应速度、专项动作速度、专项位移速度三种速度的有机整合。以100米跑为例，提高反应时的练习。由于反射弧中与反应时关系最密切的是感受器的敏感程度、中枢延搁和效应器的兴奋性，因此，通过反复发出各种信号刺激让练习者迅速做出反应的信号刺激法练习，是实现缩短反应时的重要手段。如，反复进行听起跑口令或枪声进行起跑练习。此外，还应完善起跑技术。提高动作速率的训练。高频率的动作的重复练习有助于其发展肌组织的兴奋性，如，快速小步跑、快速高抬腿；还可以借助牵引跑、跑台、顺风跑等借助外力提高动作频率的练习。发展磷酸原系统供能的能力。多次重复20～60米的快跑、行进间20～60米快跑、追逐跑等。提高肌肉的放松能力。用次最大速度跑，来避免肌肉过分紧张。发展力量和柔韧性。如持哑铃重复摆臂练习、负重跑、阻力跑等。

（3）体能主导类耐力项群专项速度训练

包括中长距离及超长距离的走、跑、骑、游、滑、划所有的项目。这类项目是以速度耐力为主导的项目,对专项速度的要求主要表现为专项位移速度。以1500米跑为例,借助牵引跑、跑台、顺风跑等借助外力提高动作频率的练习的基础上进行持续训练,即在一定的速度基础上进行持续1分钟左右的练习。以通过提高乳酸能供能能力来解决位移速度尤其是最后400米冲刺的能力。提高肌肉的放松能力。在长距离的跑动过程中,注意脚步与呼吸的节奏,摆臂放松,以避免过分紧张。肌肉的放松能力好坏对保持高速度起着重要作用。

2. 技能主导类专项速度训练

例如,体操、艺术体操、技巧、跳水等。这类项目对专项速度的要求主要表现为专项动作速度。以跳水为例,主要采用高频率动作的重复练习,有助于其专项速度的发展。快速练习:如计时俯卧撑;纵跳转体练习:原地跳起转360°或720°练习,连续进行10~20次,要求转体要快速,连续2~3组;快速翻转练习:连续腱子接小翻、连续快速侧手翻;快速哑铃练习:持1千克重轻哑铃,做快速头上双臂屈伸;减少阻力法,可以利用一些增加助力的方法来减轻运动员体重,提高运动员的动作速度,目的是提高运动员高速运动的感觉能力,以帮助运动员提高完成某一技术环节的动作速度。提高速度力量是提高动作速度的重要基础。如,计时快速推倒立、臂屈、俯卧撑;计时快速完成两头起、背屈伸;计时快速引体向上练习;规定距离的快速爬倒立练习等。

3. 技心能主导类专项速度训练

例如,移动靶射击、飞碟多向射击等。这类项目对专项速度的要求主要表现为专项反应速度、专项动作速度。以飞碟多向射击为例,提高反应时的练习。可采用信号刺激法,通过反复发出信号刺激,让练习者迅速做出反应,是实现缩短反应时的重要手段。通过碟靶反复从碟沟中飞出,运动员及时判定飞行的方向,同时,身体及时、平稳地向碟靶的方向起动,去捕捉目标。提高动作速率的训练,通过反复的飞碟射击的练习,使身体在判定飞碟飞行方向及角度后,在极短的时间内,使准星快速地捕捉到飞碟,即时扣动扳机,完成击发。

4. 技战能主导类专项速度训练

(1)隔网对抗类专项速度训练

如乒乓球、羽毛球、网球、排球等。这类项目对专项速度的要求主要表现为专项反应速度、专项动作速度、专项位移速度三种速度的有机整合。以乒乓球为例,提高反应时的练习。可采用信号刺激法,如多球快速练习、视觉反应练习。提高动作速率的训练。可进行多球练习,加快供球的节奏和增大回球的难度等。"灵敏训练",进行正确的、反复的练习技术动作,尤其是结合性技术动作,提高各种技术动作之间的衔接和转换的协调性和节奏感。提高ATP-CP系统和乳酸能供能系统的机能水平。利用"重复训练法",把时间控制在1分半以内,两人连续的快速对拉等方法提高ATP-CP系统和乳酸能供能系统的机能水平,提高肌肉的放松能力。

(2)同场对抗类专项速度训练

如足球、手球、冰球、篮球等。这类项目对专项速度的要求主要表现为专项反应速度、专项动作速度、专项位移速度三种速度的有机整合。以足球为例,训练方法如下:

①提高反应时的练习。信号刺激法。如轻跳,听(看)教练员击掌,快速转体180°;队员站成四路纵队,人间距离3～5米,教练员站在队伍前面,按照教练员口令和各种手势,全队做向前、向后、向左、向右快速度起动2～3米或原地转体180°等各种动作的变换练习。

②提高动作速率的训练。重复训练法。通过反复地在快速运动中完成两个或两个以上技术动作结合的练习,逐步提高运动员无球和有球技术动作的熟练程度,建立巩固的动力定型。大量采用田径运动中训练短跑运动员的训练方法来提高足球运动员的跑速。多采用15～30米各种不同开始姿势的快速冲刺跑。如,后退四五步后立即向前冲刺10米;连续向前冲三步,再转身后退两三步,再向前冲三四步等方法。

(3) 格斗对抗类专项速度训练

如摔跤、柔道、散打、拳击等。这类项目对专项速度的要求主要表现为专项反应速度、专项动作速度、专项位移速度三种速度的有机整合。以拳击为例,训练方法如下:

①提高反应时的练习。信号刺激法。如"相互摸肩练习",即两人相对分开站立,伺机拍击、触摸对方的肩部,且可相互躲避对方的拍击,看谁反应快,拍击次数多。

②提高动作速率的训练。如"最高速度完成单个动作或组合拳法的练习",在15～20秒内,尽最大速度,尽可能多次地快速完成单个动作或组合拳法。"负重快速完成动作法",以最大力量水平的15%～20%为宜。

③提高ATP-CP系统和乳酸能供能系统的机能水平。"最高速度完成单个动作或组合拳法的练习",是在较短的时间内,大强度、大密度的练习,能较好地发展提高ATP-CP系统和乳酸能供能系统的机能水平。

④提高肌肉的放松能力。通过短距离的变速跑、变向跑、单脚跳、双脚跳、收腹跳、跨步跳等各种跑跳动作,重点发展踝关节和小腿三头肌的爆发力及弹性。

(4) 轮换攻防对抗类专项速度训练

如棒球、垒球、板球等。这类项目对专项速度的要求主要表现为专项反应速度、专项动作速度、专项位移速度三种速度的有机整合。以棒球为例,训练方法如下:

①提高反应时的练习。采用信号刺激法,如投球手以不同的速度,不同的角度反复投向击球手,让其挥棒击球。

②提高动作速率的训练。在无球状态下,重复进行挥棒技术的练习。

③发展磷酸原系统供能的能力。利用重复训练法,在对以上练习进行多次重复的同时,也很好地发展磷酸原系统供能的能力。

④提高肌肉的放松能力。尤其是在挥棒前的等待期,过度的紧张会加速能量的消耗。挥棒的瞬间,拮抗肌的主动放松能提高挥棒的有效力量,从而提高专项动作速度。"负荷交替法"。可以用较重的棒球棒进行挥棒练习,之后换正常棒球棒接着再做若干次挥棒练习。

三、专项耐力

(一) 专项耐力的概念

对于"耐力"的定义,在查阅了各大词典和相关文献后,发现其定义相对比较多。在《体育词典》中关于"耐力"的定义是人体在尽可能长的时间内进行肌肉活动的能力。田麦久认为,耐力是人们长时间坚持工作的能力。张洪潭认为,耐力是人体持续运动的能力。我们认为,耐力是人体抵抗疲劳并持续活动的能力。

专项耐力概念虽然已被提出很多年,但是直到现在仍未对此概念的内涵和外延达成一个统一的共识,例如在《体育科学词典》中,把专项耐力的概念定义为运动员长时间持续地或多次地重复地完成专项运动的能力。过家兴在《运动训练学》一书中把专项耐力定义为运动员有机体为了获取专项成绩而最大限度地动员机能能力,以克服专项负荷所产生的疲劳的能力。谢敏豪等人在《耐力训练健康与营养》一书中提出了"竞技运动耐力"一词,他们认为竞技运动耐力是指运动员在完成本专项所需长时间运动的能力。田麦久的《运动训练学》一书中把专项耐力的概念界定为长时间持续地或者多次重复地完成专项运动的能力。

基于以上关于专项耐力的界定,我们认为"专项耐力"是由"专项"和"耐力"两部分组成。然而也不难发现,在上述有关专项耐力的诸多定义中,出现了定义项包含被定义项的失误,没有对"专项耐力"的本质进行诠释。因此,我们重新将"专项耐力"定义为,运动员进行某一竞技运动时,机体抵抗疲劳并持续运动的能力,它受到肌体耐力、神经耐力和心理耐力三种因素的影响与制约。

(二)专项耐力的训练机理

人体的运动能力不可避免会受到自身形态结构、心理因素以及环境条件的限制。要想在比赛中取得优异的运动成绩,运动员就必须在生理机能、技术水平和心理素质几个方面获得最大的发展。在探讨训练机理之前,首先要明确影响专项耐力成绩的关键因素,在此基础上才能更好地探索合适而有效的训练方法。

影响耐力素质的因素有多种,这里主要讨论生物学、心理学和遗产学的影响因素,主要从外周性限力因素、中枢性限力因素、心理限力因素以及遗传限力因素四个方面对耐力成绩的影响因素进行研究。

1. 外周限力因素

与中枢限力因素相对应,我们把心肺功能、内环境的稳定性、肌纤维的类型以及肌肉的横断面积统称为外周限力因素。根据物质转运理论,我们引入"转运系数"的概念来描述物质从一处运往另一处的能力。物质运输中某一环节的转运系数等于该环节中运输阻力的倒数。氧气的转运系数越大,则受到的阻力越小,氧气转运系数的大小主要取决于心肺功能的强弱;二氧化碳、乳酸及物质代谢的转运系数的大小决定了人体内环境稳态的维持,而内环境的稳定性是有机体正常运行的基础保障;同时人体体温的平衡也影响着内环境的稳定,机体总是通过调节产热率和散热率,使机体的产热量等于散热量,从而保持机体的平衡。耐力训练中归根到底还是肌肉的运动,肌纤维的类型、肌纤维类型的百分比及肌肉的横断面积等都是影响耐力成绩的重要因素。由此可见,能量的供应、内环境的稳态、肌纤维类型及肌肉的横断面积都是影响耐力成绩的决定性因素。以项群的特点角度出发,外周限力因素对于体能类项群的影响占有较大比重,例如体能类项群中的中长跑项目,拥有强大的心肺功能和良好的内环境调节机制是获得优秀运动成绩的基本保障。

2. 中枢限力因素

神经系统的专项性特征决定运动单位参与数量与类型,而神经发放冲动的强度和发放模式决定了肌肉力量大小、递增率和持续时间。各中枢间兴奋和抑制的协调,使肌肉活动节律化、能量消耗节省化及吸氧量和需要量相对平衡化,从而能长时间保持运动。神经过程的相对稳定及各中枢之间的协调性是提高有氧能力的重要前提。研究发现,神经系统长时间在无氧环境中工作时工作能力会降低,脑细胞及其外周感受与传导系统的功能降低,从而影响了信息的处理,主动肌、对抗肌以及协调肌间的配合紊乱,能量被不必要地消耗,内脏器官活动和肌肉活动的协调性也发生紊乱。所以,提高脑细胞对酸性环境的耐受力是耐力训练过程中一个很重要的部分,只有保证信息处理中心和命令下达中心的正常工作,人体的其他功能才得以正常地运行,才能保证机体持续地运动下去。战能类项群和技能类项群中的运动项目需要大强度的神经发放冲动和高频率的兴奋与抑制的相互转换,中枢限力因素对于此类项目影响较大一些,同时中枢机制的耐酸性对于无氧运动项目同样非常重要,而对于一些射击类项目又需要神经的高度集中。

3. 心理限力因素

影响成绩的除了身体的、技术的因素之外,心理限力因素也起到决定性的作用,然而,心理训练往往没有被放在重要的位置上,这是目前运动训练过程中的一大缺憾。在高水平运动员的角逐中,最后决定胜负的关键因素往往是心理因素,所以心理训练应引起教练的高度重视。在长期艰苦的耐力训练过程中,个体的心理特征是运动员自觉的努力获得最佳身体训练效果的主要决定因素。坚强的意志品质还会促使运动员在面对身体的痛苦和精神挫折时,竭尽全力地拼搏。在项群分类中,心理限力因素对战能类和技能对抗类项群的影响较大,例如射击等项目,关键时刻良好稳定的心理素质是比赛获胜的关键之所在,大型的国际比赛中高手之间的对决往往如此。

4. 遗传限力因素

从人类遗传学上看,耐力性项目的运动成绩与其他运动项目的成绩一样,是复杂的多因素的集合。研究发现,人的生理、心理以及神经等的特性受遗传的影响较大,遗传因素在很大程度上决定着运动员的发展方向与发展潜能的大小,例如白肌纤维含量多的运动员适合于快速运动的项目,而红肌纤维多或血红蛋白含量高的运动员则适合于耐力性运动项目。

基于以上分析,我们从专项耐力影响因素的角度去分析耐力训练的训练机理,得出专项耐力的训练机理主要由以下几部分构成:提高心肺功能及能源储备、提高机体的耐受力、提高神经—肌肉系统的协调整合的能力及其培养运动员坚强的意志品质和完备的心理素质。

(三)专项耐力训练

1.体能主导类快速力量性项群

此类项目对于专项耐力的要求主要表现为以最大强度重复完成完整比赛动作的能力。例如田赛项目、举重等。

训练方法为重复训练法。这是以多次重复完成比赛动作或接近比赛要求的专项练习为主的训练方法。例如在举重项目中,我们可以规定某一运动负荷,然后让运动员在此负荷下以标准动作尽可能多地重复完成,直至力竭。跳高耐力训练中,要求运动员在某一高度持续地完整完成跳跃练习。

2.体能主导类速度性项群

此类项目对于专项耐力的要求是运动员尽可能地在最短的时间内通过全程。例如100米跑、200米跑、50米自由泳、100米自由泳与100米栏等项目。

训练方法如下:

①间歇训练法。根据项目的特点以及时间的要求,安排在一定的时间内,重复若干组,组间有间歇休息时间,放慢节奏和速度。

②变速训练法。长短段落变速跑,分为多种训练方式,例如,快慢结合跑,200米快+200米慢+150米快+150米慢+100米快+100米慢+100米冲刺跑,这样可以增强对比赛中速度和耐力结合的意识,体会如何在疲劳状态下进行高速运动。

③追逐性训练。例如,让运动员排成一路纵队快跑前进,队尾最后一人急速追赶跑向队首,然后队尾的队员再连续地跑向队首。

④上下坡往返跑,下坡时候快跑,上坡时候慢跑等。

3.体能主导类耐力性项群

此类项目对于专项耐力的要求是用尽可能快的平均速度通过全程。例如800米以上径赛项目、公路自行车、铁人三项等项目。

训练方法如下:

①持续训练法。这是一种负荷强度较低、负荷时间较长、练习过程并不中断的练习方法。持续训练法是为重点发展有氧代谢水平而提出的。该法十分强调一次负荷运动的持续时间较长,强度适中,心率负荷指标应在每分钟130~160次之间。例如在铁人三项运动中,为了发展运动员的有氧耐力,如果运动员要在105小时内完成铁人三项比赛,每周至少要进行11公里的游泳、320公里的自行车和65公里的跑步训练来加强体能。

②高原训练法。此方法是在高原上进行耐力训练的一种训练手段。我国在云南海埂、青海多巴和宁夏西吉等多地建立了中度高原训练基地,并把高原训练作为大赛前的重要训练手段,取得了显著的训练效果。中度高原空气密度只有海拔平面的77%,氧含量只有平原地区的3/4左右,氧分压大于平原地区的20%~25%。当运动员在这样的环境下进行训练

时,由于"调节适应期"产生应激,呼吸频率和心率加快,溶解在血管里的部分氧气受低气压的影响不易被身体吸收,使得血管体积增大、血管扩张、血管壁增厚、血管变粗、通过的血量增多,从而更好地锻炼了心血管系统,提高了最大摄氧量和血色素浓度,增强了耐受乳酸的能力。

4.技能主导类表现难美性项群

此类项目对于专项耐力的要求是以最佳技术重复完成完整比赛动作的能力。例如体操、艺术体操、跳水、花样滑冰、花样游泳等项目。

训练方法如下：

①完整练习重复法。包括规定练习动作套数的重复法和规定练习时间的重复法。规定练习动作套数的方法是指让运动员尽量以比赛规格的动作质量完成某一数量的动作套数。而规定练习时间的重复法是指让运动员在规定的时间内尽量以比赛规格的动作质量进行专项动作的练习。例如在体操的训练中可规定运动员一次性完成5~15遍整套动作练习或规定在一定的时间内持续地进行某一套专项动作的练习。

②分段练习重复法。是指对有整套动作中的某一技术环节的多次重复练习,例如体操训练中原地连续侧空翻、前空翻、连续趋步腱子、腱子小翻等。

③间歇训练法。20世纪50年代,德国心脏学家赖因德尔和教员倍施勒提出间歇训练理论,认为训练时心率达170~180次/分钟,间歇后心率达100~125次/分钟时再进行训练,此种训练方法主要发展的是磷酸原供能系统。例如在跳水训练中,一次高空跳水结束后,规定此运动员在某一较短时间内立即进行下一次的跳水练习。又如在体操训练中,完成一套体操动作后,稍作休息再接着进行下一套体操动作的练习,在两次练习之间严格对时间进行控制。

5.技能主导类对抗性项群

此类项目对于专项耐力的要求是能在整个比赛过程中持续表现出最佳的技能和体能。例如羽毛球、乒乓球、网球、击剑、摔跤及散打等以个人为主的运动项目。

训练方法如下：

①超量比赛法。这是指超过正式比赛时间或局数的训练方法。例如,排球可以打7局4胜,羽毛球可以打5局3胜,散打训练比赛持续4分钟以上(正式比赛3分钟一局)。

②单个动作多次重复法。这是指对有整套动作中的某一技术环节的多次重复练习。例如乒乓球训练中教练规定在一定的时间内尽可能完成多次比赛规格的持拍挥臂动作,又如在拳击训练中要求快速完成几百次甚至上千次出拳,直至力竭。

6.战能主导类同场对抗性项群

此类项目对于专项耐力的要求是能在比赛的整个过程中持续表现出最佳的战术意识、技能和体能。例如篮球、足球、水球及冰球等团体性运动项目。

训练方法如下：

①超量比赛法。这是指超过正式比赛时间或局数的训练方法。例如我们在足球训练中,90分钟的足球比赛,可以打120分钟或更长的时间。正式篮球比赛要打4节,可以在训练中打6节甚至更多节数。

②高原训练法。这些长时间的运动项目对有氧耐力的要求特别高,高原训练法是发展有氧耐力的特别有效的方法之一。近些年,我国采用赛前高原训练的方法,在某些项目中已取得了一定的训练效果。例如我们可以在高原环境中进行足球队的训练,发展运动员的心肺功能与机体在低氧环境中的耐受力。

③持续训练法。这是一种负荷强度较低、负荷时间较长、练习过程并不中断的练习方法。持续训练法是根据重点发展有氧代谢水平而提出的。该法十分强调一次负荷运动的持续时间应该长于其他方法一次负荷运动的持续时间,强度适中,心率负荷指标应在每分钟130~160次之间。

④间歇训练法、间隔训练法和折返跑也是训练篮球和足球运动员专项耐力的很好的方式。

四、专项柔韧

(一)概念界定和分类

从物理学的角度来看,柔韧素质是指物体在受力变形后,不易折断的性质。从解剖学的角度来分析,柔韧素质是指人体关节活动幅度的大小以及跨过关节的韧带、肌腱、肉、皮肤以及其他组织的弹性和伸展能力。它包括两个方面的含义:一个是关节活动幅度的大小;另一个是跨过关节的肌肉、肌腱、韧带等软组织的伸展性。关节的活动幅度主要取决于关节本身的解剖结构,跨过关节的肌肉、肌腱、韧带等软组织的伸展性,则主要通过先天遗传和后天训练获得。因此,我们认为,柔韧素质,就是人体通过先天遗传和后天训练获得的关节活动幅度的大小,以及关节周围软组织的伸展能力。

柔韧素质可以分为一般性柔韧和专门性柔韧两种。一般性柔韧通常指运动员在进行一般训练时,为适应和保证一般训练顺利进行所需要的柔韧素质。例如,球类运动员在速度练习时加大步幅所需要的腿部柔韧性;田径运动员负杠铃进行深蹲练习时需要的大腿后群肌肉所表现出来的柔韧性等。专门性柔韧即是专项运动技术所特需的柔韧性(专项柔韧)。例如,体操运动员为完成各种器械练习时所需要的肩、髋、腰、腿等部位的大幅度活动,游泳运动员在比赛中需肩、腰的大幅度活动等。专门性柔韧是建立在一般性柔韧基础上的。一般来说,由于柔韧性质极少有选择性,因此,同一身体部位所具备的柔韧性在各种不同的运动项目中都可以表现出来,只是幅度大小不同而已。

(二)专项柔韧的训练机理

影响柔韧素质的因素有很多,包括人体解剖特征、神经活动过程特点、心理因素及身体状况等。大致有以下几个方面。

1. 肌肉、韧带组织的弹性

肌肉、韧带组织的弹性是影响柔韧素质的最主要因素。遗传对它们有着一定的影响,但也取决于男女性别、年龄特征及中枢神经系统的兴奋性。在中枢神经系统的影响下,肌肉的弹性会产生显著的变化,如比赛中情绪高涨,柔韧性会有很大程度的提高。

2. 关节的骨结构

关节的骨结构是影响柔韧性诸因素中最不易改变的因素,基本上完全由遗传所决定。虽然训练可以使骨结构产生部分的变化,但也仅表现在关节内软骨形态的变化方面。而且这种变化只能局限在关节骨结构许可的范围内。

3. 关节周围组织的体积大小

关节周围组织体积的大小对关节活动起着限制作用。它一方面受先天遗传的影响,另一方面也受后天训练的影响。往往由于这些关节周围组织体积的增大而影响柔韧素质的发展,如有些肌肉体积增大就影响其周围关节的活动幅度。

4. 神经活动过程特点

神经活动表现为兴奋与抑制的转换。这一转换过程的灵活性与运动活动中肌肉的基本张力有着密切的关系,特别表现在中枢神经系统调节对抗肌之间的协调,以及对肌肉紧张和放松的调节。由于神经活动过程分化抑制的发展程度对运动员随意放松能力起重要的作用,因此与柔韧素质有着密切的关系。神经系统能很好地改善对抗肌之间的对抗程序,这将使肌肉放松与紧张的调节能力得到提高,使柔韧性得到良好的表现。

5. 心理紧张度

运动员表现出来的心理变化可以通过中枢神经系统、体液调节等影响到有机体各部位的工作状况。心理紧张度过强、过长会使神经过程由兴奋转为抑制,严重影响各部位的协调能力,从而影响柔韧性;反之,如心理紧张度适度,则有助于柔韧性的表现。

6. 外部环境的温度和表现柔韧性的时间

18℃以上的外界温度是表现柔韧性的最适宜温度,18℃以下则对柔韧性的表现不利。在一天的不同时间内,运动员的柔韧性也不相同。虽然这与一天内外界温度的变化有关,但更重要的是一天内有机体的机能状态存在着一定的变化。

许多人以为早晨人的柔韧性好,其实是一种误解。利用早晨进行柔韧性练习主要是因为肌肉内的张力通过一夜睡眠已得到调节,多余的肌紧张已得到消除,肌肉处于松弛状态,韧带易于拉开。

7. 主动柔韧性与肌肉的力量有关

有机体某部位的力量大,有助于增大这个部位的活动幅度,显而易见,这个部位的主动柔韧性就必然好。但是力量训练使这部位周围的肌肉组织、韧带等软组织体积增大,那也将影响到关节的灵活程度。因此,在练习时可采用力量练习和柔韧性练习合理结合的方法,克服因力量训练带来的不良影响,从而使这两种素质的发展都达到很高的水平。

8. 有机体疲劳的程度

在有机体疲劳的情况下,柔韧性会产生很大的变化,这时主动柔韧性指标下降,而被动柔韧性指标则会提高。

在运动活动的实践中,准备活动做得充分与否、训练时间的长短等非本质性因素对柔韧性也有相当明显的影响。

9. 年龄与性别

(1) 年龄

根据人的自然生长规律来看,初生的婴儿柔韧性最好。随着年龄的递增、骨的骨化过程、肌肉的增长,人的柔韧性逐渐加强。柔韧性的增长在10岁以前自然获得发展,10岁以后随年龄的增长,柔韧性相对降低。特别是髋关节,由于腿的前后活动多,加之肌肉组织增大,使左右开胯幅度明显下降。因此,在10岁以前就应进行柔韧练习,使自然增长的柔韧性得到提高。

在10~13岁这个年龄应充分发展柔韧练习,因为这个年龄段是性成熟前期,骨的弹性增强,肌肉韧带的弹性、伸展性仍有较大的可塑性,进行充分柔韧练习,使各关节幅度达到最大的解剖限度,充分提高肌肉韧带的伸展性,不仅能提高各关节的柔韧性,而且对身高增长也是有利的。

13~15岁为生长期。在这个时期骨骼生长速度超过肌肉的生长,因此柔韧性有所下降。在这个时期要特别注意身体发育的匀称性,多做全身性的伸展练习,巩固已获得的柔韧效果。

在16~20岁这个年龄,整个身体发育趋向成熟,可加大柔韧负荷、难度,从而在已获得的柔韧基础上,进一步获得专项所需要的柔韧素质。

(2) 性别

根据生理解剖特点,男子的肌纤维长,横断面积大于女子,伸缩度较大,全部肌纤维的3/4强而有力;女子的肌纤维细长,横断面积小于男子,伸展性好,对关节活动限制小,全身仅有1/2的肌纤维强而有力。因此,女子关节的灵活性优于男子。

(三) 专项柔韧训练

专项柔韧的训练,不同的项目有其不同的训练方法,但在同一运动项群中,柔韧素质的训练方法有值得借鉴的地方,现按不同运动项群介绍其中每一运动项目专项柔韧训练方法。

1. 技能主导类表现难美性项群

此类项目对于专项柔韧的要求是,运动员以最佳的技术富有美感地完成完整的比赛动作并减少损伤可能的能力。例如:体操、花样滑冰、艺术体操、跳水、花样游泳等项目。以体操为例。发展运动员柔韧素质的方法有两种,即被动和主动,也称消极和积极。被动柔韧练习是指依靠外力的作用促使关节灵活性增大,这一方法可使柔韧指标迅速提高,但与实际应用有一定的距离,运动员承受的痛苦较大。主动柔韧练习是指通过与某关节有关肌肉收缩来增加关节灵活性的方法。这一方法与专项动作的表现形式相一致,易于体现在体操动作之中,但要想在原有的基础上进一步提高比较困难。由于这两种方法各有利弊,在体操训练中多结合使用。

(1)体操运动员柔韧素质训练方法

①单人或双人的各关节伸展练习。

②采用各种方式、方法拉长肌肉、韧带、肌腱等结缔组织,如甩腰、吊腰、劈叉、压腿、踢腿等多种训练方法。

③专项动作模仿练习,如大幅度振摆、后软翻、吊环后转肩等。

(2)体操运动员柔韧素质训练负荷

①练习强度:开始以中等强度为宜,最后可达80%以上。

②练习时间:每次可控制在10~20秒,时间不宜太长。

③间歇:完全恢复,可做积极性放松活动。

④重复次数:5~10次。

⑤练习次数:3~5组为宜。

2.技能主导类隔网对抗性项群

此类项目对于专项柔韧的要求是,能在整个比赛过程中完整地完成每个技术动作,增加动作的幅度,避免受伤。如羽毛球、乒乓球、网球等以个人为主的运动项目。

现以乒乓球为例,试作说明。乒乓球运动的柔韧素质主要表现为动力柔韧性,即肌肉、肌腱、韧带根据动力性技术的需要,拉伸到解剖学允许的最大限度能力,随即利用强有力的弹性回缩力来完成所要完成的动作。所有爆发力拉伸都属于动力柔韧。静力柔韧性是肌肉、肌腱、韧带根据静力性技术动作的需要,拉伸到动作所需要的位置角度,控制其停留一定时间所表现出来的能力。

柔韧素质的训练方法有两种,即主动或被动形式的静力拉伸法和主动或被动形式的动力拉伸法。这两种训练方法的特点都是在拉伸作用下,有节奏地逐渐加大动作幅度或多次重复同一动作,使软组织逐渐地或持续地受到被拉长的刺激。

(1)主动或被动的静力拉伸

主动或被动的静力拉伸是指缓慢地将肌肉、肌腱、韧带拉伸到酸、胀、痛的感觉位置,并略微超过,然后停留一定时间的练习方法。这种方法可以减少或消除超过关节伸展能力的危险,防止拉伤。由于拉伸缓慢不会激发牵张反射,一般要求在酸、胀、痛的位置停留8~10秒,重复3~5次。

(2)主动或被动的动力拉伸

主动的动力拉伸方法是靠自己的力量拉伸,被动的动力拉伸方法是靠同伴的帮助或负重借助外力的拉伸,但外力应与运动员被拉伸的可能伸展能力相适应。

采用有节奏的、速度较快的、幅度逐渐加大的、多次重复一个动作的拉伸方法时,用力不宜过猛,幅度一定要由小到大,先做几次小幅度的预备拉长,然后再加大幅度,以免拉伤。每个练习重复3～5次。

①双人搭肩,躯体压肩。两人面对面站立,距离适中,手扶对方肩,做前屈压肩练习。也可做单人压肩练习。身体面向球台或肋木,双手扶球台或肋木做双手压肩或单手压肩练习。

②并肩站立,头上手拉手同时做侧弓步。

③双人背向拉肩练习。双人背手站立,背向两手拉住,同时向前做弓箭步前拉。

④三头肌头上伸展。站立,抬臂向上伸展。屈肘,用另一只手抓住肘部,向内、向下牵引直至上臂后侧肱三头肌感到伸张为止。牵引持续7～10分钟,保持身体不前倾。要注意,双臂向后伸展不能过度。

⑤内收肌水平牵引。成坐姿或站姿,将一只手臂搭在身体异侧肩上,用另一只手臂推压肘部横向牵引,持续7～10秒,用另一只手臂重复这一动作。一只手臂搭在身体一侧的肩上时可伸直手臂内转,手心向外,拇指指向地面,用手臂推压肘部,牵引肩背肌群即可达到伸展目的。

⑥举臂。双臂身前平举,手心向上。用一只手向后、向下伸展腕关节,持续7～10秒,重复3次;向前、向上伸展,腕部保持7～10秒,重复3次。换另一只手臂重复一组练习。

⑦身前直臂重复练习。掌心朝下,用一只手向前、向下伸展腕关节,持续7～10秒,重复3次;换另一只手向前、向下伸展腕关节,持续7～10秒,重复3次。

⑧借助同伴压肩振臂练习。练习者并腿坐在垫子上,臂上举,同伴在背后一边向后拉其双手,一边用脚蹬练习者肩背部,向后拉肩振胸。

⑨正、侧压腿练习。前后左右劈腿练习,可独立前后振压,也可以将腿部垫高,由同伴帮助下压。

3. 体能主导类快速力量性项群

此类项目对于专项柔韧要求主要是,增加肌肉的弹性,加大关节活动幅度,保证在完成技术时进行大幅度的动作,有利于提高节奏控制能力、动作的高度协调性,以及防止受伤,起保护作用。

如投掷类项目的柔韧性训练基本上采用拉伸法,分为动力拉伸法和静力拉伸法。在这两种方法中都有主动、被动拉伸两种不同的训练方式。身体的各个环节肌肉、关节的主动和被动的大幅度伸展和牵引练习通常安排在准备活动和主要练习之间。具体训练内容根据运动员个体情况而定。一般采用肩关节柔韧练习、徒手和带重物做两肩向前或后的绕环的练习、徒手压肩等。

腰部和髋部练习采用站立前屈、俯卧背伸、转体、甩腰及绕环、交叉步跑、正面大步转髋、负重弓箭步走等。不仅要加强柔韧性,还要注意发展各个环节的伸展性和肌肉的弹性,根据专项特点,优先发展肩部和躯干部位的柔韧性。柔韧性练习必须经常进行。

4. 体能主导类耐力性项群

此类项目对于专项柔韧要求主要是可以增加关键关节的柔韧性和灵活性,有利于提高专项要求的运动步幅和技术,配合耐力提高竞技能力。如竞走、中长跑、长跑等运动项目。现以竞走运动员的柔韧性训练为例。

竞走运动员的柔韧素质直接影响竞走运动员的步幅和技术,尤其是髋关节的柔韧性和灵活性。采用身体各个环节肌肉、关节的主动和被动的大幅度伸展和牵引练习,通常安排在准备活动和主要练习之间。根据竞走运动员的特点,在练习时提高运动员的肩、髋、膝、踝等关节的柔韧性和灵活性,适当增加身体围绕垂直周转动的幅度,提高肌肉紧张和放松能力,以改善动作的协调均衡性、协调能力。柔韧素质训练一般采用垫上或肋木的静力拉伸练习,在最大动作范围姿势下保持5～30秒;原地或行进间动力性练习;原地的模仿竞走转髋、两手支撑转髋跳等练习。竞走运动员的协调、柔韧素质及协调能力的训练不是单独进行的。要与专项技术训练结合并贯穿于运动员训练的全过程。

5. 体能主导类速度性项群

此类项目主要是更有利于运动技术的掌握和肌力的发挥,如游泳、短距离跑等项目。以游泳为例,其练习方法可分为以下几方面。

(1) 动力牵拉

动力牵拉是指有节奏地、速度较快地、幅度逐渐加大地多次重复一个动作的拉伸方法。在运用该方法时,用力不宜过猛,幅度要由大到小,从而避免拉伤。每个练习重复5～10次。

(2) 静力牵拉

静力牵拉与动力牵拉正好相反,是轻柔、缓慢地将关节移到最大活动范围内,将肌肉、肌腱、韧带拉伸到一定的酸、胀、痛的感觉位置并略有超过,然后停留一定时间的练习方法。这种方法可以减少或消除超过关节伸展能力的危险性,防止拉伤。由于拉伸缓慢不会激发牵张反射,一般要求在酸、胀、痛的位置停留5～60秒,重复6～8次。

(3) 被动牵拉

被动牵拉是静力牵拉的一种,由他人施加的一个压力,即在同伴的帮助下或负重借外力的拉伸使活动幅度增大。但外力应与运动员被拉伸的程度相适应。

(4) 慢速动力拉伸

慢速动力拉伸是用比较慢的速度进行动力拉伸,可与静力牵拉结合进行,当关节移到最大幅度时静止5秒或更长的时间。

(5)收缩—放松法

收缩—放松法是根据神经肌肉的本体感受特征发展起来的。其根据是当肌肉先收缩时,可以更充分地放松,使活动幅度增大。

牵拉的程度比牵拉的方式更为重要,但有两种方式潜在的危险性比较大,应尽量避免。动力牵拉是最危险的,因为正在快速运动的肢体很难被控制,所以容易造成过度拉长。被动牵拉也比较危险,一个强壮而热心的同伴很可能将被牵拉者的肌肉和肌腱拉伤。不过,被动牵拉比较适合于踝关节的牵拉练习,因为这个关节不容易被过度牵拉,而且被动牵拉的效果很好。

每次训练前后应安排 10~20 分钟的牵拉练习,这样有利于运动员在游泳专项训练时增大动作幅度,同时改进技术。建议静力牵拉和收缩—放松牵拉持续 6~60 秒,因为训练效果可能带到活动范围,极限在开始数秒时就已经产生,过长的牵拉可能是浪费时间。每次练习可进行 3~6 组,每组 10~15 次。进行任何素质训练的同时,也伴随着调节器、结构代谢方面的改变。然而,适应变的过程取决于负重力量、肌肉收缩的方式、速度及练习的持续时间、肌肉组织的个体结构。

第六章 身体形态、身体机能及训练

第一节 身体形态的概念及其意义

一、身体形态的概念

身体形态是指人体外部与内部的形态特征。反映外部形态特征的指标有：高度(身高、坐高、足弓高等)、长度(腿长、臂长、手长、头长、颈长、足长)、围度(胸围、臂围、腿围、腰围、臀围等)、宽度(头宽、肩宽、髋宽)和充实度(体重、皮脂厚度等)等。反映内部形态的指标有：心脏纵横径、肌肉的形状与横断面等。

科学研究证明：环境(自然环境、地理环境)和遗传等因素对身体形态有很大影响。例如，人体形态特征服从于伯尔格曼和阿尔林气候法则。即在恒温动物范围内，人类身体尺寸通常随环境气温的降低而增加。生活在低纬度环境中的人通常具有体重小，四肢长，肩、髋狭窄的体格特征；高纬度环境中的人具有胸廓、骨架发达，躯干长，四肢短的体形特点；但是，久居高原、高山地区的人，其体形特征则是胸廓外形和骨骼长度相对增加，主要生理特征为肺活量大，血液中氧饱和度增加。不同地区人体形态的变化表明，人的身体形态结构特点在很大程度上依附于自然环境和地理环境。

二、身体形态的意义

第一，身体形态与运动成绩有密切联系，不同的运动项目对身体形态有不同的要求，而遗传和环境等对身体形态起着重要的决定作用，因此，选材时应从遗传等多因素出发，把具有优越身体形态条件的儿童少年挑选出来。

第二，身体形态在一定程度上反映着相应的生长发育水平、身体机能水平和竞技水平，身体形态在一定程度上影响着运动素质的发展。因此，应采用系统科学的方法对运动员的身体形态进行训练，以适应创造优异专项成绩的需要。

第二节 各项群运动员的身体形态特征

一、体能主导类速度性项群

如短跑、短距离游泳、短距离自行车、短距离速滑等。身体形态的共同特征是：体型匀称、身体健壮、肌肉发达、膝踝关节围度较小、髋宽度适中、臀部肌肉向上紧缩、足弓明显、跟腱细长且清晰。

二、体能主导类力量性项群

跳跃、投掷、举重等项目运动员身体形态各有不同。跳跃项目要求运动员身材修长、下肢占身高的比例大、小腿相对较长、跟腱较长、踝围相对较小。投掷项目运动员的身体表现出大型化的趋势,指间距一般可超过身高5～10厘米,肌肉发达。世界优秀男子铅球运动员的克托莱指数(体重/身高×1000)在610～640之间,铁饼运动员略低一些,标枪运动员更低;对运动员的肩带和躯干肌群要求很高,躯干呈桶型;手长也是投掷运动员的重要特征。举重是按体重分级别比赛的项目,运动员的体形特征是小级别身材较矮,大级别身材相对较高大,总体特征是体格健壮,体形匀称,骨骼粗大,胸脯厚实,皮下脂肪少,肌肉线条明显,四肢发达有力,肩宽、手指长、臀部肌肉紧缩上收等。

三、体能主导类耐力性项群

体形特点是身高中等,腿较长,体重较轻,脂肪少。如男子长跑运动员的理想身高在170米以上,女子长跑运动员的理想身高在160米以上。中长跑运动员的总体要求是身材匀称修长,脂肪少,肌肉强健、富有弹性,腿长超过身高的一半或与躯干相等,小腿相对较长,骨盆较窄,臀部肌肉紧缩向上,膝、踝关节围度较小,足弓较大,跟腱明显等。

四、技能主导类表现准确性项群

身体正常而匀称,中胚叶型居多。射击和射箭运动员在体形上没有明显的要求,但不同单项对运动员要求有所不同。如手枪运动员要求臂短一些,手大指长。步枪运动员要求臂长一点,臂展等于或者略超过身高。射箭运动员要求臂展比身高略长,同时要求手大指长,以利于开弓时的直线运动。

五、技能主导类表现难美性项群

身体匀称,五官端正,女子颈部略长,锁骨和肩胛骨较平,四肢稍长,手臂较直,小腿长于大腿,膝关节平直,踝关节略细,跟腱细长清晰,手脚大,骨盆狭窄,臀部肌肉向上紧缩,肌肉呈条型。

六、技能主导类对抗性隔网对抗项群

运动员体形有不同要求。排球运动员身材高,四肢较长而坐高相对较短,皮脂薄,去脂体重及体质密度大,臂长,手较宽,骨盆相对较窄,小腿长,踝围细,跟腱长。乒乓球项目要求运动员身材匀称、手臂略长、体重适中、腰短、足弓深等。网球运动员体型要求身高适中、身材匀称、手臂略长、臀部小、踝围细、足弓深。

七、技能主导类对抗性同场对抗项群

身体形态特征可概括为身材高大、胸廓大、手大、脚大；腿长、小腿长；臀部小、踝围小。例如，世界水平的优秀篮球运动员男子身高 2 米以上，女子 1.90 米以上，体形修长，皮脂薄，手大，指间距较大，手臂长而直，腿直而长（腿长超过坐高），臀部较小，踝围细，跟腱长。男子足球运动员身高大致分为 1.75 米左右的"速度力量型"，身高 1.85 米左右的"高大灵活型"，其中守门员身高在 1.90 米以上，后卫身高在 1.85 米左右。要求下肢较长，而且粗壮有力，跟腱清晰，足弓较大。

八、技能主导类对抗性格斗对抗项群

要求运动员有较高的身高和较长的四肢，身高和体重保持恰当的比例。身高和四肢较长的击剑运动员可获得有利于接触目标的优越条件。摔跤、柔道、跆拳道、散打和拳击运动员要求四肢较长，肌肉发达有力。

第三节　身体形态训练的方法与要求

一、身体形态训练的方法

体能训练和专项训练是运动员身体形态训练的主要途径，其原因主要在于以下两点。

第一，科学、系统而又适合专项需要的各种体能训练方法对身体形态都有积极影响，根据需要运用相应的体能训练方法，可以对运动员的身体形态产生最佳影响，有利于创造优异的专项运动成绩。

第二，任何科学合理的专项训练手段对促使身体形态向专项需要的方向发展都有显著作用和积极的促进，几乎所有项目运动员的身体形态训练基本上都是通过专项训练手段和专项训练方法实现的。因此，专项训练是改善和提高身体形态的重要内容。

此外，其它一些特定的形体训练手段，如舞蹈、芭蕾、健身操、持轻器械体操等，对提高运动员的协调能力、节奏感以及形成良好的运动姿态和身体姿势都有积极意义。

二、身体形态训练的要求

（一）应注意遗传因素的影响

在运动员身体形态各项指标中，有的指标遗传度很高（如高度、长度和宽度指标），有的

指标遗传度较低(如体重等充实度指标)。因此在选材时,应重视高度、长度和宽度等形态指标,而与肌肉有关的体重等充实度指标,则应更多地依靠后天的训练加以改善和提高。

(二)要根据项目特点安排身体形态训练

由于各个专项竞技能力的主导因素不同,而这些专项竞技能力又都对特定的身体形态具有一定的依赖性,因此,必须根据专项的需要及其对竞技能力的需求特点,安排相应的身体形态练习方法与手段。

(三)要根据生长发育的形态特征安排身体形态训练

人体在不同年龄阶段的生长发育有不同的特征,一般是先长高度,后长宽度、围度和充实度。心脏发育过程中先加大心脏容量,后增厚心壁肌肉,与其相应的竞技能力发展的敏感期亦有不同,身体形态训练应与之相适应,而不可颠倒。

(四)要采用多种方法和手段改善身体形态

影响身体形态的因素有很多,如遗传、环境(自然环境、地理环境、气候等)、生活习惯、饮食等都会在一定程度上决定或影响运动员的身体形态,因此身体形态的训练不能只从训练的角度出发,也应注意其它手段的运用。例如,技能主导类表现难美性项目体操、艺术体操、花样滑冰、跳水、健美、健美操等对运动员体形和相对力量等都有很高要求;而摔跤、拳击、举重、散打、跆拳道等按体重分级的项目除了大级别外,对体重均有限制,对相对力量水平等体能素质也有很高要求。因此,必须注意饮食和营养的控制,要养成良好的饮食和生活习惯。

第七章 现代运动训练的发展与创新研究

第一节 现代运动训练发展的内涵与特征

运动训练是竞技体育的重要组成部分,是有计划地提高和保持运动员竞技能力的实践活动,这种实践活动的目的是通过运动竞赛,在与对手的较量中取得优异的成绩。纵观现代体育的发展过程,始终是人类不断向自身极限挑战的过程,每一优异成绩的出现,无不是运动训练理论发展的结果。发展就其本身来说属于一种创造性的活动,是在特定的领域体系内并在一定的物质技术基础上所进行的发明或改进。运动训练理论的发展则是指在现在运动训练理论和技术实践的基础上,发展主体在运动训练理论领域中对发展客体所进行的发明或改造,并实现一定社会价值的创造性实践活动。

一、运动训练发展的内涵

运动训练理论的发展是竞技运动水平得以发展的重要动因,只有不断的理论发展,才有各个项目的技术水平的不断提高。

(一)发展是运动训练的本质要求

竞技体育是在最大限度地挖掘和发挥人在体力、心理、智力等方面的基础上,以提高运动技术水平和创造优异运动成绩为主要目的的一种运动活动过程。竞技体育的核心是不断提高运动员的竞技水平,创造优异运动成绩。运动训练是竞技体育实现其目的的实践活动之一,具有创造性探索和研究的性质,也就是说运动训练是一个不断探索创新和不断发展的过程。现代竞技运动水平的高度发展,新纪录的不断涌现是与运动训练的创新发展分不开的。

(二)现代科技的进步促进运动训练的发展

科学技术的发展是现代运动训练理论发展的基础,可以说,没有科技的发展就没有现代运动训练的发展。现代科学技术的发展,特别是高科技、新材料在竞技体育中的广泛应用,给运动训练的发展带来了一场深刻的革命,大大提高了训练的效益和效率。

(三)运动训练理论的发展是运动竞赛的需要

运动竞赛是竞技体育最主要的特征,是竞技体育的核心。运动训练的成果必须通过竞赛来体现,只有通过竞赛才能实现竞技体育的目的,没有竞赛就不能称之为竞技体育。体育竞赛永远不会只停留在一个水平上,而是不断地向前发展。激烈的竞争以及迅速提高的竞技水平,必将给参赛者带来新的问题和新的要求,竞争的激烈性迫使技术、战术和体能的训练必须不断提高,才有可能赶超先进水平。

二、运动训练发展的主要特征

（一）运动训练理论项群层次的界定

一般和专项训练理论各有着自己的研究领域和适用范畴。但一般训练理论对各个专项的训练有着普遍的指导意义。随着运动训练实践的发展,这两个层次中间出现明显的断裂。由于一般训练理论不断细化的发展趋势和专项训练学受到视野的局限及训练中多种因素并存,运动训练理论逐步有了项群区分。高深的专项训练特点各异,只有借助项群的梯阶方可宏观立论。项群的划分主要是依据竞技能力的主导因素,这样就可以准确地把握项目的项群特点和制胜规律,以至于在艰苦的训练中方向性地加强各竞技能力的练习——这就是项群思想的重要价值。此外,项群理论也有助于重新确定训练手段的分类、归属。

（二）运动训练的专项化

现代运动训练的发展特别重视对决定各项目成绩的关键因素及项目特征的研究和探索,不断加深对专项规律和特点的认识,从而设计在动作结构、肌肉用力特点、动作幅度、角度和速度等方面均与专项技术动作相似或一致的练习手段。专项的训练和提高是项目运动训练区别于其他体育项目的典型特征。这一特征由有运动训练的最终目的所决定的。运动训练的最终目的是要创造前人所未达到的运动成绩,而运动成绩的发展证明,一个运动员要想在几个不同性质的比赛项目上同时达到世界水平是很困难的,甚至是不可能的。这不仅是因为运动员的运动生涯短暂,必须从开始就要集中精力进行某一专项训练方能有所成就,而且由于现代比赛规则的改变大都利于专项本身技术的发展,因此比赛规则也促使训练内容更加突出专项。现代高水平训练的特点是围绕专项的需要设计训练内容,根据专项运动的规律有针对性地进行训练。

（三）运动训练负荷以强度为主的极限性

运动负荷由负荷量和负荷强度组成,训练中,通过增加负荷量和负荷强度,打破原来有机体的技能平衡,并使之达到新的平衡,以此周而复始的进行,逐步提高运动员的运动水平。运动训练使运动员机体功能呈螺旋形上升的过程,其实质就是运动负荷适宜刺激的过程。在以前的运动训练中,人们将重点放在大运动量方面,长期进行大运动量、低强度的训练使运动员出现疲劳状态,完成动作的速度减慢,训练质量得不到保证,不符合专项训练的特点,尤其对快速爆发力项目不利。如今训练的负荷安排以强度为主,或者说以强度作为训练负荷的灵魂,即使在准备期训练中,也有一定比例的大强度训练,主要是专项完整技术和速度爆发力训练,而训练时间和负荷数量相对减少,这样的训练,针对性强,可以有效地发展专项素质与改进专项技术,而且易于培养和控制运动员的竞技状态,更加适应比赛的要求。

(四)运动训练的系统科学性

通过长期的训练,能够产生训练适应。人体机能的适应性改造包括中枢神经系统的改造,都不是在短期内所能奏效的。训练对提高运动员竞技能力的影响,只有通过人体内部的适应性改造才能实现。由训练产生训练适应必须适合生物学规律,应使运动员在生物学方面发生有益的变化,使其成为运动员有机体良性的积累反应。由于长期训练过程中易受多种因素的影响,因此,必须对训练过程加以科学的控制。而运动训练的系统性和计划性,就体现在依据科学知识和成功经验所制定的训练结合上,因此,它又是运动成绩系统发展的保证。

由于运动员个体之间存在着差异,即包括先天性差异和后天性差异。而运动训练对个体来说是要充分发挥长处、弥补不足、挖掘潜力的过程。在集体项目中,运动员由于位置和分工不同,也需要根据运动员的特点合理安排训练,所以说运动训练基本上是一个个体的训练过程。

(五)以赛代练,追求运动训练手段和内容的实效性

比赛是训练的杠杆,只有通过比赛,运动训练的成果才能得到社会的公认。比赛对运动员所处的状态有着特定的要求,在大多数情况下,运动员在比赛中都怀着强烈的取胜欲,以充沛的体力投入到预定的比赛中去。因此,比赛的安排对训练活动的组织有着重要的影响。此外,人们还常常将某些比赛作为特定的训练手段,发展重大比赛所需要的某些专门品质和能力,或通过准备性比赛及适应性比赛检查训练的效果,检测新的技术是否稳定、新的战术是否具有预期的威力。运动训练的最终目标是创造优异的成绩,而优异的成绩只有通过比赛才能获得。由于受多种因素的影响,在比赛中并不是所有运动员的水平都能得到体现,因此,通过不断地参加比赛,以此提高临场比赛或者说是参赛能力也便成为运动训练的一个重要组成部分。

(六)运动训练调控的必要性及应变性

现代信息科学中的控制论的发展为科学的调控运动训练过程提供了重要的理论依据。运动训练过程是一个有组织的社会性行为,因此,需要对其进行有效的管理。其中,对运动训练的全过程实施科学的调控,制订科学的训练计划,是实施科学训练、取得理想训练效果的重要环节。而在竞技比赛和运动训练中,由于经常会因受各种因素的影响而使训练和比赛过程产生意想不到的变化,原定的训练计划和对训练和比赛过程的设计都需要给予相应的调节,实施必要的变更,以力求原定训练目标的实现。而在内外条件产生巨大变化、原定目标已不可能实现时,则应调节训练目标及各相应环节训练工作的要求。

(七)运动医务监督的超前性与运动员营养结构的科学性

在运动训练的实践中。疲劳是客观存在的,运动损伤也是不可避免的,治疗、恢复过程

固然必不可少,但预防更为重要。

任何训练目标的实现,无论其技、战术训练安排的如何周密,如果没有科学、系统的医务监督与其配合,其目标的实现就可能受阻,通过各种恢复手段,来有效地对运动员机体的能力进行科学的诊断,合理制订训练计划、安排运动负荷,最大限度地发挥运动员机体的潜能以提高训练效益和专项技术水平。

现代运动训练越来越重视训练与营养措施的结合,以增进运动员机体的健康水平,促进疲劳后的恢复,提供训练的质量,预防某些运动疾病的发生;通过将营养学的理论知识具体应用于改善运动员膳食的实践中,采取"强制性"手段和提高自觉性、主动性措施相结合,使运动员的膳食习惯得到较大限度的改善,使运动员学会科学的选择饮食,运动员碳水化合物摄入量增加,三大热能营养素的比例达到理想要求,运动员的膳食结构趋于合理化。

(八)现代科技支持的全面性及导向性

决策科学、人文社会科学、医学、力学、化学、数学与计算机科学的广泛知识都对运动训练有着巨大的影响,各种不同的科技理论、科技思想、科技方法与仪器器材都能在竞技体育领域发挥着各自的影响和作用。作为运动训练活动的直接任务,即运动员各种竞技能力(包括身体能力、技术能力、战术能力、心理能力和运动智能)的提高,都在很大限度上借力于现代科技的帮助与支持。

运动员状态诊断、训练目标的建立、训练计划的制订、训练活动的实施、训练效果的检查评定、训练状况的反馈调控直至训练目标的最终实现,都广泛地运用着现代科技的成果。

总之,现代运动训练作为一种非开放性的社会活动,区别于其他日常体育、休闲活动,具有其自身的发展内涵和特征。而上述这些也可能只是阶段性的产物,它们只是标志着当前运动训练发展的趋势。

第二节 现代运动训练的理论研究

一、从"周期理论"发展到"板块结构理论"

运动训练的传统周期论是20世纪60年代由苏联著名运动训练专家马特维耶夫创立的,其核心思想是以年度为时间单位,划分出准备期、比赛期和过渡期三个训练周期,并以训练量和训练强度,一般身体训练和专项训练在不同训练周期安排的不同比例为特点,即在准备期以训练量和一般身体训练为主,比赛期以训练强度和专项训练为主,从而构成了他的运动训练周期理论,这一理论表现出全年比赛安排呈单高峰的特征,该理论的提出,一直在我国训练领域占统治地位,深深地影响着我国几代教练员,同时也为我国培养了一大批优秀运动员。

随着竞技体育的不断发展,现代职业化比赛的数量急剧增加,而且比赛水平不断提高,传统的周期训练模式受到现代竞技比赛的挑战,在训练时间上明显跟不上竞赛时间表的节奏,在这种情况下,一些专家学者创立了"板块结构"训练理论学说,现在运动训练中的"板块结构理论"是以提高训练质量为出发点的一种训练理论,其理论依据建立在"一元论"基础上,"板块结构理论"遵循"一元论"的基本思想,认为身体素质训练和专项训练是密不可分的,身体素质训练要结合专项特点,具有明显的方向性,专项训练要有足够的强度保障,在训练中提高某个相关部位的素质,这种认识解决了身体素质训练与专项训练的矛盾,克服了传统训练周期理论以多种素质并行发展对运动成绩的不良影响,相对于传统周期理论在准备期内平行发展多种身体素质,"板块理论"集中3~4周有选择性地确定较少的需要达到的发展目标(不超过2个),使高水平运动员在相对集中的时间内,接受单一的或是两个比较大的训练刺激3~4个这样的板块构成了单个训练阶段,同时在年训练周期中通过比较高的训练负荷完成训练目标的转换,完成基础训练和专项训练的准备,完成各项赛事的检验,以赛代练、以赛促练成为高水平运动员的重要训练方式,准备比赛时也安排主要的基础训练,这就是"板块结构理论"的理论依据和核心内容,其符合当前高水平职业化比赛的需要。

二、从"超量恢复"发展到"生物适应理论"

20个世纪70年代一位叫雅考卢的学者,伴随马特维耶夫的理论提出了"超量恢复"理论,多年来这一理论学说为大运动量训练,训练的节奏、系统性等提供理论基础,也是传统周期理论的主要理论支柱,"超量恢复"指的是"运动成绩的动态在时间方面迟于训练负荷量的动态,成绩的加快增长不是出现在负荷量达到极高值的时刻,而是在它稳定或降低之后",或者说,人体机能能力和能量储备在恢复过程中,能源物质的补偿在一段时间内超过原有水平;在一定范围内,运动负荷越大,消耗越大,恢复过程也越长,恢复也就愈明显,由此使运动员的能力得到持续的提高,后来,通过对大量训练实践的观察,不少专家学者对此理论提出质疑;认为该理论一个重要问题是没有指出人体能力的极限,而实际上受遗传等因素的影响,人体承受负荷是有限的,并且有显著个体差异;运动员机体的适应是人体本来就存在的,而不应将其简单归结为超量恢复,质疑挑战周期论和超量恢复理论的学者提出了生物适应论,生物适应理论是从生物学和系统论的角度观察运动训练而提出来的,其核心是"结构决定功能",这一理念包括了以下几个方面的内容。

第一,运动训练是一个生物改造过程和生物适应过程,作为人,你给他什么样的刺激,他就会产生什么样的反映,多次反复的刺激,可以使人在大脑中进行自我组织处理,最终适应这种刺激,这是"结构决定功能"的基本观点。

第二,所谓适应,就是生物体在改变了的环境(训练环境、训练手段、训练量和强度)中,通过自身调节机制使本身技能与外界环境重新实现平衡的过程,适应的机理,是机体对外部条件刺激所做出的刺激反应,从运动实践来看,训练过程必须遵循辩证唯物论的三大运动规律(对立统一规律、质量互变规律、否定之否定规律),训练过程就是通过机体内不断发展的矛盾运动,打破原有的生理状态的内平衡,建立新的平衡,并通过量到质的不断转化,在否定之否定的过程中得到新的提高,在这一系列矛盾运动过程中,心血管系统、免疫系统、内分泌系统、氧转运系统、骨骼肌等系统的生理生化指标必然会发生一系列变化,但这种变化必须在一定限度之内,而且经过一定时间又恢复到正常值或接近正常值范围,也就是说,生理生化指标的正常值是相对的,正常只是机能恢复和赛前调整过程的一个重要环节。

第三,运动员大多数时间接受的是中、低负荷强度的刺激,运动员只会对这样的刺激产生生物适应,而这种训练强度与比赛强度要求相差甚远,按照适应理论,可以紧密结合比赛要求,经常以大负荷或超大负荷进行训练,可以最大限度地刺激运动员的神经系统,从而使机体逐步适应高强度的刺激,并产生适应,这样运动员在大赛中就可以表现出高的水平。

从以上三点可以看出,生物适应理论同我们在训练中一贯倡导的"三从一大"训练原则是完全一致的。

三、现代运动训练理论的发展

现代的运动训练把训练过程看作是机能性的运动系统。首先根据自身得项目特点来制订出完善技术的、发展的速度以及长期的训练大纲,其次在不同的中小训练周期中用来确定阶段训练负荷和重点发展目标。系统机能的发展以及提高主要以生物科学的理论为依据的,也就是运动员身体器官对训练负荷产生一定的适应性。我们用篮球作为例子来看现代的运动训练理论。运动训练的基本规律之一就是周期性地安排篮球运动训练过程。它的实质在于系统地重复各个完整的训练单元训练课、小周期、中周期和大周期,这样才能够让篮球运动训练水平呈波浪式地、阶段地发展以及螺旋形地上升。

随着时代的发展,运动训练是不断地往前发展的,而周期理论也应该不断地向前发展,从其产生至今天,很多的国家学者都对它进行了补充以及修改,这其中就包括马特维耶夫在内。在周期训练过程中应该考虑到运动员的个体差异以及项目特点,所以对于运动训练周期理论不应该简单地进行否定,而是应该全面地判断这一理论的科学依据是否具有普遍性意义。

可以说传统的周期训练理论对于运动训练学产生的影响是巨大的,而且到现在对那些超长距离以及长时间耐力性项目和全能多项的运动仍然具有积极的意义。不过,随着社会的进步以及现代竞技体育的发展,商业化的比赛越来越多地进入到竞技体育当中,比赛的强度越来越大。所以面对现代竞技体育的飞速发展,要能够充分地利用经济和科学技术的高速发展带来的高科技,密切联系运动训练实践,探索更加适合新的赛制的现代训练理论,这样才能够更好地促进体育的发展与进步。

第三节 现代运动训练的发展趋势

现代训练学已进入一个以多学科综合化和整体化为基本特点的新阶段,科学化训练已成为现代训练的核心问题。运动训练实践活动以及由此引起的理论与知识正发生着翻天覆地的变化,人们不再满足于最初仅仅依照师徒相传的经验训练,而是深刻地意识到,唯有将新思想、新观念、新理论、新科技成果、新方法与手段、新器材仪器运用到训练实践中来,才有可能将运动员培养成人,使运动员的竞技水平更快提高,才可能在当代激烈的国际竞技运动竞争中立于不败之地,这是当今世界范围内方兴未艾的运动训练科学化的总体发展趋势。概括与把握当今运动训练科学化的发展趋势,对转换我们的训练观念、训练思路,找出我国运动训练实践中存在的问题,为达到育人和夺标的竞技体育思想将起到重要作用。

一、树立系统训练观

从现代科学技术的发展轨迹看来,其中一方面是已有学科不断分化,并且呈现越分越细的状态,新学科、新领域也不断产生,呈现出高度分化的特点;另一方面是不同领域、不同学科之间相互结合、交叉与融合,向综合性、整体化方向发展,呈现出高度综合的趋势。而系统科学在这种发展趋势中所最具有的理论价值和指导意义是不可小觑的。

依据系统科学,把现代运动训练系统的体系结构分为四个层次:第一层次是系统工程与模型化训练,这是直接改造自然界的工程技术层次,是现代运动训练的新阶段——模型化训练阶段;第二层有运筹学、控制论、信息论、系统理论等,是系统工程的直接理论,属技术科学层次;第三层次是系统科学理论,它是现代运动训练控制基本理论;第四层次也是最高一层次是系统训练观,这是系统的哲学和方法论的观点,是现代运动训练控制基本理论通向马克思主义哲学的桥梁和中介。

从实践论观点来看,任何社会实践,特别是复杂的社会实践,都有明确的目的性和组织性,社会实践要在理论指导下才有可能取得成功,这个理论就是现代科学技术体系和人类知识体系所提供的知识。处在这个体系最高端的是辩证唯物主义,所以社会实践首先应受辩证唯物主义的指导。但仅有哲学层次上的指导还不够,还需要有各个科学技术部门、不同科学部门的科学理论方法和应用技术,甚至需要前科学层次上的经验知识和感性知识的指导和帮助。如何把不同科学技术部门、不同层次的知识综合集成起来形成指导社会实践的理论方法和技术,以解决社会实践中的问题,这就有个方法论和方法问题,我们可以借鉴综合集成方法来处理这类问题。

把控制的思想与概念引入到运动训练系统中,是一个重要学术思想。系统学不仅要揭示系统规律去认识系统,而且还要在认识系统的基础上去控制系统,以使系统具有我们期望的功能。

(一)最优化训练控制

最优化训练控制就是从实际出发,以所能达到的最高水平为目标,采取最符合客观实际的、最适宜的科学训练方法与手段,对训练全过程所实施的定时、定量、高效、低耗的训练控制过程。最优化训练控制原理是反映现代训练目标控制的训练控制理论,是以控制论为主要理论依据所确立的。运动训练控制的核心在于它是一个有目的、有方向、有计划的训练过程。一个完整的训练控制必须具有以下几个条件:第一,必须有施控的主体与被控制对象。施控的主体主要是教练员,也包括科技及管理人员等。被控制对象是运动员,但在运动员的自控系统中,运动员是施控系统,运动器械是被控对象。在训练中,既要发挥教练员和科技与管理人员的外控主导作用,又要发挥运动员自我控制的内控主体作用和他们对器械的外控作用;第二,必须有控制信息与前身信息控制通路。施控者主要是沿着前身信息控制通路将控制信息传递给运动员的;第三,必须有反馈信息与反馈信息控制通路。通过反馈获取反馈信息,再通过反馈装置对反馈信息加工处理,与原模型比对分析,找出存在的问题及产生问题的原因,修订原计划、方案,最后输入到控制器中,并由控制者重新进行新的控制;第四,必须使前身与反馈信息控制通路中传输的信息达到适宜的限度。

(二)整体化训练控制

整体化训练控制是依据训练系统的系统性和综合性特征,以及系统的功能放大原理,从训练系统的综合性调控和系统性调控两方面,对运动训练全过程实施的整体性训练控制过程。整体化训练控制包括纵横两个方面,一是反映横向联系的"综合化训练控制";二是反映纵向联系的"系统化训练控制"。综合化训练控制是指将影响训练效果的各种因素综合在一起进行较为全面的设计、规划和调控。综合化训练控制已成为现代训练的一个显著特征。表现在由多种竞技能力训练内容组成的综合训练内容系统和提高竞技能力的综合训练等。在实施综合化训练控制中应注意把教练员、科研与管理人员的外控作用与运动员自身的自控紧密结合,在现代运动训练中,越来越重视对运动员自控的训练。系统化训练控制是指运动训练的全过程是一个长期、系统和连贯的训练控制过程。训练系统的整体性效益很大限度上取决于各种训练因素在长期训练过程中的连贯性和系统性。这主要体现在各训练过程和训练阶段间衔接方式的系统性,各阶段开始时间与持续时间连贯性,各训练阶段训练控制作用优选与连贯,训练组织与管理的连贯性,训练计划安排的连贯性等。整体化训练一方面体现在系统化训练安排上;另一方面,体现在各训练阶段中各局部因素的综合调控和整体效益上,只有两方面综合考虑,才能保证训练控制功能放大效益的实现。

(三)信息化训练控制

信息化训练控制是以信息观为指导,以信息为基本条件,依据信息控制的基本规律,通过建立完善的信息系统,对运动训练全过程实施的训练控制过程。现在运动训练离不开信息,运动训练控制过程实则是信息控制过程,训练信息是实施最优化控制的必备条件。现代训练的信息控制特点包括以下几点:第一,现代训练已成为一个智力密集和智力协作的教育与社会活动过程。多学科人才的加入,教练员与运动员人才高智力结构比例加大,已成为现代训练的一个明显特点;第二,起决定作用的是知识信息,应该把主要的资金用于创造科学化训练条件、提高教练员智力水平和科学化训练水平上;第三,运动员运动成绩的增长,主要靠的是知识与信息。现代训练从拼体力价值观,转向以信息价值观、智力价值观和科学价值观为主,现代运动训练与体育竞赛已成为各国科技水平的竞赛;第四,教练员的权力与威信主要来自其自身的信息与知识水平;第五,对未来的研究与设计越来越重视以信息研究为基础;第六,小型化、多样化与分散化正成为现代训练管理的发展趋势。

(四)模型化训练控制

运动训练系统工程是指对复杂的整体训练系统实施最优化管理和调控的综合技术及科学方法。也是指运用精确化、最优化、数学化等科学方法来正确分析、规划、设计与管理运动训练系统的一项综合技术。它的主要任务是如何把训练控制的总目标分解为一些小目标;如何根据训练系统控制的总指标来确定各训练分系统的指标体系,即建立训练控制模型;如何协调训练系统各局部间的关系;如何根据总的工作任务和进程,设计好各局部工作环节的工作程序。训练模型是训练控制的依据,模型化训练控制在现代训练中体现在以下几方面:①训练全过程的科学化与模型化;②模型化训练控制就是指运用科学的方法建立各种科学的训练控制模型,并据此控制运动训练的全过程;③训练过程反馈调控的模型化;④训练过程程序调控的模型化;⑤个体化训练控制的模型化;⑥适应性训练控制的模型化。

二、运动训练的针对性与个性化、专项化与实战化、程序化

运动训练过程中有许多共性规律可循,由于运动训练的对象是人,世上没有完全相同的个体,有些个体甚至存在较大的差别。现代训练中,要针对每个运动员的竞技能力结构特点,确立适合于每个运动员个体特点的训练模式,实施个体化训练,如果再用群体模式对每个个体进行训练已无法达到最佳训练效果。现代运动训练正在向个体化训练的方向发展,针对性与个体化已形成一个必须遵循的原则。根据这一趋势,现代训练十分强调对运动员个体竞技状态和运动状态的诊断、运动员个体训练模式的建立和针对某一个体训练模式进行有针对性的个体化训练。

高水平运动员具有如下特点:第一,各器官系统功能及之间的协作已经达到相当高水平,竞技能力可塑空间下降,一般的训练手段与负荷已不能对机体产生作用,只有那些高度专项化、个体化的训练才能突破现已形成的竞技能力平衡,在更高层次上建立新的平衡;第二,对专项能力的需求显著提高;第三,对训练方法、负荷的要求提升,只有针对性强的训练手段和科学的负荷才能进一步提高专项运动成绩。

实践证明,保持和提高运动成绩的最好办法是不间断地进行该项目比赛时的最基本的练习模式。因为,在有类似的神经肌肉的募集方式的两种活动之间可能有更好地训练效果被转移。对专项训练来说,一定要强调训练的重复性和训练量的增加,期间不能穿插其他性质不同的刺激。研究也已证明,对运动员机体起一般性和多方面作用的负荷要素转化为运动能力的时间较长;相反,对运动机体起专门作用的负荷要素能较快地转化成运动能力,即能较快地产生超量补偿的效果。从运动生理学的角度,对从事某一特定运动项目的运动员来说,身体素质的训练必须与专项运动的特点相结合,才能有效地提高专项成绩。运动员在专项运动中所需求的身体素质只能通过自身的专项训练获得,任何非专项活动形式的身体素质训练都属于专项身体素质训练的一种辅助练习手段。高水平运动员在进行身体素质练习时应减少辅助练习的各类和数量。

比赛本身(专项训练)是最系统、最完整、最理想的训练内容,专项训练和专项辅助训练是训练内容的核心,以赛代练,以赛促练,赛练结合,从实战出发,是当今运动训练的一个发展趋势。以赛代练,以赛促练,赛练结合,把比赛当作训练的一部分,突出训练的强度,突出专项训练是创造优异运动成绩的最根本原则,这已为现代高水平运动训练的理论与实践所证实,是训练理论中无可非议的结论。训练负荷的"面"的低缓和"点"的突出,就是我们可把比赛作为训练负荷的一个影响因素或者将其作为负荷本身,在其他条件不变的情况下,比赛数量的增多毫无疑问地提升了整个训练过程的平均负荷强度。在当前情形下,许多竞技运动项目通常采用降低全年平均训练负荷强度的方法,防止平均负荷强度过高。目前,将参加一部分比赛作为提高训练强度的重要手段,已成为许多世界级优秀运动员的选择,而平常训练强度的相应降低,使全年的训练强度变化的"落差"增大。这种强度"落差"可使运动员从那些片面强调的大强度训练而造成的长期疲劳中解脱出来,使机体在大部分时间里处于恢复与负荷的平衡状态,在很大限度上可避免或预防运动损伤与过度疲劳的产生。

训练实践表明,要想训练成功,既要不断探索培养优秀运动员的捷径,在多年训练进程中,又必须遵循各个阶段的训练特点,企图超越全过程的阶段特点,无异于拔苗助长,导致运动员早衰的出现。如在早期专项化阶段,过多地采用早期专门化的手段,且针对专门能力和专门技术方面进行大量的成人化的方式与方法训练,就会影响运动员竞技水平的正常发展。

三、现代高科技理论与技术对竞技体育整体渗透

从运动训练角度讲,科学技术对运动训练的作用体现在三方面:第一,人们不再满足于仅把运动成绩作为衡量训练效果的唯一标准,而是将评价的标准更多地投向训练的效率,即计算投入与产出的比值。微观上加强训练过程的监控,提高训练的实效性与针对性,宏观上提高运动员成材率,缩短培养过程,延长运动寿命,即以最小的付出获得最大的效益,这样的训练自然需要科学的理论做指导;第二,运动员的培养是系统、复杂和长期的过程。该过程

无论纵向上的选材阶段、基础训练阶段、专项训练和高水平训练阶段，还是横向上专项特点、人体生长发育特点、运动员个体差异以及场地和设备条件等因素的干扰。这一持续多年且结构复杂并受多种因素影响的训练过程，必须在多学科的科学理论指导下规划、调控；第三，随着运动员竞技水平的提高，机体各器官、系统的功能及它们间的协作不仅达到了相当高的水平，而且也越趋向或接近生理的极限。进入最佳竞技阶段的运动员，竞技能力发展的可塑空间逐渐减少，对训练负荷与手段的要求明显增加，运动成绩增长与运动损伤间的矛盾日趋突出。此时，只有依靠先进的科学理论与技术，才能使运动员各方面的潜能得以充分挖掘和最优匹配，促使运动成绩进一步提高。

四、选择适宜的参赛次数

竞技体育的职业化与商业化，驱使比赛数量的大幅度增加。在此背景下，运动员想要参加所有的比赛且在每次比赛中均要求表现出最佳竞技状态和最好成绩，是不可能的。这就要求优秀运动员要对参加比赛的次数进行控制，参赛次数过多或过少都会对运动员产生不利影响。若参赛过多，运动员不可能在所有的比赛中都达到最佳竞技状态，可能在重大比赛中错失机会，也会因为过多地参赛增加了训练的强度，易造成运动性伤病；若参赛过少，则降低了整个训练过程的强度，使训练与比赛结合不够紧密，使运动员心理素质的锻炼、比赛经验、控制比赛的能力、调整竞技状态、运动员参赛的动机减少，对提高运动成绩产生不利影响。只有适宜的参赛次数，才能确保运动员在大赛中处于最佳竞技状态。

不同项群运动员年参赛次数不同，集体对抗性项群运动员年参赛次数最多，其次是隔网对抗性项群运动员，体能类项目中速度及力量性项群运动员年参赛次数较耐力性项群运动员多，难美性、准确性及格斗性项群运动员年参赛次数较少。

因此，在年度训练计划制订中，一定要将比赛安排作为训练计划的一部分去整体考虑，应将比赛按重要限度及性质的不同纳入训练计划的考虑中。只有整体考虑才能合理分期，有效调整和使运动员在重大比赛中形成和保持最佳竞技状态。

五、重视恢复

运动训练与恢复时刻相伴而行，对于高水平运动员来说，除比拼训练水平外，很大限度上也在较量体力的恢复能力。因此，如何消除疲劳就成为高水平运动员预防运动伤病、保持持续参赛能力和提高专项运动成绩的关键因素之一。合理的恢复要建立在多学科平台基础上，适时把握不同运动员比赛、训练和不同项目所消耗的能量及膳食特点，把握比赛或训练对运动员构成物质的消耗与营养素构成的关系，配置相应的各种心理、生物干预措施，使营养恢复系统整体化、制度化和功能化。这是备战大赛所需要重构与细化训练结构的任务之一，也可能是我们与世界运动成绩差距的重要原因之一。

从体能主导类项目训练的发展趋向看,除了加强传统上的恢复手段和措施外,一些力量训练与有氧训练也被作为提高恢复能力的重要手段,被动的恢复已被主动的恢复逐步取代。全新的恢复理念使得人们已不仅从机体疲劳恢复的专门措施与手段方面,而且从训练的负荷方面加强恢复能力的培养,从基础上提高运动员的恢复能力。

教练员和运动员是运动恢复活动的主体,教练员在制订训练计划时就应当考虑到恢复,恢复已经成为运动员尤其是高水平运动员训练的一个有机组成部分,在很大意义上也是运动员的一种"能力",这种能力与其他能力一样需要给予专门的重视和训练。运动员既要在教练员的指导下从事恢复实践,也应与教练员一起设计、组织实施自己的恢复活动,并参与对这一恢复过程的有效控制。恢复是一项非常复杂的工作,光靠教练员是难以完成的,管理工作者、科技人员、运动医生、营养师等也都是运动恢复活动的积极参与者,把各方面人员结合在一起分别从不同的角度进行分工合作才能搞好这项工作。

六、运动训练的科学监测

更快、更高、更强的奥林匹克精神使竞技运动水平的不断提高,世界纪录不断被刷新,运动员承受的训练强度和训练量越来越大,运动训练与比赛对体育科技提出了更高的要求。对运动员的训练过程实施系统的、长期的科学监测,以便科学诊断运动员的训练负荷、运动成绩、心理状态、技术特点和身体机能等状况,并在比赛或训练后通过科学手段加速能量储备与身体机能的恢复,防止运动员出现过度训练或过度疲劳,有效提高运动员的竞技能力。同时,在重大比赛前与赛中科学地调控运动员的竞技状态,进而在比赛中创造最优异的运动成绩,是体育科学领域亟待解决的问题。运用运动生理、运动心理学、运动生物力学、运动生物化学等学科的基本理论与方法,研究运动员竞技状态特点和规律以及运动训练科学监控,运动训练的科学监测包括竞技能力诊断与监测、训练负荷诊断与监测、运动成绩诊断与监测等多方面。不同的诊断内容采用的方法不同,如运动技术诊断主要采用影像测量与分析、力学理论分析、力的测量与分析等方法,对运动员的专项运动技术进行定性和定量诊断。在对运动员的竞技能力进行诊断时,要依照专项竞技能力结构特点,重点诊断那些起决定作用的主导因素,并作为竞技能力总体诊断的主要依据。

对现代科学化训练的发展趋势进行了深入的研究,诚然,科学化训练的规律也不是一成不变的,随着竞技水平的不同发展,这种发展趋势也是动态变化的,我们要用动态的、发展的观念来对待科学化训练的规律。不同项目的教练员、运动员、科研人员与管理人员等要针对所从事项目的训练特点,结合自己的客观实际,找出训练中存在的问题,及时调整自己的训练思路、理论与方法,找出相应的改进策略,以实现夺标与育人的竞技体育思想。

第四节　现代运动训练的新思想与新理念

　　训练理念是训练主体对运动训练及其过程进行思维的概念或观念的形成物,是理性认识,训练理念不是训练现实或训练实践,但源于对训练实践的思考,是对训练实践的自觉反映。因此,从理论上说,训练理念是理念持有者对训练实践的清醒判断与认识。同时,对训练实践具有引导定向的意义。随着科学技术的迅速发展及由此带来的先进的体育训练手段和方法的不断出现和应用,现代竞技体育朝着竞技水平极值化、激烈限度不断加大、复杂性增多、运动员的心理压力不断增大、有效参赛的周期延长、参赛准备复杂的方向发展。我们应该对运动训练进行认真的分析研究,以便明确当今努力的方向,该文对运动训练发展的特点进行分析,指出运动训练发展的新趋势,以及教练员和运动员对当今运动训练所应具有的新思想、新理念。

一、训练的数字化控制

　　数字化训练是利用信息技术作为认识工具指导运动训练实践,数字化训练的核心就是信息技术和运动训练的整合。对运动员的现场信息进行同步采取和定量分析,大力开发研究的技术手段,加强科学意识,并积极与科研人员配合,把运动训练建立在相关信息尽可能完备的基础上,对训练进行数字化控制。

　　一个国家的体育事业发展水平,除了要有数量和质量保障的体育设施之外,体育发展中的科技含量,体育科技整体的发展水平越来越成为一个关键的要素。利用仪器通过测量,体操运动员可以清楚地知晓自己为何无法顺利完成腾空动作,通过录像也可以发现身体展开过早对自己结束动作的影响;在对抗性项目上通过对对手情况的了解分析来制定自己的战术训练,大量事例都说明现在的训练已进入数字化时代,因此我们应以顺应这种时代的训练理念来指导训练实践,利用高新科技分析运动技术,获取大量的资料,采取大量的信息从而指导运动实践,建立信息数据库,为训练的科学控制提供前提。

二、心理训练

　　现代的竞技比赛复杂性增多,运动员承受的压力增加。在比赛中,经常发现运动员体能和技能训练很好而赛场失利的情况,特别是对抗性项目的决赛阶段,运动技术在基本相当的水平上,心理能力对于运动员取胜起至关重要的作用。虽然如此,但在比赛中还是经常看到因为心理素质差而甚至在大好的形势下丢掉比赛。心理素质同样是运动员参赛能力的一个重要组成部分,可心理训练在训练中往往被忽略而只注重专项技术训练,心理训练也并非是心理专家在赛前一次谈话就可以解决的,应该把心理训练作为一个很重要的内容,贯穿到平时的训练和生活中去,如果是这样也不会收到好的效果,只有把心理训练融合到平时的训练之中,靠日常一点点的积累,这样才能培养运动员在大赛当中稳定的心理因素。

三、训练手段的选择及练习的时间间隔和次序

钟秉枢教授曾经讲过"训练是一门艺术",教练员对运动员进行训练,就好比对璞玉进行雕琢,采用不同的雕琢手段,先后次序及选择不同的时间即可雕琢出不同等次的玉器来。在中国体育界现在盛行"三从一大"的训练原则,即训练必须从难、从严从实战出发,坚持科学的大运动量训练。在传统训练方法不断强化的同时,现代运动训练方法,如"模式化""信息化""模拟训练"和"计算机训练"等逐渐进入运动训练,全面系统的训练得到强调。运动训练是一个不断探索、总结、和完善的过程。要善于打破常规对训练理念的枷锁,如以前的训练把速度安排在前,让运动员在身体状况最好的时候练速度,后面再安排其他的练习。把速度安排在后面,在之前进行许多的辅助力量或速度力量训练,这种安排是以神经系统的兴奋性为科学依据,神经系统除了支配肌肉工作,还要感知来自肌肉的信息,然后进行修正和调整。运动员完成大重量的练习比完成小重量练习神经发放的冲动要大得多,而且会持续一段时间,就是利用这种后效作用,来进行速度训练,这样训练的效果更好,而且运动员的肌肉在得到一定刺激后完成动作的力度更大。许多训练手段和安排都源自于神经和肌肉协调的理念,将传统的训练次序倒过来。所以现代运动训练,在对事物新的科学的认识基础上,对训练手段的选择、安排的时间和次序进行新的探索及打破常规的理念是提高训练质量,收到更大的训练效果和创造优异成绩的关键。

四、高效率的多因素的全面训练

高效率的多因素的全面训练,即在一个训练手段里面包含多种训练因素,一个练习中融合多种训练因素,对神经系统多一些刺激,多一些兴奋,所练习的结果可以直接对专项起作用,这样就省去了重新组合转化的时间,大大提高了训练效率。以跨栏中的起跨腿原地支撑向前提拉练习为例,当腿向前提拉时,给一些阻力,把一些力量训练因素加在里面;而当动作快要结束时,顺势向前推一下,给一些助力,帮助加快动作速度,这就又把速度融入里面。一个优秀的教练员,应该让运动员用最少的时间,最少的运动量,获得最大的成功。

五、着重建立科学训练的理论体系与训练平台

近年来,我国运动训练学理论体系取得了具有科学意义的重要进展,从运动训练学三个层次理论体系的确立,训练目标导向与控制过程的强化,训练理论时空架构相对均衡的调节,竞技能力结构的"双子模型"运动训练学基本概念的科学定义,以及运动训练学理论向竞技体育学理论的扩展研究成果,可以清晰地感受到具有中国特色的运动训练学理论体系正

在逐步形成。在这种科学理论的基础上,把实践与理论紧密结合,形成各专项训练新理念,建立训练实践操作平台是成功训练的关键。我国皮划艇短期内实现奥运金牌零突破的成功经验就是:紧紧围绕皮划艇项目的科学训练理论体系来组织和控制皮划艇的训练活动,以有氧训练为基础,以有氧强度(速度)训练为核心手段,来有效提高"乳酸供能"能力的平台,皮划艇训练方法、手段的重点和体系以及各种测试与评价体系都应围绕这两种有氧能力来实施训练,以此提高和诊断运动员"乳酸供能"能力的平台,从而建立训练实践操作平台。

六、剖析和重新认识各专项训练的本质特征及规律

在比赛中不停地有世界纪录被一次次刷新,除了有其他因素之外,其对专项训练的本质和规律不断地进一步认识也是重要原因之一,人们对世界事物的认识永远是一个不断发展和修正的过程,在当今日趋激烈的比赛中要想创造好成绩,在训练中就要不断地剖析和进一步认识各专项训练的本质特征及规律。例如:以前在田径赛跑项目上认为是靠两条腿跑步,因此,为发展大腿股四头肌的力量主要采取杠铃深蹲,对髋部和上体没有什么帮助,所以大多数运动员跑起来光靠两条腿在发力和用力,不光费力气,而且维持不了多久,顶多几十米,而比赛的最短距离是100米,因此,经常看到运动员跑到后程出现跟不上的现象,这说明光靠增加腿部力量不符合这专项的特点,对专项的本质特征及规律没有完全正确的认识,髋基本上是在人的正中间,由髋发力的实效性应该是最好的,可以说髋是发动机,有了强大的发动机,运动员自然就跑得快。科学训练的本质是在正确认识专项训练客观规律的基础上,并由此建立该项目训练的决策思想,行为准则和方法学理论体系,中外优势项目的形成与发展的实践表明:创新战略和体系的超前性和专项训练的本质规律系统化是成功的基础。

第八章 体育教学模式概述

第一节 体育教学模式的概念

一、教学模式的有关教育学定义

教学模式是教学理论和教学实践的中介,它既是理论的应用,又是实践的概括,对教学论的发展产生了巨大的作用,但什么是教学模式呢?什么又是体育教学模式呢?这一问题既是理论上必须解决的问题,也直接关系到体育教学的具体实践运作,因此显得非常重要。

体育教学模式是一个复合概念,首先应明确什么是模式,其次是教学模式,最后才是体育教学模式。"模式"一词对我们来说并不陌生,人们时常会提到"生活消费模式""经济发展模式""文化传播模式"等。据中华字典的解释:"模"的含义是"根据权威、习惯或普遍一致的意见而被建立起来,作为一种应当仿效的典范或样板的某种东西。"上面提到的模式,如生活消费模式等,虽然可作为某一阶段或时期的典范,但它具有很强的时代特征,随着时间的变化,模式也随之变化。我们在这里讨论的模式应该是指"较为稳定的方式",当然它也不是一成不变的,也会随着社会发展而产生变化,但不像"生活模式"等那样稍纵即逝,而是具有相对稳定性,以指导具体教学实践活动为目的的。

"教学模式"作为一个教学论的专业术语,自有它的特定含义,据教育大辞典的定义,"教学模式"是:"指反映特定教学理论逻辑轮廓,为实现某种教学任务的相对稳定而具体的教学活动结构。"关于教学模式的概念,目前在教育界尚未取得完全一致的见解。比如,有的认为,"教学模式是在教学实践中形成的一种设计和组织教学的理论";有的人认为"教学模式是教学论里一个特定的科学概念,指的是根据客观的教学规律和一定的教学思想而形成的,师生在教学过程中必须遵循的比较稳固的教学程序及其实施方法的策略体系";有的人认为"教学模式是指具有独特风格的教学样式,是就教学过程的结构、阶段、程序而言的,长期的、多样化的教学实践形成了相对稳定的、各具特色的教学模式";有的人认为"教学模式是在教学实践基础上建立起来的一整套组织、设计和调控教学活动的方法体系";有的人认为"教学过程的模式,简称教学模式,指的是在一定教育思想指导下,为完成规定的教学目标和内容,对构成教学的诸要素所设计的比较稳定的简化组合方式及其活动程序";还有的认为"教学模式是按照一定原理设计出来的一种效应结构和功能的教学活动的模式和策略"等。虽然目前国内外对什么是教学模式的概念未达成共识,但我们通过了解最早进行系统研究的创始人和集大成者美国的乔伊斯(Bruce Joyce)和威尔(Marsha Weil),或许会对我们理解教学模式会有所帮助。乔以斯和威尔在他们所著的《教学模式》一书中,精选了22种教学理论、学派计划,从上百种教学模式中选出25种教学模式,并按四个部分来描述:第一部分为模式的指向,包括模式目标、理论假设、基本原则和主要概念;第二部分为模式的内容,包括模式的操作程序、社会系统、反应原则和支持系统;第三部分为应用,即提供模式在实际教学中的情境;第四部分为模式的教学效果和教育效果,即模式本身可能产生的直接或潜在作用。

从上面的认识,可以把教学模式初步概括为"教学目标、理论假设、操作程序和操作策略"四个部分内容,并构成了一个完整的教学模式框架。但同时教学模式作为理论和实践之间承上启下的"中介"。一方面它能对教学活动进行理论指导,使人们在深远的背景中思考教学;另一方面,它又要为教学实践提供具体操作程序和策略,方便教师教学。因此又有的学者对教学模式的概念定为:"教学理论和实践的中介,它是在一定教学理论指导下,为实现特定的目标,用来设计课程、选择教材、提示教师活动的基本范型。"

二、体育教学模式的有关定义回顾

有关体育教学模式概念的专门探讨起步较晚,20世纪80年代以后虽显现出多种教学模式,但较少有人涉及体育教学模式概念,杨楠的定义为:"体现某种教学思想或规律的体育活动的策略和方式,它包括相对稳定的教学群体和教材、相对独特的教学过程和相应的教学方法体系。"[①]在最新版的《体育科学词典》的定义为:"按照一定的体育教学理论或教学思想设计,具有相应结构和功能的体育教学理论或教学活动模型。"[②]它包括教学理论或教学指导思想、教学目标、教学条件、操作程序和师生组合五个大因素。毛振明博士将体育教学模式定义为"是体现某种教学思想的教学程序,它包括相对稳定的教学过程结构和相应的教学方法体系。主要体现在教学单元和教学课的设计和实施上。"[③]

该定义在其他定义的基础上,一方面进行必要的修正和完善主要对组成教学过程的要素进行简化,明确指出了体育教学模式的内涵为"教学过程结构和相应的教学方法体系",省去了次要的因素,如教学条件、教学群体、教材内容等因素,使体育教学模式的概念既能准确表达内涵,又具有简洁化的特点。另一方面,对教学模式的设计和实施,在关键环节和技巧上进行界定的补充,即框定为:"主要体现在教学单元和教学课。"这对体育教学模式的理论界定和实际操作具有重要意义,由此说明了体育教学模式是围绕着课次和单元来展开的,当单元教学结束后,相应的体育教学模式也告一段落。不同的单项的单元教学,体育教学模式

---

① 杨楠.体育教学模式与主体教学浅论[J].北京体育师范学院学报,2000(1):1-11.
② 中国体育科学学会,香港体育学院.体育科学词典[M].高等教育出版社,2003:285.
③ 毛振明,体育教学模式[J].体育科学,1998(6):5-8.

也存在着一定的差异性。

三、把握体育教学模式的概念

教学模式概念中的属概念有几种情况：教学活动结构、基本范型、范式或计划、教学程序与实施方法、教学活动构架和活动程序、方法论体系等。体育教学模式的概念中也有几种属概念：教学群体和教材、相对独特的教学过程和相应的教学方法体系，体育教学理论或教学活动模型，教学过程结构和相应的教学方法体系，教学范型或模型，教学活动与框架等。

体育教学活动与一般的教学活动既有共同特点，也有不同的特点，其不同特点部分就体现了体育学科教学的特殊性，从教学模式的概念中，笔者认为，体育教学模式的属概念可以与教学模式的属概念统一起来，以表达体育教学活动与其他学科教学活动的统一性。但问题是在教育学中教学模式的属概念是不统一的，因此给我们下定义带来了一定的麻烦和困难。考虑此因素，笔者认为应对教学模式的属概念重新回顾：在教育学概念中，主要存在着三种不同的看法：一是认为教学模式是一种基本范型或范式；二是教学活动结构；三是活动程序或方法论体系。体育教学模式的属概念也大体如此，因此笔者认为可把体育教学模式的属概念定为"相对稳定的教学程序"，因为基本范型或范式是"模式"的最初含义。由于模式有很多的种类，在教学之中，就成了"教学模式"，教学模式就应有教学的含义，因此教学模式属概念的可演变为教学活动范型或程序或结构，其大体的含义是一致的，所不同的就是"教学方法体系"这一属概念存在着一定的问题。笔者认为教学模式既不属于教学方法，也与教学方法有着明显的区别，教学方法只是组成教学模式的一个要素，因此不能把教学方法体系作为教学模式的属概念。至于用"教学活动的结构"，还是用"教学程序"，其含义基本相同，为了简便起见，用"教学程序"来表达比较合适。

接下来要讨论的问题是体育教学模式的内涵，即体育教学模式的本质特征，这也是体育教学区别于其他学科最根本的要素。我们知道，在给一个概念下定义时，还要遵循一条"文字简单"的不成文原则，即在准确表达概念的时候，文字越少越好，应把多余的非本质的表述语言去除。那么什么是多余的语言呢？其概念中的"功能性语言"就是典型的一种多余的语言，即把"概念的功能"也放在概念的界定之中是不合理的，如"具有相应结构和功能"[1]这些语言就显得多余了。在去除了多余的语言后，我们还是要把重点放在对体育教学模式的本质特征的挖掘上，即要弄清什么是体育教学模式的本质特征。

我们知道体育教学活动与其他教学活动的根本区别在于"运动技术的学练过程"，体育教学活动的"知识与技能"目标是围绕着学生自身的本体运动体验而展开的，而一个个项目中的各种运动技术具有一定的连贯性，并以教学单元的形式表现出来。例如：挺身式跳远中

---

[1] 中国体育科学学会，香港体育学院. 体育科学词典[M]. 高等教育出版社，2003:285.

有助跑、起跳、腾空、落地几个环节组成，这几个环节构成了跳远教学单元，在这个单元中有一个环节没有练好，就会影响整个跳远动作；又如篮球项目中有许多的技术，有投篮技术、运球技术、上篮技术、传球技术等，而一个单项的技术构成了一个小的单元，一个个小的单元又构成了整个篮球项目大的单元。整个体育教学就是从一个个项目、一个个小的单元开始的，它的教学宗旨直接指向了完成各项单元教学目标。因此，笔者认为体育教学模式的本质特征应体现在单元教学目标的设计上，有了一定的教学单元，我们便可确定该单元教学的教学思想和教学目标，接下来就是对该单元进行教学设计，包括体育教学方法的配备，体育教学操作程序的制作，体育教学模式的评价指标确立等。而一旦单元体育教学宣告结束，该体育教学模式也不复存在，当新的教学单元出现时，一个新的教学模式又将诞生，如此反复，体育教学活动便得以很好地延续了。

综合以上各种分析，笔者认为体育教学模式的定义应表述为："体育教学模式是指具有特定的体育教学思想，用以完成体育教学单元目标而设计的相对稳定的教学程序。"在这里，我们略去了课程内容、教材性质、教学方法、师生关系、教学条件等次要的非本质因素，当然这些因素对体育教学模式的实施也是很重要的，只是笔者认为把它们分别放在其他地方阐述比较妥当。

第二节 体育教学模式的特征与功能

一、体育教学模式的特征

（一）简洁、概括、直观性

教学模式不是对教学活动的"复写"，而是在能充分显示自己个性的前提下，省去了开展某一教学活动的不重要因素，如教学目标、教学方法、组织形式等，从理论高度简明、系统地反映模式自身。因此，它是对某一理论的浓缩，对实践的提炼，具有概括性。某种体育教学模式反映了特定的体育教学思想，且对教学模式的各环节进行简化，以教学程序的方式展现出来，具有简单、明了、概括的特点。

教学模式的概括性主要体现在教学模式的表现形式、表现内容和表现种类上。表现形式的概括性，即用不多的笔墨、少许的线条、符号或图表就可以基本反映整个教学模式。表现内容的概括性即对单元体育教学活动的理论或实践加以浓缩、提炼，虽然教学活动的实践或理论为教学模式的形成提供了源泉，但它毕竟不等于教学模式，教学模式从教学活动中概括出来的活动框架，它略去了教学活动中的次要因素，一针见血地反映模式的操作框架及理论核心。表现种类的概括性，即把具有共同特征的模式归结为一类，如此可以更为明确地表达某一体育教学模式的教学目标，也可以在体育教学实践中使体育教师更明了地理解与选择体育教学模式,而不至于对多种体育教学模式产生相互混淆的现象。

（二）可模仿、可操作、较稳定性

可操作性一方面是指体育教学模式易被教师模仿。因为教学模式既是教学理论的操作化,又是教学实践的概括化。每一教学模式都提供了教学在时间上展开的逻辑步骤以及每一步骤的主要做法,即操作程序。教师在教学中先做什么,后做什么,再做什么,一目了然,易于操作;另一方面,由于体育教学活动的复杂性和特殊性,教师、学生以及环境等因素既不能也没必要像自然科学实验那样受到精确控制,所以模式的操作程序只能是基本的和较稳定的。如魏书生同志创立的"六阶段教学论"虽然从总体上看教学是按"提出要求—开展自学—讨论启发—练习运用—及时评价—系统小结"的程序依次进行;运动技能类教学模式的操作程序为"教师的示范讲解—动作分解教学—学生初步练习—纠正错误动作—再次练习—动作部分的结合练习—纠正错误动作—完整动作练习—强化练习或过度练习—掌握动作",它们的教学程序是不可逆转的,但其中某些步骤可依据教学实际情况压缩、省略和重叠。所以我们说教学模式具有可操作性。

虽然体育教学模式具有较强的针对性,它会随着体育教学各种外在条件和环境的不同,产生不同的体育教学模式,也会因不同的教学指导思想和理论而体现差异性。然而体育教学模式一旦确定,就代表了一定的教学思想和理念,也表示了某一特定的条件下的具体操作的稳定性和可模仿性,具体相同的理念和外在条件,便可以容易地被体育教师所模仿,这种特性就是体育教学模式的稳定性。当然随着时代变迁,指导思想与外在条件等发生质的变化,体育教学模式也会相应地加以调整、变更,因此体育教学模式的稳定性是相对的。

（三）具体针对性

任何一种教学模式都是针对教学实践的问题或问题的某个方面而建立的,不同的体育教学内容、体育教学对象,以及不同的外在体育教学环境都会形成不同的体育教学模式,因此,体育教学模式有自己特定的教学目标和使用范围,而不能包罗万象。例如:情景教学模式是针对小学生理解能力较差、体育基础不够,而以体育故事形式把各种简单的体育活动动作组合起来进行教学,但这种教学形式是不适合中学高年级的学生;又如快乐体育教学模式是针对传统体育教学中的强制性教学,使学生在体育教学中体验不到快乐而设计的,它适合于学练一些简单的体育活动动作,但不合适体育复杂动作的教学。从这一意义上讲,世界上不存在普遍有效的可能模式,也不存在最优的模式。然而教学模式与目标又决非是一对一的关系,而往往是一对多或多对一的关系。

一般而言,一种模式具有多种目标,而多种目标又有主、次之分,其中主要的目标便是此模式与彼模式相区别的特征之一,也是人们有针对性地选用模式的重要依据之一。例如:启发式教学模式与快乐体育教学模式中都有发展学生技能、运动参与、情感方面目标,但它们的主要目标是有明显区别的。即启发式教学模式的主要目标是开启学生的学习智力,发展学生的运动思维,以利于运动技能的学习与掌握;而快乐体育教学模式的主要目标是使学生在学练一些较为简单的体育活动动作中体验运动的乐趣,并有创造性地组合一些简单的动作,体验运动成功的感觉,增加自信心。

(四)整体性

体育教学模式从整体上处理教学活动,它既要对教学活动中的教师、学生、课程等主要因素的地位作出规定,又要对影响体育教学活动并在教学活动中起重要作用的其他因素,如教学物质条件、教学组织形式、教学时间或空间、教学群体、学生合作、师生互动关系等加以说明。这几乎涉及体育教学论体系中的基本内容,所以人们又称为教学模式为"微型教学论"。这一特点提醒我们在认识和运用体育教学模式时,必须全面、整体地把握确定体育教学模式的主要要素,如体育教师的教学风格、学生的年龄特点、体育基础特点、课程内容特点等。同时还要兼顾它的一些次要要素,如教学场地条件、环境条件、教学班级人数、外界天气气候特点等,并把它们之间的关系认识清楚,注重各环节的相互配合、相互衔接,使之成为一定的教学程序。这种多部分、多要素、多环节的有机组合就体现了体育教学整体性,也说明了体育教学模式并非是多环节、多要素的简单堆积,是具有一定科学性的。

(五)优效性

体育教学模式是在一定思想理论指导下建立的,但它必须经过教学实践的不断修正、补充、完善而形成。因此它的主要着眼点是提高教学质量,改进体育教学过程,使体育教学各环节更为科学化,减少不必要的浪费与重复,从该角度而言,体育教学模式具有优效性特点。

二、体育教学模式的功能

(一)体育教学模式的中介功能

教学模式是教学模式和教学实践之间承上启下的"中介",一方面它能对教学活动进行理论指导,使教师能在深远的背景中思考教学的若干问题;另一方面,它又能为教学实践提供操作程序和策略。体育教学模式的"中介"功能也是如此,它既是一定的体育教学指导思想、体育教学相关理论的具体体现,又能为体育教师提供具体的操作程序和操作策略,以便更有方向性地开展实践活动。例如:启发式体育教学模式体现的指导思想是开发学生的积极思维能力,使体育学习活动既有学生肢体的参与,又有大脑的积极活动,提高体育学科的科学性。它的操作程序则为:设置教学情景—进行初步的尝试性练习—提出问题,创设情境,引起学生兴趣,形成探究动机—洞察、展望、分析、比较,提出假说,进行选择思维—从事操作,验证假说,得出结论—进行正常的运动技术教学—结束单元教学活动,可为教师提供可操作性的教学使用程序。

(二)体育教学模式的简化功能

体育教学活动具有其特殊性和复杂性,这种特殊性和复杂性仅靠人们的思辨和文字的方式去处理显然是不完全的。如果采用图式去揭示各系统之间的次序及其作用和相互关系,就可先使人们对事物有一个整体的形象。我们可以从体育教学结构的图式中看出各环节各要素的关系,从图中我们也可以看出其组织结构和流程框架,这种结构既注重了原则、原理,也注重了行为技能的学习。因此,从客观上看它是符合现代体育教学任务的,既重视了体育知识的学习,又注重了体育技术、体育技能的学习与掌握;既着重于学生的学习目标,又着眼于教师的设计方案;既反映了教学理念,又注重具体的操作策略,所以它具有可操作性,具有一套比较完整的结构和机制。它比抽象的理论更具体、简化,为体育教师提供了基本操作框架,更接近教学实际,有一种一目了然的感觉,易被教师理解、选用、操作与认可。

(三)体育教学模式的解释、启发的功能

体育教学模式可以用简洁明了的方法来解释相当复杂的现象,如发展体能教学模式的建立给人以整体的框架,通过文字的解释使我们加深了对模式的理解,蕴含的理论包括以下几个方面。

第一,体育教学系统地、长期地发展体能的指导思想;

第二,阶段性的体能目标实施与反馈控制理论;

第三,非智力、非体力因素参与体育活动并促进技能教学的发展理论,如体能的发展是比较枯燥的,如何激发发展体能的兴趣是一种非智力、非体力的关键因素。

具体的某种教学模式核心环节是教学目标的制订与教学过程中实施的形成性评价,它包括以下几方面。

第一,预先体能测验——诊断性评价;

第二,根据学生的身体条件与身体素质的侧重点安排好教学单元;

第三,对单元中诸体能目标进行练习;

第四,学习终结——总结性评价;

第五,依据评价的结果实施矫正措施。

这种模式体现了诊断、确立目标、定向、反馈和矫正这五种功能,体现了集体化教学和因材施教相结合的原则,激发了学生的学习动机,促进了学生认识发展。模式的建立引导教师和学生来共同关注某一教学环节,使模式又有了启发的功能。

(四)体育教学模式的预测功能

体育教学模式是建立在体育教学内在规律及逻辑关系的基础上的,因此,它可以帮助人们对体育教学的进程或结果进行推断,至少可以根据其内在规律来估计各种不同结局,甚至可以建立其假说。当一个模式建立后,可以根据其内在、本质的规律及其现象来完成推断功能。如快乐体育教学模式,注重的是学生在愉快中学习体育,并享受体育活动的快乐,同时学会一种基本的运动技能,为终身体育打好基础。若在教学中没有达到这种预先的目标,那么就可作相应调整;若达到了,则与事先的预测相吻合,证明理论与实践的统一。

（五）体育教学模式的调节与反馈功能

实践是检验真理的唯一标准,根据具体的教学条件、环境和具体的教学指导思想而安排的体育教学模式最终要受到实践的检验。如在具体的操作过程中,某种具体的教学模式并没有达到教学目标,则应对操作过程中的各环节、各因素进行具体的分析,找出其中的利弊,分析原因,从而为下一阶段的教学程序设计与实践操作打好基础,这就是体育教学模式的调节反馈功能。

第三节　体育教学模式中一个重要的概念:单元教学

一、单元教学的概念

最初把单元作为教育学用语的是奇乐,他把适用于"分析—综合—联系—系统—方法"这样一个教学方程的一组教材称为单元。由此可见,单元的本意是指一个有机的教学过程和相配套的教学内容的"集合"或"板块"。是后来在单元概念上向与学生生活经验相联系的教学活动方向扩展,形成了如"经验单元""生活单元""活动单元""题材单元"等理论与实践;二是向教材的体系方向扩展,将单元理解为某一教材的"部分"与"分节",形成了"教材单元"。

这两种虽在把单元理解为"一个完整的教学过程"这一点是一致的,但前者主要以学生的主观问题(课题)来设计单元,注重教材的整体性;而后者主要以客观的知识体系为依据来设计单元,注重教材的分析。在我国对单元的理解应该说是以后者为主体的。在体育教学中基本上是以各项运动技术(客观体系)来划分单元的。因此单元名称一般为"跳远""单杠""少年拳"等,单元的顺序基本上也是按运动技术的传授顺序来设计的[①]。

二、单元教学的大小问题

单元是教学过程的基本单位,它有大小的问题,单元的大小实质上是教学过程的长短和合理性的问题。教学谕的长短决定了教学的容量,也影响教学的质量。教学过程的长短因教学目标、教材难度、学生水平、场地条件等不同而不同。一般说来,那些技术性不太强的单元、游戏单元可以小一些;低年级的教学单元可以小一些,而那些有一定深度和难度的教材的教学单元或高年级教学单元,随着学科科学化水平的提高,随着终身体育对掌握运动技能要求的提高,也要进一步丰富。

由于单元是一个以某个教学内容和过程组成的"教学板块",因此单元应是一个完整的

---

① 毛振明.体育教学科学探索[M].高等教育出版社,1999:95.

教学过程。单元教学时数太短,就会影响到运动技能的学习,甚至使学生产生学而无获的状况。目前的教学现状是教材内容太多,而单元教学时数太短,造成了学生刚刚开始深入学习,教学就已经进入尾声,从而极大地影响了学生运动技能的掌握,更不能把学习的运动技能自动化并内化为自己的知识技能体系中。这也是造成体育教学简单重复性、学生学而无获的最主要的原因之一。解决该问题的有效途径与方法是改变体育教学教材编排体系,精选教学内容,开展选项课程教学。如此才能大量增加某项目的教学时数,去除一些不必要的重复教学,减少人力、物力的巨大浪费。因而研究不同项目的不同教学时数是迫在眉睫的事,同时还要考虑到学生的个体差异。

三、单元教学与体育教学模式的关系

因为在制定体育教学模式时必然涉及到单元教学,因此我们必须弄清它们之间的关系。可以说,单元教学是制定体育教学模式的基础,体育教学模式由单元教学目标开始,如在运动项目教学中,要完成跳远这个技术动作,则可以认为"跳远"就是一个单元教学。因为跳远动作由助跑、起跳、腾空、落地等几个连贯性很强的分解动作组成,这几个动作组成一个有机的整体。体育教师把它传授给学生,学生从初步学习到完全掌握经历了三个基本的阶段,走完这三个阶段,教学将告一个段落,从教学任务的角度而言,就相当于完成了一个教学单元。又如一些运动技术性不强的项目,譬如学生的力量素质的发展,单元教学的任务是"经过固定学时的锻炼,使学生在原有的基础上达到一定的身体素质定量标准"。在教学中体育教师则按照这样的教学标准制订"发展力量素质的教学模式",并按一定的教学程序、一定的方法进行教学,当学时完成并实现了教学的目标时,教学也将告一段落。

单元教学的时间可大可小,一般来说,技术性简单的项目不必单独列为一个教学单元,也不需运用比较复杂的教学模式来教学;而技术性比较强的运动技术可把它分割为几个部分。例如:足球项目,它的运动技术有运球、传球、射门等,一些简单的技术(如垫球)就可以不要运用什么教学模式来教学了,因为它是一项基本的技术,可以把它安排在其他技术的教学之中。而一些较难的技术(如传球),它的本身就有正脚背传球、外脚背传球、内脚背传球等技术组成,因此该技术可以分为三个教学单元,每个单元可以有5~8次课组成,而每个单元之间基本没有直接的关联,如正脚背传球与外脚背传球、内脚背传球不但没有联系,在运动技术的学习中还可能产生相互干扰的现象。一个单元教学后,所运用的教学模式就应该宣告结束,在另一个教学单元的开始,就应该是另一个教学程序、另一种教学模式了。

第九章 体育教学模式和其他体育教学要素之间的关系

第一节 体育教学模式与体育教学方法的关系

从概念上看,两者是有明显区别的。体育教学方法是"实现体育教学目标的途径"[①]。而体育教学模式的概念是指"具有特定的体育教学思想,用以完成体育教学单元目标而设计的相对稳定的教学程序"。体育教学模式有四个不可缺少的成份,即教学思想、单元教学、教学方法体系、教学程序,因此可以认为体育教学方法是组成体育教学模式的一个因素,体育教学模式必然包含着体育教学方法的配置要素。但需指出,体育教学模式与教学方法并不是包含与被包含的关系,即非相属概念关系,因为体育教学方法并不是体育教学模式的子概念,只是组成一个完整体育教学模式中必须的一个要素;体育教学方法体系是由一个个具体的教学方法组织而成的,它是一个抽象的概念,而体育教学模式中的方法体系比较复杂,它是由各种体育教学方法精选组织而成,它是一个具体的概念,并不是一个个体育教学方法的堆积。因此不能以体育教学方法的名义来命名体育教学模式。

从体育教学模式和体育教学方法的实践选用性上分析,体育教学方法可以根据各项目单元教学的不同阶段而有所区别。例如:各项目单元教学可分为三个基本阶段:即运动技术初步学习阶段、改进与提高运动技术阶段、运动技能巩固与自动化阶段。在不同阶段中选用的教学方法是不同的,如初步学习运动技术阶段应以教师的指导为中心,因此宜选用教师示范法、讲解法、分解法、直观法等为主要教学方法;在改进与提高运动技术阶段,则选用纠正错误动作方法、局部完整练习法、辅助练习法、矫正练习法等;在运动技能巩固与提高阶段,则宜选用强化练习法、游戏与竞赛法、比赛法等方法。而体育教学模式虽然也是以单元教学来设计的,但在选用不同的教学方法时,则不是按单元不同阶段来选择的。因为体育教学模式的结构要比运动技术项目单元结构复杂得多,要体现的体育教学的思想与目标也更加具体。因而在体育教学模式中配备体育教学方法体系时,应根据"组成模式的各环节"不同特点与要求来操作。例如:快乐体育教学模式中,它的环节组成是:结合具体内容,进行低要求的游戏,享受运动乐趣—学生挑战新技术—学生结合教学活动,自定目标,以创造活动乐

---

① 中国体育科学学会,香港体育学院编.体育科学词典[J].高等教育出版社,2003:284.

趣—竞赛评比。因此我们选择的教学方法应是：游戏竞赛法—技术教学法（如示范法、讲解法、直观法等）—想象法、创新法、技术组合法—竞赛法、评比法等。

从体育教学方法与教学模式的稳定性分析，体育教学模式一旦形成，则具有稳定性和不可变性，只有在单元目标完成后，该单元教学的特定体育教学模式才宣告结束。但体育教学方法却不具备这种特性，它是抽象的实体，存在着形形式式的具体方法，可供体育教学不同实践状态选用。

我们不妨举一个例子来说明，这个例子可能不是很确切，但它可以帮助读者来更好地理解体育教学模式的内在本质特征。我们知道，汽车有自动档、手动档、手动与自动一体化三种类型，这三种不同的类型可以理解为"汽车的三种模式"，因为它们首先代表的是不同的理念：手动档比较省油；自动档操作比较方便；手动与自动一体化可以根据不同的驾驶对象来选择不同的模式。其次它们的操作程序与具体的每一步的操作方法是不同的，包括起步、行驶过程、上坡、下坡制动等情况。

一般来说，我们可以这样来理解，汽车的三种类型可以代表三种"模式"。汽车的模式一旦确立，它是不可以更改的，只有当该汽车报废后，该车子的模式也将随之消亡。而汽车的每个环节中的操作次序可以理解为"方法"，如起步方法、行驶过程的换挡方法、倒车方法等。每一个环节的方法中又有一定的操作顺序，这些方法虽然有一定的操作程序，但它不代表有什么样的汽车设计理念。如起步方法，它只是汽车启动的操作步骤，与省油的理念没有什么关联。

同理，教学模式也内含了各个环节的方法，但各个环节的方法决不是教学模式。在教学模式确立的基础上，我们可以在运动技术教学的初级阶段配备动作示范方法、直观教学方法等；在改进运动技能教学阶段，我们则可以配备重复练习方法、纠正错误方法、循环练习方法等，而且在各环节的各种方法中，有着不同的操作顺序。但是不同的教学模式，我们需要配备的方法是不一样的。例如：启发式教学模式，我们需要配备提问方法、质疑方法、讨论方法等；发展体能教学模式可以配备重复练习方法、间隙练习方法、循环练习方法等。而且教学模式一旦确立，它是不可更改的，只有当该教学目标实现后，教学模式才宣告结束并解体。而教学方法只是从理论上说它具有多样性特点，即可供选择的方法是多样的，但它并不具备实践的特性。

从以上体育教学模式与体育教学方法的不同点来看，可以从繁多的"体育教学模式"中排除以下不属于体育教学模式而属于教学方法的种类：自我健身体验快乐的教学模式、激发学习兴趣的教学模式、运用现代化教学技术的学习模式、指令式课堂教学模式、策略学习模式、自主式教学模式、提问式教学模式、讨论式教学模式、直观式教学模式、尝试错误教学法的基本模式、专题设计探讨特定目标教学模式、"课题型"体育教学模式、整合式体育教学模式、复合式体育教学模式、"自主、合作、创新"体育教学模式……

第二节 体育教学模式与体育教学目标的关系

从《体育与健康》新的课程标准来看,体育教学目标主要包含了运动参与、身体健康、心理健康、运动技能与社会适应等五大领域目标。而体育教学模式的概念是指"具有特定的体育教学思想,用以完成体育教学单元目标而设计的相对稳定的教学程序"。体育教学模式内含着四个不可缺少的成份,即教学思想、单元教学、教学方法体系、教学程序,其中体育教学思想是制定体育教学目标的前提,而体育教学思想与体育教学目标是紧密相联的,两者皆为制定体育教学模式的依据。当然体育教学模式中也必然隐含着体育教学某个方面的目标,但体育教学模式中的"模式目标"与体育教学目标是不同的。体育教学目标具有全面性、整体性,而体育教学模式的"模式目标"具有侧重性。例如:启发式教学模式的目标侧重于"通过开发学生的智力来参与运动技术的学习",而它在发展学生的社会适应能力、促进学生的心理健康方面的功能并不突出。因此笔者认为不能以教学目标的名义来命名体育教学模式。

用汽车的例子说明,应该说汽车的设计理念、思想、目标在先,制造的模式在后,要想节省汽油而不考虑操作问题,就制造与选用手动挡;要想操作简单而不考虑汽油,则制造与选用自动挡。同样我们可以认为,体育教学目标在先,体育教学模式在后。体育教学思想、目标是制定体育教学模式的基础,体育教学模式则是根据不同的体育教学目标来研制和开发的。

从以上体育教学模式与体育教学目标的不同点来看,可以从繁多的"体育教学模式"中排除以下不属于体育教学模式而属于教学目标的种类:培养"三基"为主的教学模式、知识教学模式、传授知识技术模式、情感教学模式、培养能力为主的教学模式、三基型教学模式、目标分层教学模式、技术辅导教学模式、生活体育教学模式、个性发展体育教学模式、"健康——创新"型体育教学模式、素质化体育教学模式、运动技术健身化体育教学模式……

第三节 体育教学模式与体育教学组织形式的关系

体育教学组织形式简称教学形式,是教学活动的一定结构方式。按组织结构分,有合班的、全班的、小组的和个别的四种形式;按师生的交往分,有师生直接交往和间接交往两种[1]。

体育教学组织形式是班级教学中的必要因素,从总体来看,班级授课制度具有许多合理的因素,它不仅教学效率高,而且有利于学生之间的相互学习、感情交流与合作精神的培养。

---

[1] 顾明远.教育大词典简编本[M].上海教育出版社,1999:188,203.

所以各国在班级授课的基础上，积极改革形式，给其灌输新鲜的血液，于是出现了许多新的教学组织形式；因学生个别差异的普遍存在，当今许多教育家都十分重视个别教育，因此同时又产生了许多个别化教育的组织形式，使教学组织形式出现了多样化、综合化、课内外、校内外一体化的发展趋势。

体育教学模式有其一系列的操作程序，它是按运动项目单元教学来设计的，要完成各体育课教学的目标，继而完成单元教学目标，每节体育课的课堂常规、分组教学是必不可少的。从这一角度而言，体育教学组织形式是完成体育教学模式操作程序不可缺少的因素，但它决不是教学模式。决不能用体育教学组织形式的名义来命名体育教学模式。

我们要掌握"手动档模式"的驾驶技术，就需要学习各种环节的具体技术，在学习各种技术的时候，就存在着一个教学组织问题。是一个人单独学，还是四人一组学？是集中学习，还是分段学习？是先学移库，还是先学道路驾驶？这样就形成了不同的教学组织形态。因此教学组织不能与教学模式相提并论，它们是有根本区别的。

从以上体育教学模式与体育教学组织形式的不同点来看，可以从繁多的"体育教学模式"中排除以下不属于体育教学模式而属于的体育教学组织形式的种类：集体学习模式、小集团学习结构模式、个体化学习模式、合作学习模式、俱乐部教学模式、板块制教学模式、小社区教学模式、分队训练——提高教学模式、大课——小班选择模式、课内外一体化教学模式、大学专科程度小学教师培养的体育教学模式、"超市型"高校体育教学模式、主导与主体相结合的快乐体育教学模式、体育课外活动单元化活动模式、分队训练——提高模式、大课——小班——选择模式、辐射教学模式、中专教学模式、AB型教学模式、分层次教学模式、流动性选项课的体育教学模式、多位一体的体育教学模式、大学分类型体育教学模式、开放式体育教学模式……

第四节　体育教学模式与体育课结构的关系

体育课的结构是按学生的生理、心理变化规律来确定，从而组成了课的各环节。传统的体育课结构一般分为开始准备部分、基本部分与结束部分。由于受一些体育理论的影响，体育课的结构也打上了该模式的烙印，因此遭到众多的批评。有人认为此"三段论"已不适应新时期发展需要，并借教学改革的东风提出了二段论、四段论、五段论等，有的甚至提出"无段论"。他们认为上体育课不能循规蹈矩，不一定要做准备活动即可直接进入体育活动状态。乍一看，此类观点很有新意，但只要细致分析，就会发现其中的毛病。就体育课而言，无论你如何去改变它，它必然有开始与结束部分，因为体育课与其他课程一样，它有一个的开始与结束的过程，这是任何一所学校的课程无法改变的事实。特别是体育课，在存在与其他课程的共性基础上，还具有其他课程所不具备的特性，即在课的过程中要承担较大的运动负荷与生理负荷,用心率来表示就是需要达到至少130次/分钟以上的水平,但是学生在安静条件下的心率是60次/分钟左右。因此在课的开始阶段,必然有一个准备与调动过程,这个过程就是课的"准备部分";在课的结束阶段由于学生在课中承受了较大的生理负荷,在课的结束部分,要把较高的心率恢复到课前的基本水平,就需要调整与放松,这个所谓的"结束部分"是必不可少的,这也是区别于其他课程教学的最本质特征之一;而课的中间部分,你可以称其为基本部分,也可以称为关键部分,更可以用其他的名称来代替,但它始终还是存在的。至于准备部分和结束部分,则是根据教学内容的难易程度、对人体造成的负荷程度来确定活动时间长短、强度大小。因此,笔者认为体育课的结构是基本不变的。

体育教学模式是按单元教学设计的,因此它要求各节体育课合理地衔接,构成一个完整的单元教学体系,完成某项目运动技能教学"初步学习运动技术、改进与提高运动技术到巩固与自动化运动技能"的教学目标。所以从以上角度分析,由单元教学时决定了体育课的次数,各课次合理的安排又构成了体育教学模式。因此体育课的结构和体育教学模式是不能等同起来的。

还是用汽车的例子说明。汽车的手动模式是一个整体,这个整体由各个不同的环节组成,即要使该汽车正常行驶,就需要掌握起步、加挡、减挡、刹车、倒车等环节技术,而这些环节技术又构成了一个有机的整体。要学会开车的基本技术,就要学习具体的一个一个细节技术,待学会各项具体的操作技术后,才能独立开动车子,完成整个学习任务。若其中一个技术环节没有学好,那么就不能讲某某已经学会了开车。从行驶的阶段来看,要使汽车从某地移到某地,就会产生起步、行驶、停车三个基本阶段,它与一节体育课的结构具有同样一层含义,因此上述二层意义说明该汽车的手动模式就相当于一种教学模式,而组成各技术的环节就相应地代表了一节节的体育课,而每节体育课的结构是基本不变的。体育课不能代替体育教学模式,它是组成教学模式各环节中的一个小单位。因此,笔者认为目前存在的"体育课中安排不同的教学模式""一节体育课就是一种教学模式"的观点是不够合理的。但体育课与体育教学模式也是紧密相联的,笔者认为这样理解体育课与教学模式的关系比较合适:体育教学模式是个大概念,体育课是一个小概念;一个完整的体育教学模式需要"数节体育课"有机的组成,各节体育课是完成一种教学模式的必备要素;每节体育课的结构是基本不变的,它包含了准备部分、基本部分、结束部分;体育课、单元教学、体育教学模式的关系序是:确定运动项目单元教学目标—制定一种合理的体育教学模式—安排数节体育课。

根据以上分析,可以从繁多的"体育教学模式"中排除以下不属于体育教学模式而属于的体育课结构的种类:十段式教学模式、三段型教学模式、五段型教学模式、二段型教学模式……

第十章 常见的体育教学模式研究

第一节 传统运动技能教学模式

一、背景

运动技能类教学模式主要沿袭了教育家凯洛夫的教育思想和教学模式,主要遵循学生认识事物的规律(从感性认识上升到理性认识)、运动技能形成规律(粗略掌握动作阶段—掌握动作阶段—自动化阶段),将教学过程细分为感知—理解—巩固—应用等几个阶段,该模式十分重视教师的主导作用,以教师为中心、为主导。传统的运动技能类教学模式侧重于本体化的加工信息,即重视从运动技能形成角度来教学,把示范、讲解、练习、纠正错误动作、再练习作为教学的程序或过程,从而形成了传统的运动技能教学模式或程序式教学模式。

二、运动技能类教学模式的指导思想

此模式的主要目标是通过运动技术的学习达到掌握运动技能的目的。运动技术是指"能充分发挥人体机能能力,合理有效地完成动作的方法",对于各项运动项目而言,青少年学生对它既感新鲜,又觉困难,因为它只是在电视或比赛中见过,但从未在日常生活中体验过。因此作为体育教育者,首先应弄清动作技术的特征及其规律,才能有效地实施教法,教给学生。学习运动技术,掌握运动技能是该模式的指导思想,它的主要理念是通过运动技术的分段学习和细化学习,学生初步学习运动技能,并对运动技能的掌握达到自动化的程度。故运动项目的技术结构、过程及其规律便成了该教学模式的理论依据,其中体育教学的单元设计、细化的课次设计均需按运动技术的结构来设计与安排。

三、运动技能类教学模式的操作程序(图10-1)

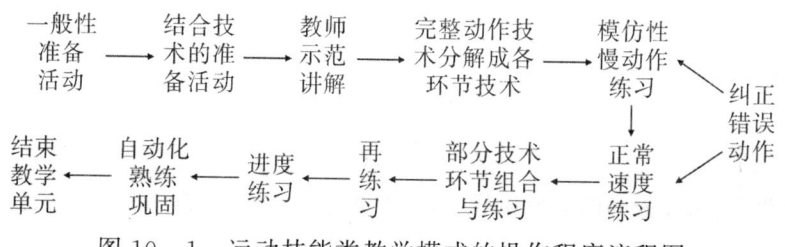

图10-1 运动技能类教学模式的操作程序流程图

四、运动技能类教学模式的优缺点分析

（一）优点

此模式能充分发挥体育教师的主导作用，按运动技术结构循序渐进地进行教学，并安排细致的教学步骤，对学生学习较难的运动技术有相当的好处，是一种典型的传式式的体育教学模式。

（二）缺点

在长期的体育教学实践过程中，运动技能类教学模式一直以来是体育教学的重点所在，且沿袭至今，其主要的缺点表现在：

（1）教学中教师给予学生的是直接的正确答案，学生对为何要学缺乏正确的理解，从而影响了学生的主动性与积极性；

（2）从教学方法来看，该模式比较单调，缺乏趣味性，从而影响了学生的情绪；

（3）不重视学生的思维过程的开发，不注重比较同类或相似运动技术间的区别与联系，造成了运动技能间的干扰现象；

（4）由于运动技术项目的多样性，造成了各运动技术学习时数的严重不足。因而该教学模式影响了学生重复练习的时间，加上课外锻炼的有名无实，要使学生达到从运动技术的学习上升为掌握运动技能的阶段是不可能的，由此该模式在实际教学中自然产生了学生学而不会，看似学习了许多运动项目，实质上却没有一项能真正达到熟练程度；

（5）过多地考虑运动技术细节，忽略了学生的主观能动性，因此，学生的积极性、兴趣、热情不易调动，反而会产生对体育的乏味、枯燥、厌倦等消极情绪。

五、适用条件

运动技术比较复杂，学生人数较少，教学时数多，学生有一定的运动技能基础，适宜于初中以上学生使用。

第二节 启发式（发现式）体育教学模式

一、产生背景与特点

（一）产生背景

"发现教学"是指在教师的启发诱导下，学生通过对一些事实（事例）和问题的独立探究、积极思考，发现并掌握相应的原理和结论的一种教学模式。

"发现"的观念由来已久。以卢梭为代表的自然主义教育学派和以杜威为代表的实用主

义教育学派,也都强调儿童独立发现的重要意义。此外,德国教育家第斯多惠曾说过:"一个坏的教师奉送真理,一个好的教师教人发现真理。"但真正使发现教学形成理论促使其新发展的,是美国著名的认知学派心理学家和教育家杰罗姆·布鲁纳。布鲁纳认为:"学习中的发现确实影响着学生,使之成为一个'构造主义者'。"

在1960年出版的《教育过程》一书中布鲁纳用结构主义的观点阐述了他旨在改革美国中、小学课程的理论假说——"学科结构说"[①],并指出:"在知识大爆炸时代,应寻求新的方法来向新一代传授那些正在快速发展的大量知识。"这里,他所寻求的新方法就是发现教学法。

(二)启发式教学模式具有以下特点。

1. 强调学习过程

布鲁纳认为:认识是一个过程,而不是一种产品。在教学过程中,学生是一个积极的探究者。学生的学习过程就是一个自我"发现"的过程。布鲁纳十分重视学生的主动性和积极性的发挥,认为学生应具备自我探究的积极性,想方设法寻找解决问题的方法,从而学会怎样学习。

2. 强调直觉思维

此模式十分强调学生直觉思维能力的发展。因为直觉思维与分析思维不同,它不是根据仔细规定好了的步骤,而是采取跃进、越级和走捷径的方式来思维的。直觉思维的本质是映像或图像性的,它的形成过程一般不是靠言语信息,尤其不靠教师指示性的语言文字。"直觉思维,预感的训练"是正式的学术学科和日常生活中创造性思维很容易被忽略而又重要的特征。机灵的预测、丰富的假设和大胆迅速地做出实验性结论,这些是从事任何一项工作的思想家极其珍贵的财富。所以,教师在学生的探究活动中要帮助学生形成丰富的想象,防止过早语言化。

3. 强调内在学习动机

此模式重视学生形成内部动机,或把外部动机转化成内部动机。发现活动能激起学生的好奇心,学生受好奇心的驱使,对探究未知的知识就会表现出兴趣。我们知道,最好的动机莫过于学生对所学材料本身具有的内在的兴趣,有新发现的自信感。布鲁纳认为,与其让学生把同学间的竞争作为主要动机,还不如让学生把挑战自己的能力作为首要目标。因此,他主张通过激励学生提高自己才能的欲求,从而提高学生的学习效率。

在体育教学中,发现式教学模式是近些年来体育学者通过教学理论的"移植"方式,运用到学校体育教学领域中的一种教学模式,也被称为"启发式教学模式",它是指教师在体育技能教学中,在初步进行尝试性练习的基础上,设置一些事实(或事例)和问题,让学生积极思考,通过讨论,依靠自己去获取新的适应和解决问题的方法,从而进行更有效的运动技术学

---

① 叶浩生.心理学理论精粹[M].福州:福建教育出版社,2000:147.

习,更快地掌握运动技能。与传统教学相比,该模式的最大特点在于改变了学生在教学活动的中的被动地位,使学生在主动观察、判断、分析、归纳等解决问题的基础上,了解学习运动技能的意义,产生主动学习的动力。

二、启发式体育教学模式的指导思想

布鲁纳认为:"进行大规模的课程改革,至少还有一个重要事情尚待解决。这就是通晓某一学科领域的基本观念,不但包括掌握一般原理,而且要包括培养从事学习研究的态度、推理和预测的态度,以及独立解决难题的可能性,一个重要的因素是关于发现的兴奋感。"①这就是说,发现以前未曾认识的各种观念间的关系和相似的规律性,以及伴随着对自身能力的自信感。在《发现的行为》一文中,布鲁纳对这种新方法作了详细的描述,他指出:"发现不限于寻求人类尚未知晓的事物,确切地说,它包括用自己的头脑亲自获得知识的一切方法。"这就说明了发现教学法与传统的以讲授为主的教学方法的不同之处。发现教学法的特点,在于它不是把现成的结论提供给学习者,而是从青少年好奇、好问、好动的心理特点出发,在教师引导下,依靠教师和教材所提供的材料。让学习者自己去发现问题,回答和解决问题,使他们成为知识的发现者,而不是消极的接受者。

启发式体育教学模式的指导思想主要表现在。

(1)体现以学生为主体、为中心的思想;

(2)开发学生的智力,调动学生思维的主动性、积极性;

(3)不给学生现成的答案,而是让学生自己去探索问题的答案;

(4)强调问题情景设置,使学生比较自然地进入情景,激发学生的学习热情;

(5)调动学生学习的积极性,增加学生学习的趣味性,提高学生学习的有效性;

(6)提高运动技能学习的效率。

三、启发式体育教学模式的操作程序(图10-2)

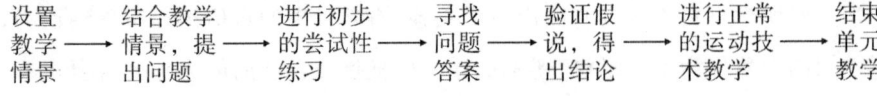

图10-2 启发式体育教学模式的操作程序流程图

(1)设置教学情景。教学情景必须紧密结合具体动作技术的关键技术环节。

(2)提出问题,创设情境。引起学生兴趣,形成探究动机,并根据学生在练习实践中的体验,让学生思考与比较不同的练习手段完成动作的优劣。

问题情境是一种特殊的学习情境,情境中的问题既要适合学生已有的知识水平和能力,

---

① 叶浩生.心理学理论精粹[M].福建教育出版社,2000:148-150

又需要经过一番努力才能解决，从而使学生形成对未知事物进行探究的动机。在这里，教师是资料的提供者，学生是分析者和探究者。

（3）进行初步的尝试性练习。在设置的情景中让学生自由发挥自己的想象力，运用不同的练习手段来完成运动动作。

（4）洞察、展望、分析、比较，提出假说，进行选择思维。学生利用给定的材料，在教师的指导下，通过相互讨论，运用已学的科学知识与原理，找出它们之间的关系。在寻求答案的过程中，充分利用直觉思维提出各种有益于问题解决的可能性等。在这里教师是支持者，学生是分析者和假设提出者。

（5）从事操作，验证假说，得出结论。运用分析思维对各种可能性进行反复的求证、讨论，寻求答案。根据学生的"自我发现"提取出解决问题的方法，并把它付诸实践，提高学生运用知识、分析问题和解决问题的能力。在这里，教师是顾问，学生是分析者和探究者。

（6）进行正常的运动技术教学。

（7）结束单元教学活动。

四、优缺点分析

（一）优点

此教学模式侧重于发展学生的智力，在学习过程中运用问题情景来激发学生学习的好奇心，调动学生思维的积极性，使学生主动地学习而不是被动地接受，并从中理解学习体育运动技能的意义。因此在某种程度上而言，启发式教学模式有利于发展学生的智力水平，增加体育学习的热情与积极性，有助于运动技术的学习和学习技术效率的提高。

（二）缺点

从教学模式的评价方面，一方面，由于智力水平、情感体验等心理学指标难以测定，因此要比较该教学模式与其他教学模式的优劣性，一时之间难以判断；另一方面，由于教学中花费在问题的提出、讨论、解决方面的时间比较多，运动技能的学习与练习的时间则会相对减少，而运动技能掌握的主要诀窍就在于多练习，因此会对运动技能的学习与熟练掌握产生较大的影响。

五、适用条件

（1）具有一定理解能力的初中以上的学生，已经掌握一定科学知识与原理，如物理学中的力学知识、运动学知识，数学中的各个变量之间的关系原理等，并应具备一定的运动能力与经验；

（2）教学学时要充足，最好是大单元教学学时或选项课教学；

（3）体育教师应具有较高的教学水平与经验，善于运用灵活的教学方法、教学组织形式等来设置问题情景,并有效解决教学问题。

第三节　领会式体育教学模式

一、背景

领会式教学模式最早是由英国学者嘉宾在 20 世纪 80 年代提出的一种改造球类教学的教学过程结构,是试图通过从整体开始学习(领会)的新教程,改变以往只追求技能,而忽略学生对整个运动项目的认知和对运动特点的把握缺陷,以提高球类教学质量的教学模式[①]。

二、领会式体育教学模式的指导思想

(1)先尝试,后学习。
(2)在尝试中了解与明白学习运动技术的重要性,以提高学生学习的主动性。
(3)先完整教学后分解教学,在掌握各分解动作的基础上再完整尝试,比较学习前后的效果。
(4)多以竞赛的形式开展教学组织活动,以提高学生学习的积极性、实用性。

三、领会式体育教学模式的操作程序

其侧重点在于让学生在实践中(活动中或比赛中)去发现问题,然后施以有效的教学方法,从而激发学生的主动学习的积极性,因而也有助于提高学习的效率。其程序见图 10-3。

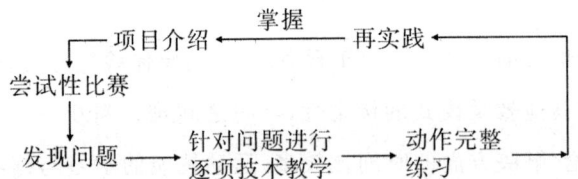

图 10-3　领会式体育教学模式的操作程序流程图

四、优缺点分析

(一)优点

先让学生在运动的初步体验中体会出学习正确动作的必要性,然后教师有针对性地施以某些技术环节教学,使学生产生强烈的学习动作的动机和需要,极大地调动学生的积极性,并提高学生学习的效率。

---

① 毛振明.体育教学改革新视野[M].北京:北京体育大学出版社,2004:143.

(二)缺点

在尝试性比赛中,可能会因学生在运动技术方面缺乏了解而造成比赛的混乱、秩序的无常,场面难以控制。一方面,应尽量选择一些限制性的尝试性比赛,降低难度和要求,使学生慢慢进入活动的角色。

五、适用条件

球类教学内容,初中以上的学生,具备一定理解能力,教学场地与器材较为充足。

第四节 小群体体育教学模式

一、背景

社会学认为,群体是个人存在的普遍形式。个人的存在就要通过自身的体力、智力、情感等要素的输出和对他人要素的摄取来表现自己。个人为表现自己的存在,就要与他人发生联系,聚合成群体。人群活动的基本单位,就是这样和那样的个人组合,即群体。任何群体都具有互助与互争的二重本质,互助是群体的内向本质,互争是群体的外向本质,群体之间往往表现为互争的形态。

规模较小的群体叫小群体,小群体是个人最直接、最重要的活动环境,对个人的心理意识、理想的形成、情感的获取都起到决定作用,其基本特征是成员接触的直接性——互动。因此,体育教学中的小群体教学模式,是把学生分成若干个学习小组,在教师的指导下,同组学生与学生之间、小集团与小集团之间通过互动、互助、互争,增强学生学习的主动性,从而提高教学效率的一种教学模式。

二、小群体体育教学模式教学指导思想

体育教学中的小群体教学模式,其教学思想的背景比较复杂,但其基本思想是试图通过体育教学中的集体因素和学生间交流的社会性作用,通过学生互帮互学来提高学生的学习主动性,提高学生学习的质量,并达到对学生社会性培养的作用。需要指出的是,小群体学习的模式与以往为提高教学效率和进行区别对待的分组教学是有根本区别的。前者充分考虑了体育教学中的集体形成和人际交流的规律性来设计教学过程。

小群体教学模式具体指导思想表现在以下几个方面。

(1)强调组内学生的精神,并团结一致,提高组内的竞争力。

(2)组间学生在条件基本均等的情况下合理竞技,激发学习的兴趣,提高学习的效果。

(3)培养学生胜不骄、败不馁的宽容意识。

(4)通过学生的互帮互助、合理公平的竞争,发展学生的社会适应能力、心理健康水平。

三、小群体体育教学模式教学程序(如图10-4)

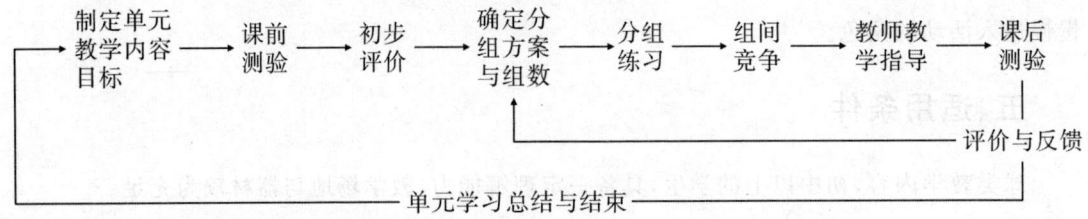

图10-4 小群体体育教学模式教学程序流程图

四、优缺点分析

(一)优点

小群体教学模式注重学生之间的合作性、相容性,同等基础条件下的学生组成一个集团或小组,可以更有效地调动学生学习的积极性、竞争性,也更容易培养与发展学生的社会适应能力,而这种能力的发展对学生在将来从事社会工作是非常重要的。同时同组学生通过互帮互助,培养学生的合作能力;异组的学生竞争可以发展学生的竞技能力、面对困难的挑战能力等。

(二)缺点

由于小群体教学模式着重发展学生的社会适应能力,因此一方面在具体的体育教学中要在教学组织方面花上一定的时间,而这方面的组织工作需要较长的时间;另一方面,在学生方面也有一个适应过程,这种适应过程有时可能是很长的,因为学生之间的合作需要一个磨合过程,因此要发展学生的社会适应能力,就必须牺牲学生的一定练习时间来做好学生各种组织工作。

五、适用条件

(1)某个年级或某班级学生的合作能力与社会适应能力较差,需要在这些方面得到发展。
(2)教学条件比较好,特别是教学器材充分,能满足教学分组的需要。
(3)做好教学前后的测试工作,并记录下来作为教学参考的依据,做好教学的评价工作。
(4)分组后,各组学生在教学中需要搞好合作关系,在课外也要把这种关系得以延续。

第五节 快乐体育教学模式

一、背景

日本学者认为:"快乐体育教学是重视每一个不同运动所具有的独特乐趣,并可以愉快地从事运动学习,把运动中内在的乐趣作为目的和内容来学习的一种体育。"①同时认为其基本宗旨是:"把运动作为体育追求的目标不仅仅是手段,把运动作为学生将来生活的内容来教给学生,让他们能够理解、享受、掌握和创造运动,使运动文化成为自己生活内容中不可缺少的一部分,直至终身。"②快乐体育的追求目标是蕴藏在体育运动中的无穷乐趣,而体育中的乐趣是独有魅力的,是体育的生命。因此,我们对现有的体育教材内容要重新认识和分类,构建新的教材体系,有目的、有计划地使学生体验不同教材的乐趣,从中认识体育运动的本质,体验运动的特点,增加体育教学的深度③。

国内学者认为快乐体育教学是以运动为基本手段并采用适宜的教法,在发展学生身体的前提下,使学生得到理性的快乐体验,即以快乐心理体验为直接(显性)目标的体育教学④,其作用是能够较好地提高学生体育学习的兴趣,养成锻炼的习惯。其特点是通过教师的指导使学生在乐中学、在学中乐,强调学习者的学习兴趣和成功体验。其教学过程是从体验发现到挑战学习,再到总结创造,强调不仅体验运动的乐趣,而且有学习、挑战、交流、创造等多种心理体验。

二、快乐体育教学模式的指导思想

快乐体育教学模式的指导思想具体体现在以下几个方面。

(一)注重整体教学思路,重视单元设计

体育教学犹如一个平台,它承载着认知与方法、运动技能、情感与态度,如果体育教学偏袒了哪一边,它都将失去平衡,影响教学的效果和质量。而大多数教师在实践时,对运动技能的准备较为充分,也开始注重学生的兴趣和体验,但很容易忽视学生的学习方法和运动的相关知识介绍,把学生的认知过程当成了一种陪衬,或者有教学前的准备,在教案教学目标中有体现,不过教学实施中教学评价时却又搁一边了。体育单元教学可以较好地利用一类相似的运动技术或原理的共性。例如:有氧练习的教学单元,学会一两种,有一定的编操能力是运动技能所要达到的目标,但是有氧练习的心肺功能要求、编操的结构等有较类似的知识体系和方法,可以有意识地引导学生掌握这一类的认知规律和学习方法。

(二)灵活运用多种教学方法营造课堂和谐、合作的教学气氛

要尊重、强调学生的学习主体地位,提倡教学活动中学生认知、情感、行为的高度统一,达到运动技能与体验乐趣的双赢效果。⑤注重教材内容的创新和迁移,结合教学实际,合理

---

① 曲宗湖.体育教学模式问答[M].北京:人民体育出版社,2003:118.
② 周明诚,彭小云.体育学校教学模式创新规范化管理及规章制度实用手册[M].天津:天津电子出版社,2004:424-433.
③ 毛振明.体育教学科学化探索[M].北京:高等教育出版社,1999:115.
④ 赵立.体育教学模式问答[M].北京:人民体育出版社,2002:112-120.
⑤ 杨启亮.规约与释放:教学实践智慧的选择[J].教育理论与实践,2002(11):6-9.

运用激励和其他手段,强调师生之间、学生之间的多向交流,在形式与内容上优化教学环境,培养学生正确的运动价值观与运动行为习惯。教师应利用学生"爱运动"的良好动机,运用多种教学方法让学生充分享受到运动的固有乐趣,改变其"不爱上体育课"的不正常现象。

(三)利用自身优势,开发和改造教学条件和环境

无论是新课程理念,还是快乐体育思想,都有相对稳定的教学结构和教法体系,但同时又存在其适应的教学条件和环境。例如:快乐体育教学运用语言法和暗示法较多,需要教师的不断激励和关注。相对而言,低年级的学生较易接受,对班级集体要求有一定的凝聚力,课堂氛围较为活跃等。而新课程要求教师尽可能利用学校自身优势,开发和改造教学条件和环境。

三、快乐体育教学模式操作程序(图10-5)

结合具体内容,进行低要求的游戏,享受乐趣 → 让学生挑战新技术(低难度教学活动) → 学生结合教学活动,自定目标,以创造活动乐趣 → 竞赛、评比

图10-5 快乐体育教学模式操作程序流程图

四、优缺点分析

(一)优点

快乐体育的目的主要着重于发展学生的感情因素,注重学生的情感体验,一方面对于改进目前的教学现状有比较大的意义;另一方面可以在无运动技术要求的情况下增加练习的时间,提高运动的能力。

(二)缺点

学习内容容易造成单调,对于学生的兴趣难以长期维持,因此需要体育教师不断变化教学方法与组织形式,以满足学生对体育活动的持续性兴趣与需要。

五、适用条件

(1)体育教师具有较为丰富的教学实践经验,善于开发运动项目的独特灵活的教学方法。
(2)教学内容的难度较低,或在教学过程中基本没有技术难度要求。
(3)学生对于一些基本的运动练习手段有一定的基础,并有一定的组织创新能力。
(4)比较适合高中年级以下的学生。
(5)教学场地、器材的要求比较高,能满足各组的教学与练习活动。

第六节 体育锻炼类教学模式

一、背景

此教学模式是在教师的指导控制下,学生进行各种身体素质练习,并规定负荷与休息交

替的时间,以发展学生身体素质为中心的一种体育教学活动体系,也经常被称为"课课练教学模式",它是20世纪80年代初盛行起来的一种教学模式。此教学模式产生的主要背景是,由于20世纪80年代在青少年学生的体质测试中发现我国青少年学生的多项体质指标比较差,极大地震动了我国学校体育界,并引起了较大的关注。许多学者纷纷指出,产生这种现象的主要原因是体育教学长期以来受竞技主义思想控制,忽视了学生体质的发展,因而提出了以学生体质发展为主导的思想,也相继形成了"体质学派",而体质的发展并非一次课、二次课所能解决的事,它是一项长期的任务,由此而形成了"课课练"的教学思想。

它以发展学生身体素质为主导,遵循学生生理和心理活动起伏变化规律作为负荷与休息合理交替的依据,把教学过程分为准备、负荷、调整、负荷、休息等几个阶段。在练习过程中,发展学生身体,增强学生体质。

二、体育锻炼类教学模式指导思想

(1)有侧重性地发展学生的身体素质,适应日常教学的需要。
(2)坚持长期发展的原则,全面锻炼学生的各项身体素质,增强学生的体质。
(3)运用课课练的教学思想,促进学生身体素质的可持续性发展。
(4)采用短时高效的强化练习方法。

三、体育锻炼类教学模式操作程序

教师运用各种方法手段引发学生的学习动机,使学生的生理和心理等方面进入工作状态,以便进行强度较大的活动。学习过程中多采用简单易学的内容,在教师指导控制下,学生短时间内掌握教学内容,而后学生进行练习(分组练习、全班练习、个人练习),通过练习密度和强度控制练习过程,最后达到练习效果并进行检查总结。其一般操作程序见图10—6。

引发动机 → 充分的准备活动 → 学生练习 → 间歇 → 学生强化练习 → 总结评价

图10—6 体育锻炼类教学模式操作程序流程图

四、优缺点分析

(一)优点

体育锻炼类教学模式主要是由传统体育教学模式演变而来。这种模式能有效地发展学生身体素质,增强学生体质,促进学生的体格、体能和适应能力等方面的发展,并能培养学生吃苦耐劳,拼搏进取的心理品质。

(二)缺点

体育锻炼类教学模式难于合理安排并科学控制负荷的强度和量,学生易产生对体育学习的厌倦情绪,忽视学生的体育兴趣的培养,从而影响练习的效果。

五、适用条件

（1）学生的身体素质基础条件比较差。在体育常规教学中体现出不能适应运动技术教学的要求，也可能由此带来学生的伤害性事故，因此非常有必要发展他们的基本素质来适应日常的教学活动。

（2）发展身体素质要有一个较长期的过程，在这个过程中，要求教师有一个连贯的锻炼计划，实现课课练。

（3）学生应具有一定的组织纪律性、自觉性，要求学生能持之以恒地坚持，才能有较大的收获。

第七节　情景式体育教学模式

一、背景

儿童具有喜欢听故事、富于幻想、喜爱有节奏性的舞蹈和角色游戏活动、喜欢与小动物交朋友的心理特点，且容易将自己的情感转移到所感知的对象上，情境教学正是利用儿童这一特点，最大限度地发挥情感的纽带作用和驱动作用。室外的体育活动本身所折射出的活动魅力、美感，决定了体育教学创设情境能发挥情感的驱动作用的最大可能性与必要性。体育情境所渲染的具有可感形象的美的氛围，使儿童对客观事物获得具体的感受，在充分的想象活动中达到"我他同一""物情同一"的效果，同时加深对教材的情感体验，从而主动积极地投入具体的游戏活动中。

情景式体育教学模式可以采用诗情画意式的诱导方式学习，如练习排队——学大雁、快速跑——学鸵鸟、耐久跑——学玩风车、练跳远——学小鸟、单杠悬垂——学猴子荡秋千等，通过这些活动，学生的学习积极性可以大大提高，教学效果也得到了明显的改善。

二、情景式体育教学模式指导思想

（一）注重情感体验

在传统的教学模式中，我们将体育教学理解成一个特殊的知识、技术、技能的传授过程，过分关注体育教学过程的间接性、简洁性和引导性，而忽视了体育教学过程中的亲历性、过程性和自主性。体育教学不仅仅是学生获取基础知识和基本技能的过程，更是学生获得生活体验与培养生存能力的过程。学生主体参与体育教学重要在于感受，而非单纯的体育知识与技巧的掌握。如果把学生仅仅看成是接受知识与技巧的载体，而不能把学生作为感受主体来对待，就不会知道他们在想什么，也不能了解他们的喜怒哀乐产生的诱因是什么。由于学生主体地位的缺失,必然产生对引起他们体验生命活动的忽略,使我们不能把自认为设计好的教学计划与学生的真实生活现状密切联系,从而导致学生被动地理解体育教学的意义,影响个体积极性、自主性的有效发挥。学生在情境中感受着形象的同时,愿意对情境持续性的产生注意,全身心地、主动地接受,从而产生或满意的、或愉悦的、或悲伤的、或憎恨的、或热爱的情感体验。

(二)学会群体的相容技巧

在学生的社会化进程中,家庭是社会化的最早阶段,是社会化的开始。学校则是学生社会化的关键,也是学生在思想上变化最大的时期。在学校的各科教育中都渗透了社会能力培养的目标,而体育教学活动由于其特殊性,学生的练习在许多情况中需要群体的协作与配合才能完成,因此给学生的社会交往提供了很好的机会。可以说,体育活动是一个人际交往的小社会,这个社会具有很好的公正性,而维持这种公正性的因素正是体育游戏与竞赛公开的规则。情景式教学模式以故事的形式,让学生在体验较好的情绪中,以竞赛与游戏的组织形式发展学生的人际关系,重视遵守体育竞赛的规则,使学生在规则约束下学习人与人之间的合作与竞争。

(三)增强教学内容的趣味性

以教学内容中某项目或身体发展中某项素质为单元,在进行单元教学的同时,在每节课中配上故事性的游戏进行身体练习,使学生在良好、愉快的情绪中,重点发展学生身体素质和基本简单的一些运动技术。

三、情境式体育教学模式的操作程序(图10-7)

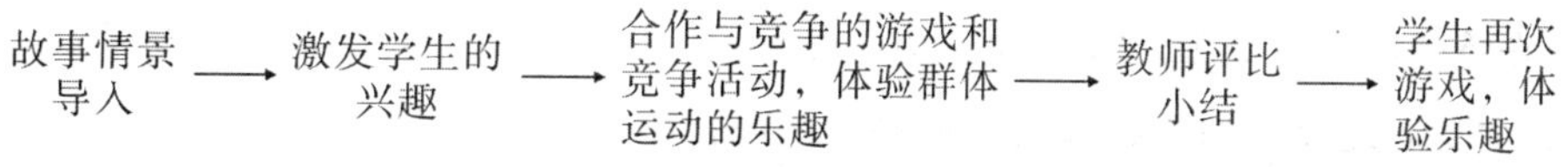

故事情景导入 → 激发学生的兴趣 → 合作与竞争的游戏和竞争活动,体验群体运动的乐趣 → 教师评比小结 → 学生再次游戏,体验乐趣

图10-7 情境式体育教学模式的操作程序流程图

四、情境创设的类型和手段

(一)情境创设的类型

1.依据教学内容创设情境

依据教学内容创设的情境更能显示形真、情切、意远和理寓其中的特点。教学内容与这种情境融为一体才富有意义和魅力,更能激发儿童自主能动地投入到学习活动中去。

2.依据教学要求创设情境

每堂体育课都有重点与难点,根据课的重点难点进行情境的设计,以引导学生从具有典型代表性的实物或图画等情境中,受到启发,使学生能很快地、自然地掌握知识技能,并受到美的熏陶与情感的体验。

3. 依据教学目标创设情境

情感教育已成为现代教学的重要目标之一。儿童情感极为丰富,又处于迅速发展时期,应不失时机地对他们进行情感教育,以满足他们的情感需要。在体育情境教学中,教师应积极挖掘和提炼教材的情感因素,将感人的场面与美好形象融入教学活动,形成强大的情感冲击波,使儿童受到莫大的感动、感染。

(二)情境创设的手段

1. 以生活展现情境

生活展现情境,就是通过把学生带入社会、带入大自然中,从生活中选取某一典型场景,作为儿童观察的客体,并以教师语言的描绘,鲜明地展现在儿童眼前。生活的场景是非常广阔的,把学生带到生活中去,就需要教师事先选取鲜明的富有典型意义的画面。首先要依据教学计划和学校所处的环境,结合时令、季节的特点,确定观察的主题,其次再根据主题选取具体场景安排观察顺序,考虑指导观察启发思考的导语,这一切准备就绪后,再把学生带入生活的情境中。

2. 以实物演示情境

即以实物为中心,演示某一特定情境。小学生的思维以形象思维占主导,实物演示可以将观察与思维有效结合起来,使感知的对象具有典型的意义。由于儿童对事物的感知具有整体性,同一事物,由于背景不同,感知效果则会产生很大的差异。

3. 以图画再现情境

图画是展开形象的主要手段,用图画再现体育情境,可以结合体育教学内容形象化的特点,儿童对形象乐于接受、易于理解的特点。比如多媒体画面,随着电脑多媒体技术的不断发展,多媒体画面更给学生一种新异真切的感觉,且具有动画的特点,最能吸引学生的注意,从而使其全身心地投入到多媒体技术所创设的画面中。

4. 以音乐渲染情境

音乐是一种抒情功能极强的艺术形式,它通过乐曲的强弱、旋律的起伏变化以及节奏的抑扬顿挫等,使人获得比其他艺术形式更为直接、更为丰富、更为生动的感受,它不需要语言为中介,而是通过直接感知的体验,使学生很容易从音乐的感知中产生情感体验,激起丰富的联想、想象,给人以美的愉悦感,这样音乐就可以把听者带到特有的意境中,产生情感体验。在情境教学中,把音乐与体育两者结合起来,作用于学生的听觉和视觉,会起到互相渗透、互相补充、互相强化的作用。

5. 以表演体会情境

情境教学中的表演有两种:一种是进入角色,一种是扮演角色。进入角色就是假扮情境中的某一角色,而扮演角色则是担当某一角色进行表演。在体育情境教学中,由于让学生进入角色或扮演角色,这就促使学生带着角色转换的真切感受,渗入自己的情感去理解体育运动的乐趣。用表演体会情境,用得最普遍的是童话、寓言、故事中角色的扮演。角色扮演一般具有"游戏""创造性的戏剧"或"即兴剧"的特征。

6. 以语言描绘情境

以生活展示情境、以实物演示情境、以图画再现情境、以音乐渲染情境以及以表演体会情境都恰当地运用了直观的手段。此外,情境教学还十分注重直观手段与语言描绘的结合。当情境出现的时候,教师伴以语言的描绘,这会对学生的学习活动起到导向性的作用。

五、优缺点分析

(一)优点

在体育教学中进行情境创设的目的在于调动学生的思维积极性,创造适宜的教学环境,并具有以下效能。

1. 调动效能

能充分调动学生学习的主动性、积极性,有利于课堂任务的完成。运用情境教学,能使枯燥的教材、单调的练习变得生动有趣。情境教学突破了以往教学方法上的"满堂灌"、"填鸭式"等框框,使每个学生都有参与情境的机会,某些学习成绩欠佳的学生还可因其在体验情境时表现出色得到教师的嘉奖,获得对自身价值的确认和肯定。

2. 愉悦效能

体育教学情境创设,优化了体育课堂的气氛,避免了"说教式"的传统方法,使教学过程愉快而轻松,从而增强了学生对学习内容的可接受性和教师传授的广阔性、规范性。

3. 启发效能

体育课上运用情境教学,有利于发展学生的思维能力,使学生不单纯模仿教师的动作去做、去练,而是要动脑筋去思考、去想象,在锻炼身体,增强运动技能的同时增长知识,发展思维能力。

4. 陶冶情操效能

能把学生带入美的意境,启发学生进行美的想象,让学生受到美的熏陶,最终使学生情操得到美的陶冶,在体育教学的同时有机渗透了美育教育。

(二)缺点

情境教学模式使用的范围比较窄,对于一些年龄较大的学生实用性较差,因为他们对于故事性的游戏已经不大感兴趣,因此它只能在小学生中使用;情境教学模式中由于练习内容比较简单,对于一些要求发展运动技术技能的学生来说,可能满足不了这些学生的需要,也会造成他们的学习兴趣下降。

六、运用条件

(1)适合于小学生。

(2)有较多的故事性游戏素材,并经常不断地变化,能深入地影响学生。

(3)体育教师要有一定的耐心,对于学习中的一些困难与学生合作方面的问题要循循诱导。

第八节 发展学生主动性体育教学模式

一、背景

现代教学论认为[①],教学过程应是学生主动学习的过程。它不仅是一个认识过程,而且也是一个交流和合作的过程。学生是作为一个有着丰富情感和各种需要的完整的生命体参与教学全过程的。一个学生学习什么,很大程度上取决于他是怎样学习的。教学过程应是学生主动学习的过程。它不仅是一个认识过程,而且也是一个交流和合作的过程。

学生的学习方式,不全是听教师的讲授,更重要的是靠自己去思考、体验和建构,同时还有同学间的相互交流和影响。学生主动学习,学会交流,学会合作,对增进学生交往,促进学生社会技能、社会情感的发展以及创造能力的发展,具有显著的优势。

课堂是学生学习活动的主要场所,是素质教育的主阵地。课堂教学是学生掌握知识和技能,提高能力和素质的主要形式,只有使课堂活动成为学生学习需要的满足过程,创设使学生主动学习的情景,构建学生主动学习的教学模式,才能实现学生主动学习、自主学习,才能实现课堂教学的目的。

在课堂上通过基础知识的教学促使学生主动学习,才能实现课堂教学的目的,培养学生的能力,提高学生素质。一个学生是否愿意参加并主持体育教学活动,主要动力源是在内部。发展学生主动性体育教学模式采用奖励或惩罚的手段,可以从外部去激发个人参与和主持体育活动的动机,让学生自觉去发现体育运动自身所具有的价值,确信自己具有参加体育活动并有主持的能力,对促使学生认识体育,自主地参加体育活动并培养主持的能力是很重要的。

二、发展学生主动性体育教学模式的指导思想

(一)培养参与能力

心理学家皮亚杰指出:"儿童学习的最根本的途径应该是活动。"教师在课堂教学中要放手让学生参与动手、动口、动脑,让他们在自主学习的实践活动中,逐步掌握学习的方法、思路,完善知识结构,逐步积累成功的学习体验,提高分析问题、解决问题的能力,渐入"自主学

---

① 王策三.教学论稿[M].北京人民教育出版社,1985:253.

习"的佳境,为今后的主动发展打下坚实的基础。

(二)培养创新意识

教育是知识创新、传播和应用的主要阵地,也是培育创新精神的摇篮。创新是 21 世纪课堂教学的主旋律。因此,教师要依据体育学科的特点,把培养学生的创新精神不失时机地贯穿于课堂教学之中,使学生的创造力得以很好开发。

(三)培养合作精神

教学活动应是教师、学生、教材、环境之间的多边多向的信息传递活动。在以往的教学活动中,教师低估了学生之间的相互作用,忽视了学生之间的团结互助作用,制约了学生间良好人际关系的协调发展。因此,教师要创造让学生自我表现的机会,满足学生之间交往的心理需要,培养学生团结互助能力与正确评价自己和他人的能力,让理解、信任、尊重、宽容、民主、合作充满整个课堂。

(四)培养学生的"教学能力"

让学生站在教师的讲台上,学生就会模仿老师的语言与行为,这种教学通过一定时期的实践,其教学能力就会得到一定程度的发展。

三、发展学生主动性体育教学模式的基本教学程序(图 10-8)

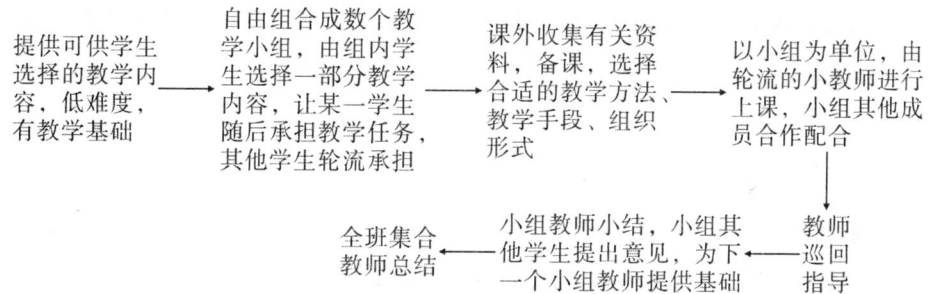

图 10-8　发展学生主动性体育教学模式的操作程序流程图

四、优缺点分析

(一)优点

发展学生主动性教学模式有利于学生主动性的发挥,对于发展学生的自我学习能力的发展有一定的意义。这种教学模式对于改变体育教学中学生长期处于被动地位是一种突破和希望,这也是新课程标准中的新要求。由于"发展学生主体性的教学模式"是以一个较大的单元为基础,针对学生的基础条件而设计安排的,因此对于学生的主体意识的发展可能有较大的希望,可以在较大的教学时间单元里来发展学生的素质。

(二)缺点

由于对学生的自觉性有一定的要求,并且要求学生对某一阶段的教学内容进行自我设计教学计划、教学方法、教学手段、组织措施,因此学生的自学能力应有一定的基础。但是由于受传统教学观念的影响,学生这方面的能力可能还达不到要求,而且也需要一个适应的过程,要使学生转变本由体育教师来承担的任务改由自己来完成,不是一蹴而就的,需要在前期对教学的观念有一定的认识与改变,并具有一定的教学基础,才能适应这种教学模式的教学。

五、适用条件

(1)以小班教学为主。
(2)学生有一定的自觉性基础,适合于初中高年级以上的班级教学。
(3)学生对教学内容有一定的基础和熟悉,没有较难的运动技术要求。

第九节 成功体育教学模式

一、背景

对传统教学的反思和对体育教学科学化的追求,引发了自20世纪80年代以来的体育教学改革大潮,出现了快乐体育、成功体育、和乐体育、主动体育等很多教学思想或理论。随着素质教育在我国的推行,20世纪90年代初,有人在成功教育思想的启示下提出成功体育教学思想。这种思想一经提出,就得到了很多有识之士的认同,并受到了很大的关注。

成功体育是在成功教育的思想启迪下产生的一种体育教学思想。成功体育从广义上说,就是体育教育要为成功培养21世纪的建设人才服务;从狭义上讲,就是体育教育中合理运用一个与教学内容配套的、适应学生身心特点的教学方法体系,从而使学生在体育活动中获得成功的体验。

成功体育思想实质强调了体育学科在培养合格人才方面的重要作用,它应包含以下三个方面的内容:一是学生学得有趣,学有所成,学有提高;二是与同伴和睦相处,愿学、乐学;三是充分体验运动后的身体快感和学习成功后的喜悦感。

成功是指达到了预期的目标和成果。学生经过努力获得的成果,得到了自己和社会的认可,他就是一个成功者,他就会得到快乐的情绪体验。学生如果在学习上每次都获得某方面的成功,就会产生巨大的推动力,激发其积极性、主动性和创造性,从而努力解决问题,去追求新的成功体验。从这个意义上说成功就意味着真正的进步。但是在运动比赛中,如何使每个学生都获得成功是我们重点考虑的问题。

成功体育教学模式是运用合理的手段和组织措施,使每一个学生树立个体目标,通过自身努力,达到自身满意的效果,使其获得成功感,促进学生身心发展。这种教学模式的作用是有效地提高学生学习体育的自尊心和自信心,使学生通过努力不断产生自我超越感,使学生身心得到发展,最终得到快乐的感觉。

二、成功体育教学模式指导思想

成功体育就是通过教师转变教学观念和教学方法,努力为学生创造成功的机会,使学生获得成功体验,并逐渐形成自身不断追求成功的一种教育过程。相对于学生个体而言,"成功"就是在自身原有基础上的提高,征服一个目标后,继续攀登下一个新的目标,是永无止境的攀登过程。学生在充满兴趣与快乐、努力与拼搏、挫折与成功的交替中,通过不畏艰难险阻,登上成功顶峰,并真正领略和体验体育的全部乐趣。成功体育是面向全体学生的教育,它的最终目标是培养学生不断进取的精神,并获得体育能力。而这种精神的获得过程,正是调动学生学习主动性和自觉性的过程。成功体育是在体育教学中贯彻素质教育的重要途径,是深化学校体育教学改革的一种必然趋势[①]。

近年来国内在成功体育教学思想指导下开始逐步形成了一种教学实践中行之有效的教学模式。它的主旨是面对班级所有的学生,特别是有困难的学生,主张让每个学生都体验到运动学习乐趣,积累小的成功为大的成功,以形成学生从事体育活动的志向与学习体育的自信心。

成功体育教学模式的指导思想具体表现在以下几个方面。
(1)主张让学生多体验成功,但不否认过程中的失败。
(2)既强调竞争的作用,也重视协同的作用。
(3)主张将相对的评价与绝对评价相结合起来。
(4)主张营造温暖的集体学习氛围。
(5)强调既懂又会的学习效果。

三、成功体育教学模式操作程序

其教学过程结构特点是在单元的前期和后期都有一个经过改造的练习或比赛方法,这些方法多采用"让位""相对评价"等手段将练习和比赛变成一个无论技能好坏人人都能参加并享受到成功乐趣的活动。通过这种"改造后的环节"使每个学生有一个针对自己条件的努力目标,帮助学生建立起学习自信心,从而最大限度地激发学生的学习积极性。其操作程序为如图10—9所示。

---

① 施伯群,章迅.体育教学中如何实施"成功体育"教育?[J]上海体育学院学报,2001(05):205—206

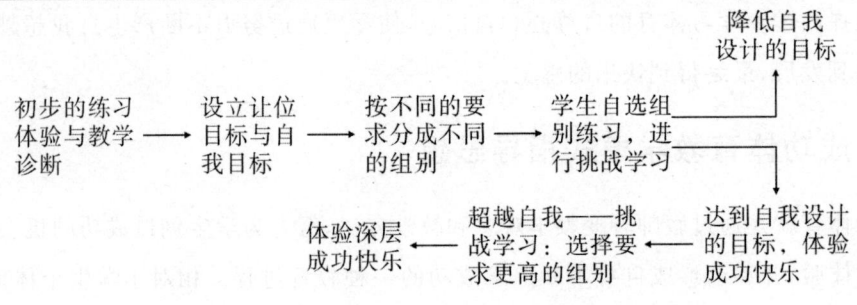

图 10-9 成功体育教学模式操作程序流程图

四、优缺点分析

(一)优点

由于在教学班级中必然存在着基础较好的学生和基础较差的学生,因此分层教学是成功体育教学模式中一种常见的教学手段。这种方法主要是根据教学总体目标,将不同的教学对象,按相关影响因素分成若干不同的教学层次,并对不同的教学层次提出相应的教学目标和要求,以不同的教学手段,达到完成体育教学的最终目标。在体育教学中尝试采用"层次教学",能找到使学生掌握所学学科的手段;找到既考虑到个别差异又能促进个体最充分发展的教学策略。

1. 教师的奖励性在该教学模式中起着重要作用

它是为了提供更多的机会,促使学生发现自己,发展自己,树立起学习的信心。其标准是个体参照标准,范围是广泛的,只要有教育价值的因素,不论是知识、能力、情感、态度、创造性、独特性,都可以进行评价并把奖励性评价毫不吝啬地送给学生。

2. 从终极性评价角度来看

成功体育教学模式强调在技能上以学生的自我纵向比较,在情感上以学生自我的心理体验来评价,这种评价特征是激励性评价,激励性评价的标准是个体参照标准。按照成功体育的思想,在考核与评价中,首先要打破过去的统一标准,充分考虑学生的努力程度与进步幅度,使人人都能从中得到满足,找回自信,体验成功;其次要打破过去的统一标准,允许学生在一定范围内根据自己的兴趣、特长选择考核项目,学生通过刻苦练习,既可以发展特长,提高兴趣,又可以取得良好的锻炼效果与考核成绩。

对于成功体育的评价方法,我们应该全面理解,对它的作用不能盲目拔高。研究表明,通过奖励分数、通过自我的超越使学生体验到成功的方法在低年级比高年级更有效,长期效应不如短期效应好。可见,这种方法也不是万能的,根本的还是使学生的学习从外在的动机尽快过渡到内在的动机。

(二)缺点

(1)对于运动水平中等以下的学生来说,设置目标让位可能会产生自卑心理。

(2)让位的数量多少比较难以制定。

(3)教学组织工作难度会比较大。

五、适用条件

(一)对教学场地与器材条件要求较高

因为要满足各类不同素质学生学习体育的需要,就要求在具体的实践教学中采用分组的形式,而每组的器材高度、远度、辅助器械等是不同的。

(二)对体育教师提出较高的要求

体育教师应吃透教学内容,熟悉各种教学方法,还要对学生有爱心,不要歧视有一定困难的学生,对学生的成功要一视同仁。

(三)制定相对评价中的"让位政策"

自我评价比较体系,并对学生的竞赛活动进行必要的改造。

(四)成功体育的考核与评价

并不是要无原则地把高分送给学生。只有不畏艰难险阻,克服重重困难,甚至战胜无数挫折和失败,最终获得成功的人,才能真正体验到成功的喜悦。因此,制定切合实际的评价标准,仍然是考核的关键与难点,标准太高会造成学生因反复失败而丧失信心,标准太低又会因起不到激励作用而失去评价的意义。

第十一章 普通高校体育教学模式的发展与改革

随着我国体育事业的发展,体育教学各环节的研究显得越来越重要。作为高校体育教学的重要组成部分,体育教学模式对于高校体育教学的开展及深化研究有着非常重要的意义。对体育教学模式的研究与创新,能够更好地促进高校体育教学的发展。本章主要对现代创新体育教学模式的构建与应用以及高校体育教学模式的发展与改革进行研究。

第一节 现代创新体育教学模式的构建与应用

一、新型体育教学模式构建的参考依据

新型体育教学模式的构建主要把握以下几个参考依据。

(一)参考体育教材性质

体育教学以教材为基本工具,体育教师教学、学生学习都要借助教材这一基本教学工具。体育教材也是体育教师与学生共同完成体育教学目标的内容载体。通常把体育教材分为概括性教材与分析性教材两大类,这主要是以体育教材内容的性质为依据划分的,具体分析如下。

1. 概括性教材

这一类教材中没有较难学习的运动技术需要学生掌握,对概括性教材进行讲解的主要目的是使学生对体育项目有简单的了解、培养学生体育学习的兴趣、促进学生的身心健康。学生在学习该类教材时主要注重体验乐趣,获取快乐,所以要构建并选用快乐式教学模式、情景式教学模式以及成功教学模式进行教学。

2. 分析性教材

这一类教材中的运动技术具有一定的难度,对这类教材进行讲解的主要目的是提高学生的自主学习能力与创新能力,促进学生体育知识与技能的增长,学生在学习该类教材时注重培养学习与创造力,所以要选择构建主动性体育教学模式、发现式教学模式以及领会式体育教学模式等进行教学。

(二)参考体育教学目标

体育教学模式构建与运用的关键是教学目标,体育教学模式需要体育教学思想与目标

为其提供活力、指明方向。体育教学思想与目标也是区分教学模式的一个标准。体育教学目标在新课程改革之后有所变化,主要涵盖了以下四个方面。

(1)提高学生运动参与能力与积极性的目标。

(2)促进学生身心健康的目标。

(3)促进学生正确掌握运动技能的目标。

(4)提高学生社会适应能力的目标。

上述体育教学目标要求在体育教学中要构建与选用情景体育教学模式、探究体育教学模式以及成功式教学模式等进行教学。

(三)参考体育教学对象

体育教学活动离不开学生这一教学主体,体育教学活动中,学生也是其中非常重要的一个组成部分,所以要针对不同学生的具体情况与特点来对教学模式进行构建。学生的学习阶段按年龄大致可以分为小学、中学、大学三个时期。不同学习时期,学生的身体与心理情况明显不同,所以体育教学模式的构建要考虑到不同学习阶段的学生的具体情况。

学生在大学时期,主要是接受专项体育运动教学训练,因此适合这一时期的体育教学模式有技能性体育教学模式,同时也要发挥体能性体育教学模式的辅助作用,所以对这两种教学模式的构建极其重要。

(四)参考体育教学条件

体育教学模式不同,其相应的教学条件也会有差异。不同地区或学校的体育教学条件具有明显的复杂性与差异性。以城市和农村地区为例,两个地区的经济水平差距很大,因此体育教学场所、设施与器材也有差距。针对这一情况,体育教师要实事求是,从实际出发,构建恰当的体育教学模式来完成教学目标与任务。农村学校的教学水平与条件有限,因此不适合构建并选用要求外部教学条件良好的小群体教学模式。

二、新型体育教学模式的构建原则

(一)坚持教学目标、内容、形式、结构与功能的统一原则

从本质上讲,新型体育教学模式的建构是处理好高校体育教学活动中形式与内容、结构与功能的关键问题。所以,体育教师应该对各类体育教学课堂结构和形式的功能与作用进行全面分析,并以教学目标和条件为根据对教学模式做出比较合理的选择。

(二)坚持统一性与多样性的统一原则

(1)体育教学模式构建的统一性是指在构建和创造体育教学模式时,要继承新我国体育教学思想和成功经验。

(2)新型体育教学模式构建的多样性是指在开发和构建体育教学模式时应尽量实现多样化,避免单一化与程式化的不足。

（三）坚持借鉴与创新的统一原则

体育教学模式要坚持创新与借鉴的统一性。这里所说的借鉴具体是指，一方面要借鉴国外的先进教学模式理论；另一方面是要借鉴国内的先进教学模式理论与成功教学经验。

随着全球化趋势的加强，学校体育教学也必然会受到教育全球化的影响，不对国外先进教学模式理论加以借鉴或借鉴之后缺乏创新都是故步自封的落后表现。因此，有机结合创新与借鉴，这样才能运用成功的经验，吸取失败的教训，不走或少走弯路。具体来说，统一借鉴与创新，就是要以正确的体育教学思想为指导，革新原有的落后的体育教学模式，借鉴前人和他人的成功经验和理论，结合教学中的客观实际，提高体育教学的效率。

三、新型体育教学模式的构建步骤

概括地讲，新型体育教学模式的构建步骤主要如下：

（1）明确指导思想。选择用什么教学思想作为构建模式的依据，使教学模式更突出主题思想，并具有理论基础。

（2）确定构建模式的目的。在明确指导思想的基础上，确立建构体育教学模式所达到的目的。

（3）寻找典型经验。在完成第一步的基础上，通过调查研究，寻找恰当的典型经验或原型作为教学案例，案例要符合模式构建思想与目的。

（4）抓住基本特征。运用模式方法分析教学案例，对教学案例的基本特征与教学的基本过程进行概括。

（5）确定关键词语。确定表述这一体育教学模式的关键词。

（6）简要定性表述。对这一体育教学模式进行简要的定性表述。

（7）对照模式实施。对照这一体育教学模式具体实践教学，进行实践检验。

（8）总结评价反馈。通过体育教学实践验证，对实践检验的结果进行归纳总结，通过初步实践调整修正模式，并反复实践以不断完善。

四、两种新型体育教学模式的构建与运用

（一）合作式体育教学模式的构建与运用

体育教学活动中，合作教学模式的运用有利于学生合作意识与能力的提高，有利于学生交往、实践及协调能力的增强，也有利于学生个性发展和终身体育意识的形成。

1.合作体育教学模式的构建

（1）构建程序

首先，要以体育教学大纲规定的教学时间与教学内容为主要依据，对上课时间进行合理的分配与安排。通常，在体育教学活动中，体育理论知识教学占总教学时间的25%；学生体

育能力培养占总教学时间的 30%；体育技、战术教学占总教学时间的 45%。其次，体育课堂教学之前，教师要做好课堂教学计划，即教案。制订教学计划时教师要加强与学生的合作，与学生一起探讨教学方法的选用。

(2)具体实施

①明确教学目标。体育教学过程的第一环节就是要明确并呈现教学目标，这一环节中，体育教师的口头讲解与动作示范要有机结合学生的观察体验与思考，加强师生之间的沟通与交流。

②对学生进行集体讲授。对学生进行集体授课时，体育教师要适当缩短授课时间，提高教学效率，从而留出更多的时间为下一环节(小组合作)做准备，教师要注意提高学生的学习积极性，善于运用一些新颖的问题来使学生的注意力集中到课堂上。

③加强小组合作学习。学生的学习主体性以及学生之间的沟通与交流是小组合作环节的重点，学生要在小组合作学习中积极发表自己的意见，提高自己的主动性、积极性以及创新性。

④实施阶段测验。体育教师在学生学习一个阶段后，对各个学习小组进行阶段测验，从而对学生在这一阶段的学习情况与效果有一个初步了解。

⑤积极反馈。在反馈阶段，体育教师要综合评价学生在这一学习阶段的具体表现。学生在小组合作学习中获取的知识比较零散，系统性很差，所以教师要正确引导学生归纳所学知识，使之成为一个系统的知识体系，便于学生掌握与记忆。小组测试也是反馈的一个重要手段，通过测试反映出学生学习的不足，从而有针对性地对其进行纠正与完善。

2.合作教学模式在体育教学中运用的注意事项

(1)更新教学观念

合作教学模式在体育教学活动中的运用要求对传统的体育教学观念进行更新，对学生的重要性进行重新认识，重视学生的主体地位，引导学生充分发挥主观能动性，尊重学生的人格，教师在教学中加强与学生的合作交流，以学生的具体情况为依据进行教学。

(2)注重学生主体意识的培养

首先，体育教师在体育教学活动中要想方设法来激发学生的思维与学习热情，然后引导学生积极发现与探索新问题、新情况，在引导过程中，注重学生自主意识和独立能力的培养。

其次，教师要注重自身的引导作用，通过提问、质疑等手段，引导学生把注意力集中到课堂教学中。

最后，教师主导性的发挥要以实现体育教学目标为出发点，倘若没有从教学目标出发，就谈不上学生主体性的培养了。

(二)启发式体育教学模式的构建与运用

"启发式体育教学模式指的是在体育教学活动中，教师以体育教学目标、教学规律以及学生的认知水平和年龄特点为主要依据,通过采取各种教学手段来引导学生独立思考、积极主动地获取知识、解决学习问题的过程。"[①]解决教学中出现的问题、提高体育教学的质量以及促进学生体育学习积极性的发展是体育教学模式的实质。

1. 启发式体育教学模式的构建

(1) 对问题情境进行创设

体育教师在对问题情境进行创设时,要具体以体育教材的重点和学生的客观实际为依据。在创设问题情境的过程中,体育教师不仅仅要解决学生在学习中出现的问题,更要采取一定的方法与措施来引起学生的好奇心,使其主动提出疑惑,并积极思考解决疑惑,这样有利于学生学习热情的充分调动,有利于提高学生逻辑思考与客观分析及解决问题的能力。

(2) 采用直观教学手段

体育教师在对学生进行启发的过程中,要尽量采用直观的教学方法手段,减少抽象概念的使用。直观手段具体是指多媒体、录像、图片等直观教具的使用,直观教学方法有利于学生学习兴趣的激发与提高,有利于学生以最为简单的方式清晰地掌握学习内容。

(3) 采用多样化的练习手段

体育教师在引导学生进行练习的过程中,要以体育教学任务、目的和要求为主要依据,并要善于采取一些有助于启发教学的练习方式作为辅助学习的手段。除此之外,体育教师还可以以教材内容为依据对多样化的练习手段加以运用,以此来促进学生学习兴趣的提高,同时也能够提高学生的学习效果。

2. 启发式教学模式在体育教学中运用的注意事项

(1) 明确教材重点与难点

体育教材重点是学生要掌握的关键内容,教材难点是学生不容易掌握的教材内容。教师运用启发式教学模式进行教学时要以教材重点为中心,通过口头叙述、动作示范等各种教学方式来引起学生对教材重点内容的思考。体育教师也可以针对重点动作做一些生动、逼真的模仿,这样学生也能比较容易地掌握教学内容。除此之外,教师也要把学生的身心特点、认知能力和学习基础重视起来,遵循因材施教的教学原则,使每个学生的学习效率都能得到保障。

(2) 对多元评价体系进行科学构建

评价学生的学习过程或结果主要是为了总结学生的学习效果,对学生学习体育达到一种督促与激励的效果。合理的评价有利于提高学生学习的积极性和主动性。评价的实施步骤具体为:评价标准的确定—评价情境的创设—评价手段的选用—评价结果的利用。评价讲究合理,不要求过于死板地对标准答案有严格的限制,根据具体情况保留一定的评价空

---

① 潘凌云.体育教学模式探讨[D].武汉:华中师范大学,2002.

间。教师在对学生的学习技能做出评价的同时,也要引导学生进行自我评价或学生之间的互相评价。

第二节 高校体育教学模式的发展与改革

一、高校体育教学模式的发展

随着我国高校体育教学的不断发展,高校体育教学模式的发展也呈现出新的发展趋势,具体如下。

(一)教学目标越来越情意化

根据对教学理论的研究以及教学实践活动的分析,表明在体育学习活动中,学生的智力因素和非智力因素所起的作用都是十分重要的。所以构建现代教学模式时,要结合情感教育、人格教育、品德教育以及知识教育。而在人本主义心理学所受的重视日渐加强的情况下,教学中更加看重学生的情感陶冶,情感活动往往是心理活动,因此这种教学模式能够有效培养学生的自立性、情感性和独创性。比如,情景教学模式、快乐体育教学模式等模式往往设有一定的问题情境,从而凸显出教学过程的复杂、新奇、趣味等一系列特征,在浓厚的兴趣、强烈的动机、顽强的意志等状态下,通过对体育知识技能的学习和掌握更加能够激发出学生的求知欲,因此体育教学的发展趋势有着很强的情意色彩。

(二)教学形式越来越综合化

教学模式的形式向综合化发展意指体育教学模式的发展方向更加注重课内课外的一体化。受限于课内学时与时间等因素,所以学生自动化的运动技能的培养与锻炼身体的习惯的养成是非常重要的,对于终身体育也能够积极地进行准备,而这些绝不能仅仅依靠课内的时间。因此,应当明确课内的任务主要是新知识点的学习,并且对错误的动作进行改进,所以要充分利用课外的时间,积极进行强化练习、过度练习,并且对已学的知识与技术进行系统的复习与巩固,养成经常锻炼的习惯,从而使运动技能真正做到熟练化、自动化。但目前的实际情况是,虽然体育课被重视的程度与日俱增,但课外体育活动的开展却不尽如人意,效果自然也就大打折扣。

从教学模式角度来进行分析,由于目前课外体育活动受重视的程度远远不够,所以在这一方面的教学模式研究相较而言也很缺乏力度,而当前"课内外一体化教学模式"尽管涉及了课内与课外相结合的教学,但这种模式并没有经过足够的教学实践的考验,其操作模式也并不明确,所以暂时这种模式并没有进入现有的体育教学模式体系当中,只有这种模式的理论与实践都成熟起来,它才能在体育教学模式的应用中占有一席之地。

(三)实现条件越来越现代化

当前课程改革非常重视信息技术在教学过程中的积极应用,因此需要将信息技术与学科课程整合到一起，从而使教学内容的呈现、学生的学习、教师的教学和师生互动等诸多方式的变革得以逐步实现，从而使信息技术的优势发挥到极致，使学生在学习和发展过程中能够获得丰富多彩的教育环境以及切实有效的学习工具。而现代化信息技术在课堂教学中的广泛应用也必然能够使教学模式的实现条件逐步走向现代化。运用体育教学模式时加以现代教学手段的配合能够使学生在学习时将视觉与听觉有机结合，从而取得更好的教学效果。

（四）评价标准越来越多元化

不同的教学模式需要用不同的方式进行评价。因此，随着教学模式理论基础越发扎实，教学实现目标的情意化趋势加强，体育教学模式的评价方式也必然会有变化。单一的评价方式无法全面反映出一个模式的科学程度，因此必然会被多元化的评价标准所取代。

传统教学模式往往只重视终结评价发挥的作用，却忽视了学生在体育学习和练习过程中的评价，所以学生的学习兴趣、爱好以及情感反应等方面的反馈都是不及时的。学生在期末考试时的成绩仅仅对学生某几项达标的表面成绩进行了记录，却根本没有深入学生学习的内在动机以及认识的提高层次。所以当代的体育教学模式必然会逐渐重视多元化的评价方法，从而对学生的学习过程评价、自我评价以及单元评价等方面更加重视。

（五）相关研究越来越精细化

进行理论研究就是要对实践研究进行指导，同时有效地总结实践。如果理论脱离了实践，那对其进行研究将会毫无意义，但目前大多数理论研究存在的问题正在于这一点。因此，为取得更好的效果，将理论研究与实践研究相结合是非常行之有效的。

将理论与实践相结合，首先，能够使教学模式的研究与理论的研究趋势实现同步，从而使其从一般教学模式研究逐步发展到学科教学模式研究，进而使课堂教学模式研究也取得非常大的进展。其次，课堂教学模式的研究趋势则更加精细化，具体来说，教学模式有学期教学模式、单元教学模式、课时教学模式等。因此，精细化是现代教学模式研究发展的必然走向。

二、高校体育教学模式的改革

目前，常见的学校体育教学模式比较有限，但随着体育教学改革的不断推进和创新，还会有更多的教学模式不断出现，并且在学校体育教学中得到应用。而关于未来学校体育教学模式的改革，其改革侧重点与趋势主要表现在以下几个方面。

（一）重视学生的主体性

传统的教学模式对教师的主导作用的重视程度比较高，其将教学过程片面地归结于教师的教，而忽视了学生的学，这就使得学生在教学过程中处于被动地位，对学生主观能动性和能力的培养产生了一定的阻碍作用。

随着以学为中心的教学理论的发展，传统意义上的师生关系有了较大程度的变化，他们的地位和作用也有了一定的改变。"教师中心论"逐渐被"教师主导学生主体论"取代。在这种新的教学观的影响下,体育教学模式也要进行一定的改变。具体来说,主要改革趋势为由教师中心教学模式向教师主导学生主体的教学模式的转变。教师主导学生主体的教学模式,对于学生创新能力、自学能力、探索能力的培养较为有利,在一定程度上能调动学生学习的能动性和积极性,除此之外,还需要强调的是,这与现代人才的培养理念是相符的,因此,可以将其作为体育教学模式的一个重要的改革方向。

（二）保留演绎型教学模式

教学模式形成的方法主要有由概括实践经验而成的归纳法和靠逻辑生成的演绎法两种。从一种思想或理论假设出发,设计成的一种教学模式,就是所谓的演绎教学模式,其中20世纪50年代以后产生的教学模式大都属于这一类型。演绎教学模式是从理论假设开始的,形成于演绎,其对科学理论基础非常重视。演绎教学模式的这一特点不仅为人们自觉地利用科学理论作指导提供了一定的可能,而且还为主动设计和建构一定的教学模式达到预期的目的奠定了一定的基础。由此可以看出,演绎型的体育教学模式的发展是教学模式发展的一个重要趋势,是与教学理论的发展和研究方向相符的,因此改革中要注意保留演绎型的体育教学模式。

（三）注重学生能力的培养

现代社会科学技术发展迅猛,知识增长迅速,终身教育的普及以及竞争压力的不断加大,都对人们的能力提出了更高的要求,单一的知识积累已经不能满足当今社会的需求。因此,在体育教学过程中,必须在教学模式上进行一定的改进,因为只有这样才能够更好地培养学生的运动能力、一般能力、创造能力、自学能力和社交能力。

另外,在普及九年义务教育初期,就已经开始强调要使学生全面发展,而且在越来越多的实践活动中,人们已经充分认识到了能力的重要性。在这样的条件下,从强调知识的传授逐渐转向重视能力的培养就成为体育教学模式改革的一个重要方向,这样能够使学生在参与实践活动的同时,对自己有更加全面的认识,从而不断挖掘和培养自身的各项能力。

参考文献

[1]李启迪,邵伟德.体育教学基本理论研究[M].北京:北京师范大学出版社,2014.

[2]尹建军.我国现代高校体育教学思想与内容体系的形成与发展[J].广州体育学院学报,2012(03):113-116.

[3]张汉辉.体育教学目标问题的分析与探究[J].教育,2015(04):35.

[4]毛振明.体育教学论[M].北京:高等教育出版社,2011.

[5]孙帅.创新高校体育教学方法的对策探讨[J].长春理工大学学报(高校版),2011(04):187-188.

[6]刘冬青,魏莉.我国高校继续教育的发展现状及对策分析[J].中国教育技术装备,2013(30):100,104.

[7]姜明.现代学校体育教学研究[M].武汉:湖北科学技术出版社,2013.

[8]何桥,陈晶晶.高校继续教育发展趋势与机制创新[J].黑龙江高教研究,2011(07):31-33.

[9]王雁,等.现代体育教学发展与管理应用研究[M].北京:中国时代经济出版社,2013.

[10]江波,蒋凤瑛,杨劲松,等.国际视野下的我国高校继续教育的改革和发展[J].国家教育行政学院学报,2015(09):11-16.

[11]鲁长芬,王健,罗小兵,等.运动训练专业改革的问题、原因及策略研究[J].武汉体育学院学报,2011(01):80-86.

[12]潘宁,龚群,谢罗希.我国高校民族传统体育专业发展制约因素及趋势研究[J].华中农业大学学报(社会科学版),2011(01):127-131.

[13]陆盛华.高校民族传统体育专业教学改革[J].科教导刊,2014(34):193-194.

[14]龚正伟.体育教学新论[M].长沙:湖南师范大学出版社,2012.

[15]黄涛,权树琳.高校体育教学改革现状、发展走向及改革对策[J].文体用品与科技,2015(04):60,106.

[16]蒋新国.体育教学原则新论[M].广州:暨南大学出版社,2010.

[17]赵光学.体育教学理论与发展探究[M].长春:吉林大学出版社,2013.

[18]安丽娜,等.现代体育教学管理研究[M].北京:中国时代经济出版社,2013.

[19]刘军.对体育教学设计现状分析及策略研究[J].体育教学,2011(01):13-15.

[20]蔡先锋.现代体育教学与科学化管理[M].北京:中国书籍出版社,2014.

[21]夏志琴.我国高校体育教学内容改革的探讨[J].内江科技,2012(02):67,73.

[22]刘浩源.新时期高校继续教育创新发展研究[M].北京:北京工业大学出版社,2021.

[23]李薛.现代教育技术革新下高校体育教学研究[M].北京:中国纺织出版社,2019.

[24]畅宏民.我国高校体育拓展训练的教学体系构建与模式创新研究[M].东北大学出版社,2018.

[25]黄锦瑞.我国高校体育教学的改革与优化探讨[J].智库时代,2020(47):69.

[26]周若夫,吴铁铮.浅谈对普通高校武术教学内容和方法的改革探讨[J].当代体育科技,2020(05):151,153.

[27]魏婷婷.我国高校体育教学改革的现状与对策研究[J].当代体育科技,2017(23):122,124.

[28]杨锋,杨正豪.基于人性化视野下的普通高校体育教学改革探讨[J].文体用品与科技,2018(23):174-175.

[29]周会检.探讨高校新时期的体育教学改革[J].当代体育科技,2013(01):58-59.

[30]王旭.终身体育理念下高校体育教学改革的探讨[J].文体用品与科技,2017(22):148-149.

[31]饶建波.探讨高校体育教学改革存在的问题及对策[J].科教导刊(电子版),2017(08):193-194.

[32]王寿伟.普通高校体育教学改革相关问题的探讨[J].教育界,2014(18):169.

[33]刘向群.自媒体时代下高校体育教学改革探讨[J].环球市场,2019(02):166,168.

[34]孙亮亮.关于我国高校体育教学改革探讨[J].体育时空,2016(06):96.